本书由江苏师范大学金融工程国家一流专业建设绉

数理金融

主　编　任筱钰　李因果
副主编　万　莹

南京大学出版社

图书在版编目(CIP)数据

数理金融 / 任筱钰，李因果主编. —南京：南京
大学出版社，2023.1
ISBN 978 - 7 - 305 - 25860 - 2

Ⅰ. ①数⋯　Ⅱ. ①任⋯ ②李⋯　Ⅲ. ①金融学－数理
经济学　Ⅳ. ①F830—05

中国版本图书馆 CIP 数据核字(2022)第 100816 号

出版发行　南京大学出版社
社　　址　南京市汉口路 22 号　　　　邮　编　210093
出 版 人　金鑫荣
书　　名　**数理金融**
主　　编　任筱钰　李因果
责任编辑　武　坦　　　　　　　　编辑热线　025 - 83592315
照　　排　南京开卷文化传媒有限公司
印　　刷　南京百花彩色印刷广告制作有限责任公司
开　　本　787 mm×1092 mm　　1/16　印张 16.5　字数 361 千
版　　次　2023 年 1 月第 1 版　　2023 年 1 月第 1 次印刷
ISBN 978 - 7 - 305 - 25860 - 2
定　　价　46.00 元

网　　址:http://www.njupco.com
官方微博:http://weibo.com/njupco
微信服务号:njuyuexue
销售咨询热线:(025)83594756

前　言

　　数理金融,也可以说金融数学(Financial Mathematics),是金融学自身发展而衍生出来的一个新的分支,是数学与金融学相结合的产物,是金融学由定性分析向定性分析与定量分析相结合转变,由规范研究向实证研究转变,由理论阐述向理论研究与实用研究并重转变,金融模糊决策向精确化决策发展的成果。这门学科的最大特点,就在于利用数学工具来解释和研究金融问题,通过进行数学建模、理论分析、数值计算等定量分析方法,以求找到金融的内在规律并用以指导实践。数理金融学也可以理解为现代数学与计算技术在金融领域的应用,因此,是一门新兴的交叉学科,发展很快,是目前十分活跃的前沿学科之一。

　　由于就业市场对大量应用型金融人才的迫切需求,商学院的金融专业课程也随之调整,数理金融已经成为金融专业核心课程,日渐受到重视。但是市面上数理金融的教材大多面向具有较深厚数学知识的理科专业,教材中的数学知识难度较大,并不适合商学院学生学习。同时金融行业竞争日益激烈,需要商学院毕业生有更加全面的专业知识。现有数理金融教材大多各有侧重点,金融知识不够全面,覆盖面不够广。因此,我们才想要在前辈们的工作基础上,尽可能收集金融专业所涉及的数理金融相关知识,编写一本难度适中、涉及范围较广、特别面向商学院本科生的教材。

　　数理金融学中用到的数学工具包括微积分、线性代数、概率论、计量经济学、时间序列分析、运筹学、微分方程、随机过程、随机分析等,知识体系极其庞大而繁杂,远远超出了包括数学专业在内的绝大多数大学生的知识范畴,甚至许多金融部门从事实际工作的专业人员也难以全部掌握。因此,考虑到内容的难度和学生的接受程度,本书不注重晦涩难懂的数学工具讲解和复杂繁多的公式推导,而侧重于应用,由具体问题做先导,采用具体问题具体分析的模式,让学生由问题引发兴趣,在大量实际案例分析中学到必备的数理金融学知识,尽量在通俗化和普及化方面做一些大胆的尝试。每一章讲述一种数学工具及其在金融学中的应用,由问题做先导,引出一章主题,再系统介绍基本理论、基本观点和基本方法,并附加大量例题,使理论方法和实际应用真正紧密结合。本书针对商学院金融专业本科生的知识储备实际情况,大力调动学生学习兴趣,尽可能把数学知识表述通俗化。同时把专业中的数理应用尽量汇总起来,给学生呈现较为完整的学科框架,提供未来进一步学习的路径和思路。

　　习近平总书记在全国高校思想政治工作会议上强调,"提升思想政治教育亲和力和针对性,满足学生成长发展需求和期待,其他各门课都要守好一段渠、种好责任田,使各类课程与思想政治理论课同向同行,形成协同效应"。本着立德树人的宗旨,本教材在每章首页均通过导入思政元素给读者一定的启示,由此将思政内容和专业知识较好地融合,引导学生关注并研究现实问题,培育学生经世济民、诚信服务、德法兼修的职业素养。

本书与通常的金融经济类的书相比,更侧重于数学方法的运用;与金融数学类的书相比,本书介绍了金融学问题的提出和问题的解决过程。本书可作为经济管理类本科生教材;对于理工科相关专业,可作为选修课教材;也可供金融理论研究和实务工作者参考。

诚挚感谢参考文献中提到的所有老师们,感谢他们为编辑此书提供了重要的参考资料。

本教材的出版得到了江苏师范大学提供的资金支持,同时也感谢江苏师范大学商学院提供的便利。另外,本教材的编写得到了李存芳院长、杨晓丽院长和李因果主任等多位领导的大力支持,感谢他们从本科教学的视角提出了很多宝贵的建议。最后,感谢南京大学出版社的武坦编辑,他在经济、金融领域方面的良好素养和在图书出版上提供的专业服务,使得本教材能够顺利出版。

由于作者水平有限,书中难免出现缺陷和错误,欢迎专家学者以及各院校的师生批评指正。

编　者

2022 年 12 月

目　录

第一章

高等数学在数理金融中的应用

教学要点

知识要点	掌握程度	相关知识
微积分在数理金融中的应用	重点掌握	利率、最优化、原函数
初等方程在数理金融中的应用	了解	微分方程、差分方程
线性代数在数理金融中的应用	重点掌握	矩阵、行列式

课前导读

函数是高等数学的主要研究对象,其研究函数的各种性态。经济学中包含的函数有需求函数、供给函数、成本函数、收益函数、边际函数、弹性函数等。在现实生活中,经济与我们息息相关,上到国家、企业,下到家庭,每天都会涉及经济问题。为了方便,数学家们便利用函数,结合人们的物质生活需要,编制了各种经济应用的函数,与导数相结合,以解决各种经济问题。函数的出现离不开经济生活,认识源于实践,又会去指导实践,经济应用中函数的出现是因为经济的需要,同时经济函数又去指导经济。我们学习此类知识大有益处,不光学习了哲学知识,对认识和实践二者的关系有更深的了解,同时进入社会后,我们可以运用所学知识更加深入地融入社会,提高自身综合能力。

任何金融决策都必须在权衡收益和风险之后才能做出抉择,为使决策做到科学和精确,就必须对各种不确定性因素进行定量分析,这种现实和不断发展的需求促进数学在金融活动中的应用和发展,从而衍生出数理金融这一新学科。数理金融是数学与金融学的结合,它把大量数学方法应用于金融领域,提出一些研究方法。本章阐述高等数学方法在数理金融中的应用原理和应用技巧,使学生掌握数理金融中的基本数学方法的研究原理和思路,为以后各章学习打下较扎实的基础。

第一节　微积分在数理金融中的应用

微积分是数理金融中最基础的数学工具,本节主要学习微积分在利率分析、最优化问题、边际分析、测度、平衡点等方面的应用。

一、利率分析

运用一般存款利率计算终值时,计息的方式常见的有一年计息一次(Compounding Once Per Annum,p.a)、半年计息一次(Semi-Annually Compounding,s.a)、每季计息一次(Quarterly Compounding,q.a)及连续复利(Continuously Compounding,c.c)等。

(一) 单利和复利

如果借了总额为 P 的一笔款项(称之为本金),该款项在时间 T 后偿还,并在届时以单利方式按每 T 个单位时间 r 的利率支付利息,那么在 T 时刻需要偿还的总金额是

$$P + rP = P(1+r) \tag{1.1.1}$$

这就是说,必须同时偿还本金 P 和利息,利息等于本金乘以利率。例如,如果以 5% 的年利率按单利(即 $r=0.05$)借款 100 美元,并在一年后偿还,则在这一年年末需要偿还 105 美元。

例 1.1.1

设借款金额为 P,年利率为 r,以半年计息一次的复利方式支付利息,并且要在一年后偿还本金。这意味着什么? 一年后欠了多少钱?

解:

以半年计息一次的复利形式支付利息意味着半年后会以每半年 $r/2$ 的利率以单利形式计算一次利息,这个利息随后被加入原有的本金中。在下一个半年后,这个新的本金又以每半年 $r/2$ 的利率再计算一次利息。换句话说,六个月后的欠款为: $P(1+r/2)$。

它被视为以利率 $r/2$ 的六个月期贷款的新的本金;因此,在这一年的年末,债务将为 $P(1+r/2)(1+r/2) = P(1+r/2)^2$。

例 1.1.2

如果借款 1 000 美元,年利率为 8%,按每季度计息一次的复利形式支付利息,借期为一年,那么一年后欠了多少钱?

解:

每季度计息一次的 8% 的年复利利率,等价于每个季度以 2% 的单利利率支付一次利息,而在计算每个季度的利息时,不仅要考虑原有的本金,还要加上累积到该时刻的利息。因此,一个季度后的欠款为: $1\,000 \times (1+0.02) = 1\,020$(美元);

两个季度后的欠款为：$1\,000 \times (1+0.02) \times (1+0.02) = 1\,000 \times (1+0.02)^2 = 1\,040.4$(美元)；

三个季度后的欠款为：$1\,000 \times (1+0.02)^2 \times (1+0.02) = 1\,000 \times (1+0.02)^3 = 1\,061.2$(美元)；

四个季度后的欠款为：$1\,000 \times (1+0.02)^3 \times (1+0.02) = 1\,000 \times (1+0.02)^4 = 1\,082.43$(美元)。

例 1.1.3

许多信用卡公司均是按每月计息一次的 18% 的年复利利率计算利息的。如果在一年的年初支付金额为 P，而在这一年中并没有发生支付，那么在这一年的年末欠款将是多少？

解：

这样的复利利率相当于每个月以月利率 1.5%（＝18%÷12）支付利息，而累计的利息将加到下一个月所欠的本金中。因此，一年后的欠款为

$$P\,(1+0.015)^{12} = 1.195\,6P$$

正如在例 1.1.2 和例 1.1.3 中所看到的，如果利率 r 是复利利率，那么实际支付的利息总额要比以单利利率 r 支付的多，这是因为在复利利息的计算中，对前面已经计算过的利息又收取了利息，在此情形下，称 r 为名义利率（Nominal Interest Rate）。相同的本金及相同的名义利率，由于复利种类不同，会产生不同的实际利率，称之为有效利率（Effective Interest Rate）r_e。

（二）连续复利

给定本金 P，每年以 r 为利率计算复利一次，t 年后的终值 F 由指数函数确定。

$$F = P\,(1+r)^t \tag{1.1.2}$$

如果每年计算复利 m 次，每次利率 r/m，共计算 mt 次，t 年后的终值为

$$F = P\left(1+\frac{r}{m}\right)^{mt} \tag{1.1.3}$$

如果利率 r 为 100%，一年内连续计算复利，终值为

$$F = P \lim_{m\to\infty} \left(1+\frac{r}{m}\right)^{mt} = P \lim_{m\to\infty} \left(1+\frac{1}{\frac{m}{r}}\right)^{\frac{m}{r}\times rt} = P\mathrm{e}^{rt} = P\mathrm{e}^{t} \tag{1.1.4}$$

这里因为

$$\lim_{x\to\infty}\left(1+\frac{1}{x}\right)^x = \mathrm{e}$$

因此

$$\lim_{m \to \infty} \left(1 + \frac{1}{m}\right)^m = e$$

从而

$$\lim_{m \to \infty} \left(1 + \frac{1}{\frac{m}{r}}\right)^{\frac{m}{r}} = e$$

对于非 100% 的利率 r，以及非一年的时期 t，终值为

$$F = P e^{rt} \tag{1.1.5}$$

同时

$$P = F e^{-rt}$$

在这种情况下，折现因子(Discount Factor)是 e^{-rt}。

对于负增长率，如折旧或贬值，公式中的 r 为负数。

反之，如果要根据式(1.1.5)推导利率，可知利率 r 的计算公式为

$$r = \frac{\ln F - \ln P}{t} \tag{1.1.6}$$

例 1.1.4

100 元本金，以 10% 计算复利，求其两年后的终值。

解：

每年计算一次复利

$$F = (1 + r)^t = 100 \times (1 + 0.10)^2 = 121(元)$$

每半年计算一次复利($m = 2, t = 2$)

$$F = P \left(1 + \frac{r}{m}\right)^{mt} = 100 \times \left(1 + \frac{0.10}{2}\right)^{2 \times 2} = 100 \times (1 + 0.05)^4 = 121.55(元)$$

连续计算复利

$$F = P e^{rt} = 100 \times e^{0.10 \times 2} = 122.14(元)$$

可见复利次数越多，终值越大。

(三) 有效利率与名义利率

相同的本金及相同的名义利率，由于复利种类不同，会产生不同的实际利率，称之为有效利率(Effective Interest Rate) r_e。如例 1.1.4 所示，每年计算一次复利时，两年后终值为 121 元；每半年计算一次复利时，两年后终值为 121.55 元；而连续计算复利时，两年后终值为 122.14 元。

为了求出多次计算复利的有效利率 r_e，由 $P(1 + r_e)^t = P\left(1 + \frac{r}{m}\right)^{mt}$，两边同除

以 P，并开 t 次方根，得

$$1 + r_e = \left(1 + \frac{r}{m}\right)^m$$

$$r_e = \left(1 + \frac{r}{m}\right)^m - 1 \tag{1.1.7}$$

为了求出连续计算复利的有效利率，由 $1 + r_e = e^r$，得

$$r_e = e^r - 1 \tag{1.1.8}$$

例 1.1.5

名义利率为 10%，期限为 2 年，求：

（1）每半年计算一次复利的有效利率；

（2）连续计算复利的有效利率。

解：

（1）$r_e = \left(1 + \dfrac{r}{m}\right)^m - 1 = 1.05^2 - 1 = 10.25\%$

（2）$r_e = e^r - 1 = e^{0.1} - 1 = 1.105\ 17 - 1 = 10.52\%$

（四）银行按揭贷款

银行按揭贷款是以客户的信誉做担保，或以一定资产做抵押，先在银行贷款，然后再分期等额偿还。银行为了方便客户查询，一般制成一张按揭表，客户可以查表计算，选择按揭期限与方式。银行按揭可归结为数学问题：贷款 P 元，年利率为 r，分 n 期等额偿还，每期应偿还多少？

一般以 1 个月为一期，月末偿还，年利率为 r，月利率为 $i = \dfrac{r}{12}$，设每期偿还 A 元，则 n 期还款折现为现值的总和应等于贷款总和，由现值公式 $P = \displaystyle\sum_{t=0}^{n} \frac{A}{(1+i)^t}$ 可知

第 1 期还款 A 的折现值为 $\dfrac{A}{1+i}$

第 2 期还款 A 的折现值为 $\dfrac{A}{(1+i)^2}$

$\vdots$ $\qquad\qquad\qquad\vdots$

第 n 期还款 A 的折现值为 $\dfrac{A}{(1+i)^n}$

所以　$P = \dfrac{A}{1+i} + \dfrac{A}{(1+i)^2} + \cdots + \dfrac{A}{(1+i)^n} = \dfrac{A}{i}\left[1 - \left(\dfrac{1}{1+i}\right)^n\right]$

$$A = \frac{Pi}{1 - (1+i)^{-n}} \tag{1.1.9}$$

式(1.1.9)即为银行按揭的数学模型,又称资金还原公式。$\dfrac{i}{1-(1+i)^{-n}}$ 称为资金还原系数,常用 $(A/P,i,n)$ 表示,可通过查年金现值系数表计算求得。

例 1.1.6

某人贷款金额为 20 万元,年利息为 6%,计划办理 5 年银行按揭,每个月月末应向银行还款多少钱?

解:

已知 $P=200\ 000$ 元,$i=6\% \div 12=0.5\%$,$n=5\times 12=60$(月)

由银行按揭数学模型(1.1.9)可知,每月偿还数额 A 为

$$A=\frac{Pi}{1-(1+i)^{-n}}=P(A/P,i,n)$$
$$=200\ 000\times (A/P,0.5\%,60)$$
$$=200\ 000\times 0.019\ 34$$
$$=3\ 868(元)$$

按 5 年银行按揭方式,每月月末应还款 3 868 元。

从以上例子中可以看出:① 客户 5 年实际还款总数为 $3\ 868\times 60=232\ 080$(元),差额为所付利息总额:$232\ 080-200\ 000=32\ 080$(元),即 5 年累计付息 32 080 元。② 按揭时间越长,每个月偿还数量越少,虽然可以减轻客户的偿还压力,但按揭时间越长,付出的利息越高。③ 上例中没有考虑年息的变化,即假定年利率是不变的。实际运作中,由于银行的利率随着经济情况经常变化,相应的每月偿还资金数量需随着利率做一些调整。

(五)分期付款

在市场经济中,有些商品价格较高,消费者一次付款有困难,企业为了推销商品,采取分期付款的形式,有些商品在第一次付款时就可以取得,有些商品在货款付清后才能取得。有些银行开办分期付款业务,由消费者分期还款给银行。

分期付款的形式有多种:① 成交时取货,企业需计算现值;② 货款付清后取货,消费者计算终值;③ 向银行借款购买商品,以后分期偿还银行借款;④ 分期付款在中途变更付款条件。

例 1.1.7

某汽车每辆售价 100 000 元,成交时付款 34 000 元,其余 66 000 元分 11 个月付款,即每月 6 000 元,假设月利率为 4.2‰,求企业获得的现值。

解: $P=34\ 000+\dfrac{A}{i}[1-(1+i)^{-n}]$

$$=34\ 000+\frac{6\ 000}{0.004\ 2}[1-(1+0.004\ 2)^{-11}]$$

$$=98\ 366.63(元)$$

即每辆汽车分期付款总额的现值为 98 366.63 元。

（六）银行贴现

企业间存在商业信用，企业可以签发远期汇票，当未到期汇票的持有者向银行要求兑现时就需要计算贴息额和兑现额。

设票面金额为 S，离到期时间为 n 天，日息为 R，则应得兑现额为

$$P_1 = \frac{S}{1+nR} \tag{1.1.10}$$

银行实际业务贴付利息为 $I = SnR$，实得兑现额为

$$P_2 = S - I = S(1-nR) \tag{1.1.11}$$

例 1.1.8

面值 5 000 元的汇票，20 天后到期，银行月息为 6‰，求贴息额与兑现额。

解：

应得兑现额：$P_1 = \dfrac{S}{1+nR} = \dfrac{5\,000}{1 + 20 \times \dfrac{6}{1\,000 \times 30}} = 4\,980.08(元)$

应贴利息：$I = S - P_1 = 5\,000 - 4\,980.08 = 19.92(元)$

实贴利息：$I_2 = SnR = 5\,000 \times 20 \times \dfrac{6}{1\,000 \times 30} = 20(元)$

实际兑现额：$P_2 = S - I_2 = 5\,000 - 20 = 4\,980(元)$

二、微分方法的应用

（一）计算时间最优问题

例 1.1.9

为投资买入的土地以下面的公式增值

$$V = 1\,000\mathrm{e}^{\sqrt[3]{t}}$$

在连续计算复利下贴现率为 0.09，为使土地的现值最大，应该持有该土地多久？

解：

土地的现值 P 等于土地价值乘以贴现因子 $\mathrm{e}^{-0.09t}$，即

$P = V\mathrm{e}^{-rt} = 1\,000\mathrm{e}^{\sqrt[3]{t}}\mathrm{e}^{-0.09t} = 1\,000\mathrm{e}^{\sqrt[3]{t}-0.09t}$

$\ln P = \ln 1\,000 + t^{\frac{1}{3}} - 0.09t$

为使土地的现值最大，应用微分，得

$$\frac{\mathrm{d}}{\mathrm{d}t}(\ln P) = \frac{1}{P}\frac{\mathrm{d}P}{\mathrm{d}t} = \frac{1}{3}t^{-\frac{2}{3}} - 0.09 = 0$$

$$\frac{\mathrm{d}P}{\mathrm{d}t} = P\left(\frac{1}{3}t^{-\frac{2}{3}} - 0.09\right) = 0$$

$$\frac{1}{3}t^{-\frac{2}{3}} = 0.09$$

$$t = 0.27^{-\frac{2}{3}} \approx 7.13(\text{年})$$

二阶条件

$$\frac{d^2P}{dt^2} = P\left(-\frac{2}{9}t^{-\frac{5}{3}}\right) + \left(\frac{1}{3}t^{-\frac{2}{3}} - 0.09\right)\frac{dP}{dt} = -\frac{2P}{9\sqrt[3]{t^5}} < 0$$

这里因为 $\frac{dP}{dt} = 0$，所以当 $t = 7.13$ 时，P 有极大值，即持有土地7.13年现值最大。

（二）边际效用函数分析

在金融学中，边际成本定义为：一单位额外产出所引起的总成本的改变量。边际收益定义为：一单位额外销售量所引起的总收益的改变量。由于总成本（TC）和总收益（TR）都是产出量水平（Q）的函数，边际成本（MC）和边际收益（MR）都可以从数学角度用微分表示。

例 1.1.10

已知总成本函数 $TC = Q^3 - 18Q^2 + 750Q$，利用微分知识做出总成本、平均成本和边际成本三者关系的图形。

解：

做图形要求：

① 先明确三者之间函数关系；② 求一阶导数，找出驻点；③ 求二阶导数，确定图形的凸凹性；④ 进一步确定拐点、驻点、最小值点并求出；⑤ 求出几个特殊的点，使图形精确，如两图形的交叉点、Q 等于 0 时的点等。

（1）对总成本函数，求一阶导数和二阶导数。

$$TC' = 3Q^2 - 36Q + 750 = 3(Q-6)^2 + 642 > 0$$

可知 TC 递增。

$$TC'' = 6Q - 36$$

检验凹凸性：当 $Q < 6$ 时，$TC'' < 0$，图形为凹；当 $Q > 6$ 时，$TC'' > 0$，图形为凸。

检验拐点

$$TC'' = 6Q - 36 = 0, Q = 6$$

$$TC(6) = 6^3 - 18 \times 6^2 + 750 \times 6 = 4\,068$$

由于 $TC(Q)$ 在 $Q = 6$ 处从凹变为凸，则 $(6, 4\,068)$ 为拐点。

（2）求平均函数 AC 及极值。

$$AC = \frac{TC}{Q} = Q^2 - 18Q + 750$$

$$AC' = 2Q - 18$$

因此 $Q = 9$ 为驻点，$AC'' = 2 > 0$ 图形为凸，存在极小值。

由于 $AC(9) = 669$，则 $(9, 669)$ 为最小值点。

（3）求边际成本函数。

$MC = TC' = 3Q^2 - 36Q + 750$

$MC' = 6Q - 36 = 0$

因此 $Q = 6$ 为驻点，$MC'' = 6 > 0$ 图形为凸，存在极小值。

由于 $MC(6) = 642$，则 $(6, 642)$ 为最小值点。

（4）当 TC 为凹，并以递减速度上升时，MC 下降。

当 TC 为凸并以递增速度上升时，MC 上升。

当 TC 处于拐点处，凹凸性改变时，MC 达到极小值。

在 $MC < AC$ 的整个区域内，AC 下降。

当 $MC = AC$ 时，AC 达到最小值。

当 $MC > AC$ 时，AC 上升。

（5）根据以上步骤，即可做出图形，如图 1.1.1 所示。图中，当 TC 凹向横轴，并以递减速度上升时，MC 下降；当 TC 凸向横轴，并以递增速度上升时，MC 上升。

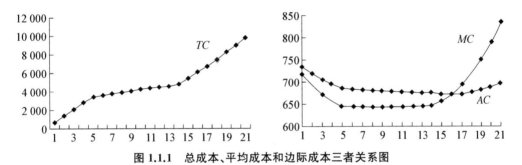

图 1.1.1 总成本、平均成本和边际成本三者关系图

（三）经济函数最优化

金融部门经常要考察企业部门，希望利润、产出水平和生产率尽可能大，而成本、污染程度、稀缺自然资源的利用尽可能小，因而要做出经济函数的最优判断。

例 1.1.11

已知一个企业的总收益水平是 $R = 4\,000Q - 33Q^2$，总成本函数是 $C = 2Q^3 - 3Q^2 + 400Q + 500$，设 $Q > 0$，求其最大利润 π。

解：

（1）建立利润函数：$\pi = R - C$

$\pi = 4\,000Q - 33Q^2 - (2Q^3 - 3Q^2 + 400Q + 500)$

$\quad = -2Q^3 - 30Q^2 + 3\,600Q - 500$

（2）求一阶导数，并令其为零，求解 Q，以确定驻点。

$\pi' = -6Q^2 - 60Q + 3\,600$

解得

$Q = -30$ 和 $Q = 20$ 为驻点。

（3）求二阶导数，求其在驻点处的值（舍去负值驻点，因为产量为负，没有经济意义），检验凹凸性，以进一步确定函数的极大值。

$$\pi'' = -12Q - 60$$

$$\pi''(20) = -12 \times 20 - 60 = -300 < 0$$

其曲线为凹，有极大值。当 $Q=20$ 时，利润达到最大

$$\pi(20) = -10 \times 20^3 - 30 \times 20^2 + 3\,600 \times 20 - 500 = 39\,000(元)$$

三、积分方法的应用

微分是用来测量函数的变化率，而求微分法的逆过程及已知微分求原函数的过程叫积分或反微分，原函数 $F(x)$ 就称为 $F'(x)$ 的积分或原函数。

若 $F'(x) = f(x)$，则

$$\int f(x)\mathrm{d}x = F(x) + c$$

式中，c 为常数。

（一）净投资时间积分的测度

净投资 I 定义为时间 t 内的资本存量构成 K 的变化率，假如这个过程是连续的，$I(t) = \dfrac{\mathrm{d}K(t)}{\mathrm{d}t} = K'(t)$，根据投资率可以估计资本存量的水平，资本存量就是净投资关于时间的积分：$K_t = \int I(t)\mathrm{d}t = K(t) + c = K(t) + K_0$，这里 $c =$ 初始的资本存量 k_0。同理，利用积分可以根据边际成本（MC）来估算总成本（TC），因为边际成本就是产出增量而引起的总成本的变化，$MC = \dfrac{\mathrm{d}TC}{\mathrm{d}Q}$，且只有可变成本随产出水平的变化而变化。

$$TC = \int MC\mathrm{d}Q = VC + c = VC + FC \tag{1.1.12}$$

因为 $c =$ 固定或初始成本 FC，数理经济分析致力于寻找变量的时间路径或者力求决定变量是否随着时间的推移收敛于平衡点。

例 1.1.12

给定净投资率 $I(t) = 140t^{\frac{3}{4}}$，且当 $t=0$ 时初始资本存量是 150，求资本函数 K，即时间路径 $K(t)$。

解：

$$K(t) = \int 140t^{\frac{3}{4}}\mathrm{d}t = 140\int t^{\frac{3}{4}}\mathrm{d}t = 140 \times \left(\frac{4}{7}t^{\frac{7}{4}}\right) + c = 80t^{\frac{7}{4}} + c$$

由于 $c =$ 固定的或初始成本 FC，$c = k_0 = 150$，因此 $K(t) = 80t^{\frac{7}{4}} + 150$。

例 1.1.13

边际储蓄倾向 $\dfrac{\mathrm{d}s}{\mathrm{d}Y}=0.5-0.2Y^{-\frac{1}{2}}$，当收入是 25 时，储蓄减少 3.5，即当 $Y=25$ 时，$s=-3.5$，求储蓄函数。

解：

$$s=\int(0.5-0.2Y^{-\frac{1}{2}})\,\mathrm{d}Y=0.5Y-0.4Y^{\frac{1}{2}}+c$$

当 $Y=25$ 时，$s=-3.5$

$$-3.5=0.5\times25-0.4\times\sqrt{25}+c$$

$$c=-14$$

则储蓄函数为 $s=0.5Y-0.4Y^{\frac{1}{2}}-14$。

（二）消费者剩余和生产者剩余的测度

需求函数 $P_1=f_1(Q)$ 如图 1.1.2 所示，代表了在提供不同数量的产品时消费者愿意接受的价格，如果市场均衡发生在 (Q_0,P_0) 点，那么愿意支付超过 P_0 的消费者就会受益，消费者的全部收益如 S_1 面积所示，称为消费者剩余，其数学表达式为

$$消费者剩余=\int_0^{Q_0}f_1(Q)\,\mathrm{d}Q-Q_0P_0 \tag{1.1.13}$$

供给函数 $P_2=f_2(Q)$ 如图 1.1.3 所示，代表了在提供不同产量时产品的市场价格。若市场均衡发生在 (Q_0,P_0) 点，愿意以低于 P_0 价格提供产品的厂商就会受益，总的生产者收益叫作生产者剩余，如 S_2 面积所示。其数学表达式为

$$生产者剩余=Q_0P_0-\int_0^{Q_0}f_2(Q)\,\mathrm{d}Q \tag{1.1.14}$$

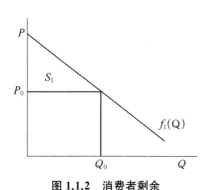

图 1.1.2 消费者剩余

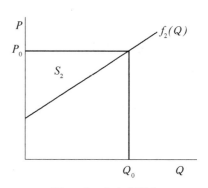

图 1.1.3 生产者剩余

例 1.1.14

已知需求函数为 $P=42-5Q-Q^2$，若均衡价格为 6，求消费者剩余。

解：

因为 $P_0=6$，从而有 $P=42-5Q-Q^2=6$。

进而得 $(Q+9) \times (4-Q) = 0$。

因此 $Q_0 = 4$,因为 $Q = -9$ 没有经济意义。

$$
\begin{aligned}
\text{消费者剩余} &= \int_0^4 (42 - 5Q - Q^2) \mathrm{d}Q - 4 \times 6 \\
&= \left[42Q - 2.5Q^2 - \frac{1}{3}Q^3 \right]_0^4 - 24 \\
&= \left(168 - 40 - \frac{64}{3} \right) - 0 - 24 = 82.67
\end{aligned}
$$

例 1.1.15

在垄断条件下所销售的数量和市场价格是由需求函数决定的,设一个利益最大化的垄断者的需求函数是 $P = 274 - Q^2$ 和 $MC = 4 + 3Q$,求消费者剩余。

解:

已知 $P = 274 - Q^2$

又因为 $TR = PQ = (274 - Q^2)Q = 274Q - Q^3$

$$
MR = \frac{\mathrm{d}TR}{\mathrm{d}Q} = 274 - 3Q^2
$$

在 $MC = MR$ 处垄断者获得最大利润,则

$274 - 3Q^2 = 4 + 3Q$

$3(Q^2 + Q - 90) = 0$

$(Q + 10)(Q - 9) = 0$

$Q_0 = 9, P_0 = 193$

$$
\text{消费者剩余} = \int_0^9 (274 - Q^2) \mathrm{d}Q - 193 \times 9 = \left[274Q - \frac{1}{3}Q^3 \right]_0^9 - 1\,737 = 486
$$

第二节　初等方程在数理金融中的应用

一、运用微分方程决定动态平衡点

微分方程可用于决定市场均衡模型的动态平衡点,它能够描述出在不同的宏观经济条件下价格增长的时间路径,也可以估计资本函数,并根据边际成本和边际收入函数估计总收益函数。

例 1.2.1

给定需求函数 $Q_d = c + bP$ 和供给函数 $Q_s = g + hP$,均衡价格是 $\overline{P} = \dfrac{c-g}{h-b}$。假定市场中价格的变化率 $\dfrac{\mathrm{d}P}{\mathrm{d}t}$ 是正的,它是关于超额需求 $Q_d - Q_s$ 的线性函数。

$$\frac{\mathrm{d}P}{\mathrm{d}t} = m(Q_d - Q_s) \quad (m \text{ 为常数} > 0) \tag{1.2.1}$$

分析在什么条件下,当 $t \to \infty$ 时,$P(t)$ 将趋近于 $\overline{P}$,这个条件就是市场上的动态价格稳定条件。

解:

将给定的 Q_d 和 Q_s 代入(1.2.1)式,有

$$\frac{\mathrm{d}P}{\mathrm{d}t} = m[(c+bP)-(g+hP)] = m(c+bP-g-hP)$$

$$\frac{\mathrm{d}P}{\mathrm{d}t} + m(h-b)P = m(c-g)$$

令 $v = m(h-b)$,$z = m(c-g)$,可以得到一阶线性微分方程 $\frac{\mathrm{d}P}{\mathrm{d}t} + vP = z$,利用一阶线性微分方程通解的一般公式,有

$$P(t) = \mathrm{e}^{-\int v\mathrm{d}t}\left(A + \int z\mathrm{e}^{\int v\mathrm{d}t}\mathrm{d}t\right)$$

$$= \mathrm{e}^{-vt}\left(A + \int z\mathrm{e}^{vt}\mathrm{d}t\right)$$

$$= \mathrm{e}^{-vt}\left(A + \frac{z\mathrm{e}^{vt}}{v}\right)$$

$$= A\mathrm{e}^{-vt} + \frac{z}{v}$$

当 $t = 0$ 时,

$$P(0) = A + \frac{z}{v}$$

$$A = P(0) - \frac{z}{v}$$

$$P(t) = \left[P(0) - \frac{z}{v}\right]\mathrm{e}^{-vt} + \frac{z}{v}$$

最后代入 $v = m(h-b)$ 和 $z = m(c-g)$,得

$$P(t) = \left[P(0) - \frac{c-g}{h-b}\right]\mathrm{e}^{-m(h-b)t} + \frac{c-g}{h-b}$$

价格的时间曲线为

$$P(t) = [P(0) - \overline{P}]\mathrm{e}^{-m(h-b)t} + \overline{P} \tag{1.2.2}$$

因为 $P(0)$,$\overline{P}$,$m \geqslant 0$,当 $t \to \infty$ 时,式(1.2.2)等号右边的第一项将趋于 0,因此 $P(t)$ 将趋于 $\overline{P}$,当且仅当 $h-b \geqslant 0$。对于正常的情况,需求函数是负的斜率($b < 0$),而供给函数是正的斜率($h > 0$),则可以确定其动态稳定条件。只要 $h \geqslant b$,拥有正斜

数/理/金/融

率需求函数或负斜率供给函数的市场也将是动态稳定的。

二、运用可分离变量微分方程求投资函数

投资的变化率将影响经济的总需求和生产能力，运用微分方程寻找经济增长的时间路径，并沿该路径增长。

例 1.2.2

若边际储蓄倾向(s)和边际资本－产出比率(k)都是常数，计算可达到预期增长所需的投资函数。

解：

总体需求(Y)的变化等于投资(I)的变化乘以边际储蓄倾向的倒数$\frac{1}{s}$，即

$$\frac{\mathrm{d}Y}{\mathrm{d}t} = \frac{1}{s} \times \frac{\mathrm{d}I}{\mathrm{d}t}$$

生产能力(Q)的变化等于资本存量(K)的变化乘以边际资本－产出比率的倒数$\frac{1}{k}$，即

$$\frac{\mathrm{d}Q}{\mathrm{d}t} = \frac{1}{k}\frac{\mathrm{d}K}{\mathrm{d}t} = \frac{1}{k}I \quad \left(\frac{\mathrm{d}K}{\mathrm{d}t} = I\right)$$

当生产能力充分利用时，即$\frac{\mathrm{d}Y}{\mathrm{d}t} = \frac{\mathrm{d}Q}{\mathrm{d}t}$，从而

$$\frac{1}{s} \times \frac{\mathrm{d}I}{\mathrm{d}t} = \frac{1}{k}I$$

$$\frac{1}{s}\mathrm{d}I = \frac{1}{k}I\mathrm{d}t$$

分离变量得

$$\frac{\mathrm{d}I}{I} = \frac{s}{k}\mathrm{d}t$$

积分可得

$$\ln I = \frac{s}{k}t + c$$

$$I\mathrm{e}^{-(s/k)t} = C, 即\ I = C\mathrm{e}^{(s/k)t}$$

在$t=0$时，$I(0)=C$，有

$$I = I(0)\mathrm{e}^{(s/k)t}$$

投资量必须以由$\frac{s}{k}$(即边际储蓄倾向与边际资本－产出比率之比)决定的常数比

率增长。

三、运用差分方程制定滞后收入决定模型

差分方程表示的是因变量和滞后的自变量之间的关系,这些变量在离散的时间区间内变化。假定消费量(C_t)是前一期收入(Y_{t-1})的函数,c 为边际消费倾向,那么

$$C_t = C_0 + cY_{t-1}, Y_t = C_t + I_t$$

如果 $I_t = I_0$,那么 $Y_t = C_0 + cY_{t-1} + I_0$

设 $b = c, a = C_0 + I_0$,把这些值代入一阶线性差分方程 $y_t = by_{t-1} + a$,求解一般公式得

$$\begin{cases} y_t = \left(y_0 - \dfrac{a}{1-b} \right) b^t + \dfrac{a}{1-b} & (b \neq 1) \\ y_t = y_0 + at & (b = 1) \end{cases} \quad (1.2.3)$$

因为边际消费倾向 c 不等于1,并且当 $t = 0$ 时,假定 $Y_t = Y_0$,则

$$Y_t = \left(Y_0 - \frac{C_0 + I_0}{1-c} \right) c^t + \frac{C_0 + I_0}{1-c} \quad (1.2.4)$$

那么这条时间路径的稳定性取决于 c,因为 $0 < MP < 1$(这里 MP 为边际产出),$|c| < 1$,时间路径将收敛。因为 $c > 0$,所以非振荡,均衡是稳定的,并且当 $t \to \infty$ 时,$Y_t \to \dfrac{C_0 + I_0}{1-c}$,这是收入的暂时均衡水平。

例 1.2.3

给出 $Y_t = C_t + I_t, C_t = 200 + 0.9Y_{t-1}, I_t = 100, Y_t = 4\,500$,求解 Y_t。

解:

由已知条件得

$Y_t = 200 + 0.9Y_{t-1} + 100 = 0.9Y_{t-1} + 300$

利用式(1.2.3)中 $y_t = \left(y_0 - \dfrac{a}{1-b} \right) b^t + \dfrac{a}{1-b}$,得

$$y_t = \left(4\,500 - \frac{300}{1-0.9} \right) 0.9^t + \frac{300}{1-0.9}$$

$$= 1\,500 \times 0.9^t + 3\,000$$

由于 $|0.9| < 1$,时间路径收敛;又由于 $|0.9| > 0$,则无振荡,因此 Y_t 是动态稳定的。当 $t \to \infty$ 时,上式右边第一项趋于0,并且 Y_t 接近于收入的均衡水平 $3\,000$。

检验:令 $t = 0, t = 1$,因此

$Y_0 = 1\,500 \times 0.9^0 + 3\,000 = 4\,500$

$Y_1 = 1\,500 \times 0.9^1 + 3\,000 = 4\,350$

用 $Y_1 = 4\ 350$ 代替 Y_t，用 $Y_0 = 4\ 500$ 代替 Y_{t-1}，得

$4\ 350 - 0.9 \times 4\ 500 = 4\ 350 - 4\ 050 = 300$

第三节　线性代数在数理金融中的应用

线性代数可以用简明方式表示复杂的方程系统，提供简便方法验证方程组解的存在与否，它丰富了方程系统的求解方法，但是这里要注意线性代数只适用于线性系统。因为许多经济关系可以由线性方程来近似地表示，也可以转换为线性关系来分析，所以数理金融中有大量应用线性代数的方法。

一、矩阵的应用

矩阵是数、参数或变量的矩阵排列，通过矩阵的加减乘除运算，以及矩阵转置、逆矩阵的相互关系，可以求解线性方程组，解决相关计算问题。

（一）市场均衡水平的分析（IS-LM 分析）

IS 是表示所有符合商品市场均衡的利率和收入水平的不同组合的点的轨迹；LM 是表示所有符合货币市场均衡的利率和收入水平的不同组合的点的轨迹。IS-LM 分析试图找到使商品市场和货币市场都处于均衡状态时的收入和利率水平，这可以通过方程组来完成。

例 1.3.1

对于一个简单的二部门经济，当 $Y = C + I$，商品市场是均衡的，当货币供给（M_s）等于货币需求（M_d）时，货币市场是均衡的，货币需求依次由货币的预备交易需求（M_t）和特殊需求（M_z）组成。假设：一个二部门经济 $C = 48 + 0.8Y$，$I = 98 - 75i$，$M_s = 250$，$M_t = 0.3Y$，$M_z = 52 - 150i$，

求均衡收入 $\overline{Y}$ 和均衡利率 $\overline{i}$。

解：

当 $Y = C + I$，商品均衡 IS 存在，代入方程

$Y = 48 + 0.8Y + 98 - 75i$

$Y - 0.8Y = 146 - 75i$

$0.2Y + 75i - 146 = 0$

当 $M_s = M_t + M_z$ 时，货币均衡 LM 存在，代入方程

$250 = 0.3Y + 52 - 150i$

$0.3Y - 150i - 198 = 0$

两市场联立均衡

$$\begin{cases} 0.2Y + 75i - 146 = 0 \\ 0.3Y - 150i - 198 = 0 \end{cases}$$

用矩阵表达 $AX=\beta$，式中

$$A=\begin{pmatrix} 0.2 & 75 \\ 0.3 & -150 \end{pmatrix}, X=\begin{pmatrix} Y \\ i \end{pmatrix}, \beta=\begin{pmatrix} 146 \\ 198 \end{pmatrix}$$

$$|A|=0.2\times(-150)-75\times0.3=-52.5$$

$$A^{-1}=\frac{A^*}{|A|}-\frac{1}{52.5}\begin{pmatrix} -150 & -75 \\ -0.3 & 0.2 \end{pmatrix}=\begin{pmatrix} \dfrac{150}{52.5} & \dfrac{75}{52.5} \\ \dfrac{0.3}{52.5} & -\dfrac{0.2}{52.5} \end{pmatrix}$$

这里 A^* 为矩阵 A 的伴随矩阵，则

$$X=A^{-1}\beta=\begin{pmatrix} \dfrac{150}{52.5} & \dfrac{75}{52.5} \\ \dfrac{0.3}{52.5} & -\dfrac{0.2}{52.5} \end{pmatrix}\begin{pmatrix} 146 \\ 198 \end{pmatrix}=\begin{pmatrix} 700 \\ 0.08 \end{pmatrix}$$

因此，当均衡价格 $\bar{Y}=700$，均衡利率 $\bar{i}=8\%$ 时，商品市场和货币市场是联立均衡的，在这时

$$C=48+0.8\times700=608, I=98-75\times0.08=92$$
$$C+I=608+92=700, M_t=0.3\times700=210$$
$$M_z=52-150\times0.08=40, M_s=M_t+M_z=250$$

（二）证券组合收益率和风险的测度

在证券组合分析中，证券种类繁多，需要运用矩阵方法测度多种证券组合的收益率和风险。

例 1.3.2

某证券组合由一个风险证券组合和一个无风险证券构成，风险证券组合中包括两个证券 A、B，它们的预期收益率分别为 10% 和 8%，证券 A 的方差为 $\sigma_A^2=200$，证券 B 的方差为 $\sigma_B^2=80$，协方差 $\sigma_{AB}=50$，两种证券权重均为 0.5，无风险证券的预期收益率为 5%，在证券组合中的权重为 0.25，要求计算该证券组合的总预期收益率和总风险。

解：

已知

$$E(R_i)=\begin{pmatrix} 10\% \\ 8\% \end{pmatrix}, \begin{pmatrix} \sigma_{11} & \sigma_{12} \\ \sigma_{21} & \sigma_{22} \end{pmatrix}=\begin{pmatrix} 200 & 50 \\ 50 & 80 \end{pmatrix}, R_f=5\%, W_{p_0}=\begin{pmatrix} 0.5 \\ 0.5 \end{pmatrix}, W_{p_t}=\begin{pmatrix} 0.25 \\ 0.75 \end{pmatrix}$$

原组合预期收益率为

$$E(R_{p_0})=(\omega_1 \quad \omega_2)\begin{pmatrix} E(R_1) \\ E(R_2) \end{pmatrix}=(0.5 \quad 0.5)\begin{pmatrix} 10\% \\ 8\% \end{pmatrix}=9\%$$

总组合预期收益率为

$$E(R_p)=(0.25 \quad 0.75)\begin{pmatrix} 5\% \\ 9\% \end{pmatrix}=8\%$$

原组合风险为

$$\sigma_{p0}^2 = (\omega_1 \quad \omega_2) \begin{pmatrix} \sigma_{11} & \sigma_{12} \\ \sigma_{21} & \sigma_{22} \end{pmatrix} \begin{pmatrix} \omega_1 \\ \omega_2 \end{pmatrix} = (0.5 \quad 0.5) \begin{pmatrix} 200 & 50 \\ 50 & 80 \end{pmatrix} \begin{pmatrix} 0.5 \\ 0.5 \end{pmatrix} = 95$$

$$\sigma_{p0} = \sqrt{95} = 9.75$$

总组合风险为

$$\sigma_p = (1 - \omega_f)\sigma_{p0} = (1 - 0.25) \times 9.75 \times 100\% = 7.31\%$$

二、行列式的应用

在数理金融中要应用一些特殊行列式,如雅可比行列式、海赛行列式等。

(一)雅可比行列式 $|J|$

雅可比行列式既可以用来检测线性函数的相关性,也可以用来检验非线性函数的相关性。雅可比行列式 $|J|$ 是由方程组的所有一阶偏导数按一定顺序排列组成的,已知

$$y_1 = f_1(x_1, x_2, x_3), y_2 = f_2(x_1, x_2, x_3), y_3 = f_3(x_1, x_2, x_3)$$

则构造雅可比行列式为

$$|J| = \left| \frac{\partial y_1, \partial y_2, \partial y_3}{\partial x_1, \partial x_2, \partial x_3} \right| = \begin{vmatrix} \dfrac{\partial y_1}{\partial x_1} & \dfrac{\partial y_1}{\partial x_2} & \dfrac{\partial y_1}{\partial x_3} \\ \dfrac{\partial y_2}{\partial x_1} & \dfrac{\partial y_2}{\partial x_2} & \dfrac{\partial y_2}{\partial x_3} \\ \dfrac{\partial y_3}{\partial x_1} & \dfrac{\partial y_3}{\partial x_2} & \dfrac{\partial y_3}{\partial x_3} \end{vmatrix} \qquad (1.3.1)$$

雅可比行列式的第 i 行是由函数 y_i 关于每个独立变量 x_1, x_2, x_3 的偏导数组成的,第 j 列是由函数 y_1, y_2, y_3 关于第 j 个自变量 x_j 的偏导数组成的。如果 $|J| = 0$,则方程为函数相关;如果 $|J| \neq 0$,则方程为函数无关的。

例 1.3.3

已知 $\begin{cases} y_1 = 5x_1 + 3x_2 \\ y_2 = 25x_1^2 + 30x_1x_2 + 9x_2^2 \end{cases}$

利用雅可比行列式判断其函数相关性。

解:

首先,求一阶偏导数

$$\frac{\partial y_1}{\partial x_1} = 5, \frac{\partial y_1}{\partial x_2} = 3, \frac{\partial y_2}{\partial x_1} = 50x_1 + 30x_2, \frac{\partial y_2}{\partial x_2} = 30x_1 + 18x_2$$

然后,构造雅可比行列式

$$|J| = \begin{vmatrix} 5 & 3 \\ 50x_1 + 30x_2 & 30x_1 + 18x_2 \end{vmatrix}$$

求值

$$|J| = 5 \times (30x_1 + 18x_2) - 3 \times (50x_1 + 30x_2) = 0$$

则方程之间是函数相关的。实际上：$25x_1^2 + 30x_1x_2 + 9x_2^2 = (5x_1 + 3x_2)^2$。

（二）海赛行列式 $|H|$

海赛行列式 $|H|$ 是由所有的二阶偏导数构成的,其中二阶直接偏导数位于主对角线上,交叉偏导数位于非对角线的位置,利用海赛行列式,可以方便地检验二阶条件。

已知 $Z = f(x,y)$,二阶海塞行列式为 $|H| = \begin{vmatrix} Z_{xx} & Z_{xy} \\ Z_{yx} & Z_{yy} \end{vmatrix}$,其中 $Z_{xy} = Z_{yx}$,如果位于对角线上的第一个元素即第一主子式 $|H_1| = Z_{xx} > 0$ 且第二主子式 $|H_2| = \begin{vmatrix} Z_{xx} & Z_{xy} \\ Z_{yx} & Z_{yy} \end{vmatrix} = Z_{xx}Z_{yy} - (Z_{xy})^2 > 0$,则极小值的二阶条件成立。当 $|H_1| > 0$,$|H_2| > 0$ 时,海赛行列式 $|H|$ 被称为正定的,一个正定的海赛行列式完全能胜任极小值的二阶条件的角色。如果第一主子式 $|H_1| = Z_{xx} < 0$ 且第二主子式 $|H_2| = \begin{vmatrix} Z_{xx} & Z_{xy} \\ Z_{yx} & Z_{yy} \end{vmatrix} = Z_{xx}Z_{yy} - (Z_{xy})^2 > 0$,则极大值的二阶条件成立。当 $|H_1| < 0$,$|H_2| > 0$ 时,海赛行列式 $|H|$ 被称为负定的,一个负定的海赛行列式完全能胜任极大值的二阶条件的角色。

例 1.3.4

有一经济函数 $Z = 3x^2 - xy + 2y^2 - 4x - 7y + 12$,证明在 $x_0 = 1, y_0 = 2$ 处达到最优,二阶偏导数 $Z_{xx} = 6, Z_{yy} = 4, Z_{xy} = Z_{yx} = -1$,利用海赛行列式验证二阶条件满足最优。

证明：

$$|H| = \begin{vmatrix} Z_{xx} & Z_{xy} \\ Z_{yx} & Z_{yy} \end{vmatrix} = \begin{vmatrix} 6 & -1 \\ -1 & 4 \end{vmatrix}, |H_1| = Z_{xx} = 6 > 0, |H_2| = \begin{vmatrix} 6 & -1 \\ -1 & 4 \end{vmatrix} = $$

$23 > 0$,则海赛行列式 $|H|$ 为正定的,从而经济函数 Z 在临界值处取得最小值。

（三）最优化问题中的海赛行列式

已知 $y = f(x_1, x_2, x_3)$,二阶海赛行列式为 $|H| = \begin{vmatrix} y_{11} & y_{12} & y_{13} \\ y_{21} & y_{22} & y_{23} \\ y_{31} & y_{32} & y_{33} \end{vmatrix}$,其元素为 y

的各个二阶偏导数：$y_{11} = \dfrac{\partial^2 y}{\partial x_1^2}, y_{12} = \dfrac{\partial^2 y}{\partial x_2 \partial x_1}, y_{23} = \dfrac{\partial^2 y}{\partial x_2 \partial x_3}$ 等,极小值或极大值的条件则取决于第一、第二和第三主子式的符号。如果 $|H_1| = y_{11} > 0$,$|H_2| = \begin{vmatrix} y_{11} & y_{12} \\ y_{21} & y_{22} \end{vmatrix} > 0$,$|H_3| = |H| > 0$,则 $|H|$ 为正定的,满足极小值的二阶条件。如果

$|H_1| = y_{11} < 0$，$|H_2| = \begin{vmatrix} y_{11} & y_{12} \\ y_{21} & y_{22} \end{vmatrix} > 0$，$|H_3| = |H| < 0$，则 $|H|$ 为负定的，满足极大值的二阶条件。更高阶的海赛行列式有类似的结论：如果 $|H|$ 的所有主子式为正，则 $|H|$ 为正定的，满足极小值的二阶条件；如果 $|H|$ 的所有主子式的符号在负与正之间交替出现，则 $|H|$ 为负定的，满足极大值的二阶条件。

例 1.3.5

最优化函数为 $y = -5x_1^2 + 10x_1 + x_1x_3 - 2x_2^2 + 4x_2 + 2x_2x_3 - 4x_3^2$，利用海赛行列式检验二阶条件。

解：

一阶条件为
$$\begin{cases} \dfrac{\partial y}{\partial x_1} = y_1 = -10x_1 + 10 + x_3 = 0 \\ \dfrac{\partial y}{\partial x_2} = y_2 = -4x_2 + 4 + 2x_3 = 0 \\ \dfrac{\partial y}{\partial x_3} = y_3 = x_1 + 2x_2 - 8x_3 = 0 \end{cases}$$

用矩阵表示为 $AX = B$，即

$$\begin{bmatrix} -10 & 0 & 1 \\ 0 & -4 & 2 \\ 1 & 2 & -8 \end{bmatrix} \begin{bmatrix} x_1 \\ x_2 \\ x_3 \end{bmatrix} = \begin{bmatrix} -10 \\ -4 \\ 0 \end{bmatrix}$$

利用克莱姆法则求解：$|A| = -276 \neq 0$，因为 $|A|$ 为雅可比行列式且不等于零，则上述三个方程为函数无关的，$|A_1| = -288$，$|A_2| = -336$，$|A_3| = -120$，所以

$$\overline{x_1} = \frac{|A_1|}{|A|} = \frac{-288}{-276} \approx 1.04, \overline{x_2} = \frac{|A_2|}{|A|} = \frac{-336}{-276} \approx 1.22,$$

$$\overline{x_3} = \frac{|A_3|}{|A|} = \frac{-120}{-276} \approx 0.43$$

由一阶条件求二阶偏导数

$y_{11} = -10, y_{12} = 0, y_{13} = 1$

$y_{21} = 0, y_{22} = -4, y_{23} = 2$

$y_{31} = 1, y_{32} = 2, y_{33} = -8$

所以 $|H| = \begin{vmatrix} -10 & 0 & 1 \\ 0 & -4 & 2 \\ 1 & 2 & -8 \end{vmatrix}$

由于一阶条件为线性的，所以 $|H|$ 中的元素和方程的系数矩阵相同，检验其第一、第二、第三主子式：$|H_1| = -10 < 0$，$|H_2| = \begin{vmatrix} -10 & 0 \\ 0 & -4 \end{vmatrix} = 40 > 0$，$|H_3| = |H| = |A| = -276 < 0$

由于主子式的符号交替地为正和负,则海赛行列式为负定的,从而该函数在 $\overline{x_1}=1.04,\overline{x_2}=1.22,\overline{x_3}=0.43$ 处取得极大值。

例 1.3.6

已知需求函数和总成本函数为

$$Q_1=100-3P_1+2P_2$$
$$Q_2=75+0.5P_1-P_2$$
$$TC=Q_1^2+2Q_1Q_2+Q_2^2$$

试求:

(1) $P=f(Q)$;

(2) 检验利润函数的一阶条件;

(3) 利用海赛行列式检验二阶条件,使利润最大化。

解:

P_1、P_2 在两个需求函数中有相反符号,说明这两种商品为相互替代品(即商品 2 的价格 P_2 上涨会引起商品 1 的需求量 Q_1 的增加,同理,P_1 上涨会引起 Q_2 的增加)。

(1) 由于两个商品是相互关联的,则反函数必须由两个需求函数联立求得

$$\begin{cases} -3P_1+2P_2=Q_1-100 \\ 0.5P_1-P_2=Q_2-75 \end{cases}$$

矩阵形式为 $AP=B$

$$\begin{pmatrix} -3 & 2 \\ 0.5 & -1 \end{pmatrix}\begin{pmatrix} P_1 \\ P_2 \end{pmatrix}=\begin{pmatrix} Q_1-100 \\ Q_2-75 \end{pmatrix}$$

利用克莱姆法则 $|A|=2$,$|A_1|=\begin{vmatrix} Q_1-100 & 2 \\ Q_2-75 & -1 \end{vmatrix}=250-Q_1-2Q_2$

$$P_1=\frac{|A_1|}{|A|}=\frac{250-Q_1-2Q_2}{2}=125-0.5Q_1-Q_2$$

$$|A_2|=\begin{vmatrix} -3 & Q_1-100 \\ 0.5 & Q_2-75 \end{vmatrix}=275-0.5Q_1-3Q_2$$

$$P_2=\frac{|A_2|}{|A|}=\frac{275-0.5Q_1-3Q_2}{2}=137.5-0.25Q_1-1.5Q_2$$

(2) 因为利润函数

$\pi=(125-0.5Q_1-Q_2)Q_1+(137.5-0.25Q_1-1.5Q_2)Q_2-(Q_1^2+2Q_1Q_2+Q_2^2)$
$=125Q_1+137.5Q_2-3.25Q_1Q_2-1.5Q_1^2-2.5Q_2^2$

所以

$$\pi_1=\frac{\partial \pi}{\partial Q_1}=125-3.25Q_2-3Q_1=0$$

$$\pi_2 = \frac{\partial \pi}{\partial Q_2} = 137.5 - 3.25Q_1 - 5Q_2 = 0$$

$$\begin{bmatrix} -3 & -3.25 \\ -3.25 & -5 \end{bmatrix} \begin{bmatrix} Q_1 \\ Q_2 \end{bmatrix} = \begin{bmatrix} -125 \\ -137.5 \end{bmatrix}$$

$$|A| = 4.437\,5, \quad |A_1| = 178.125, \quad |A_2| = 6.25$$

$$\overline{Q_1} = \frac{178.125}{4.437\,5} = 40.14, \quad \overline{Q_2} = \frac{6.25}{4.437\,5} = 1.4$$

(3) 因为 $|H| = \begin{vmatrix} -3 & -3.25 \\ -3.25 & -5 \end{vmatrix}$

所以 $|H_1| = -3$, $|H_2| = |H| = |A| = 4.437\,5$

所以,利润在 $\overline{Q_1} = 40.14$, $\overline{Q_2} = 1.4$ 时可取得最大值。

习 题

1. 某银行推出两年期定存,利率为 2%,在以下各种复利条件下,请问一笔 100 000 美元的定期存款在两年后的终值是多少?具体条件如下:

(1) 每年复利一次;

(2) 半年复利一次;

(3) 每季复利一次;

(4) 连续复利。

2. 求本金为 100 元,以 6% 的利率,分别求出每半年计算复利一次和连续计算复利时的实际利率。

3. 如果连续计算复利,以多少的利率才能使本金在 8 年内变成 3 倍?

4. 一个 5 年投资计划预计由每年 2.6 万元增长到每年 4.2 万元,问需要平均每年增加多少投资?

5. 现有已故画家的艺术收藏品的估价为 $V = 200\,000 \times (1.25)^{\sqrt[3]{t2}}$,在连续计算复利的情况下,如果贴现率为 0.06,则收藏者应持有多久后再出售才会赚最多的钱?

6. 为投资而买入的钻石价值为 $V = 250\,000 \times (1.75)^{\sqrt{t}}$,在连续计算复利的情况下,利率为 0.07,问应持有多久获利最大?

7. (1) 已知 $TP = 90k^2 - k^3$,用图示说明总成本、平均成本和边际成本之间的关系;

(2) 求第(1)题中资本的平均成本 AP_k,并使其极大化;

(3) 求(1)题中资本的边际成本 MP_k,并使其极大化;

(4) 描绘图形。

8. 假设一厂商可以对一种产品的国内与国外市场采取差别定价,其需求函数分别为 $Q_1 = 21 - 0.1P_1$,$Q_2 = 50 - 0.4P_2$,总成本为 $TC = 2\,000 + 10Q$,式中,$Q =$

Q_1+Q_2。

为使利润最大,在有差别的市场及没有差别的市场厂商如何定价? 比较两种情况下的利润。

9. 已知净投资率为 $I=40t^{\frac{3}{5}}$,当 $t=0$ 时的资本存量是 75,求资本函数 K。

10. 已知供给函数 $P=(Q+3)^2$,当 $P_0=81,Q_0=6$ 时,求出生产者剩余。

11. 已知需求函数 $P_d=25-Q^2$ 和供给函数 $P_s=2Q+1$,求消费者剩余和生产者剩余。

12. 已知 IS 方程为 $0.3Y+100i-252=0$,LM 方程为 $0.25Y-200i-176=0$,用矩阵方法求收入的均衡水平及利率。

13. 已知:$Q_1=150-3P_1+P_2+P_3$,$Q_2=180+P_1-4P_2+2P_3$,$Q_3=200+2P_1+P_2-5P_3$,$TC=Q_1^2+Q_1Q_2+2Q_2^2+Q_2Q_3+Q_3^2+Q_1Q_3$。

(1) 求 $P=f(Q)$;

(2) 利用克莱姆法则检验一阶条件;

(3) 利用海赛行列式检验二阶条件,使利润最大化。

第二章
线性回归模型在数理金融中的应用

教学要点

知识要点	掌握程度	相关知识
数据处理的基本方法	掌握	画图分析、数据转换
一元线性回归模型	重点掌握	参数估计、模型检验
多元线性回归模型	重点掌握	参数估计、模型检验
模型误设定	了解	误设定检验

课前导读

1. 从经济理论角度而言,计量经济建模的产生和发展与经济问题研究密不可分,强调经济学的逻辑基础和理论架构,属于社会科学的范畴。因此,我们要坚持马克思主义的立场和原理,正确并科学地运用计量经济方法研究和阐释中国现实经济问题,揭示中国经济发展的独特规律和评估各种改革举措与经济政策。

2. 通过学习计量经济建模的理论与方法,加深对马克思主义认识论基本原理的理解与把握,并熟练地运用马克思主义认识论去观察、分析、处理、解释实际问题,培养科学精神与科学思维。

3. 运用辩证唯物主义方法,在肯定计量经济建模的科学性和重要作用的同时,剖析其局限性以及运用计量经济建模方法分析实际问题时需要注意的一些问题,避免披着科学方法论的外衣而实际上并不是真正具有科学性的错误的习惯做法,如模型与方法的误用、滥用等。

第一节 数据处理的基本方法

在使用统计和计量工具之前,一些初步的分析可以帮助我们从数据中获得一些灵感。本节简要地介绍了几种通过不同图表与统计数据观察和分析数据的方法。这一步骤为之后的回归分析和解释提供了必要的前提。另外,我们将介绍几种转换原始数据的方法,帮助去除一种或多种时间序列包含的因素,或是获得一种更加符合最终回归分析的数据形式。尽管我们的重点是放在时间序列数据上,但是这其中的一些方法也适用于截面数据。

一、原始数据

起先的工作是简单地观察电子表格里的数据个数,记录下序列的个数、起始与终止的日期、数值的跨度等。如果进一步地观察,我们可能会发现极端值或结构上的不连续、突变(如数值在一个时间点上的大幅跳动)。这种突变可能对回归结果有很大的潜在影响,因此在构造模型与解释结果的时候非常值得我们警惕。

二、图像分析

虽然观察原始数据(即具体的数字)确实可以提供一些信息,但是不同的图像能使这个检测过程变得更加容易。图像是"纵览全局"的基本工具,并且可以提供许多关于序列的信息。从图像中我们也可以比从电子表格中更清楚地找出极端值与结构突变。主要的图像工具如下:

(1)柱状图:给出变量的分布;

(2)散点图:给出两个变量的组合,如果两个变量间存在一定关系,则容易被观察到;

(3)折线图:给出简明的序列间比较;

(4)条形图;

(5)饼图。

三、摘要统计量

利用一些简单的方法,我们可以更加精确地得到变量 x_t 的分布情况。例如,平均值通常定义为 $\overline{x}$,方差为 σ_x^2,方差的平方根(标准差)为 σ_x。因此

$$\overline{x} = \frac{1}{T} \sum_{i=1}^{T} \overline{x_i} \tag{2.1.1}$$

$$\sigma_x^2 = \frac{1}{T-1} \sum_{i=1}^{T} (x_i - \overline{x})^2 \tag{2.1.2}$$

$$\sigma_x = \sqrt{\sigma_x^2} \qquad (2.1.3)$$

在考察两个变量的时候,我们通常会考虑协方差及相关性。然而本书想强调的是,这些摘要统计量远不如一张图表所提供的信息丰富,任何一个好的经验分析都应该从全部数据的图像分析开始。

四、数据转换

(一)改变时间序列数据的频度

通过 EViews,我们可以改变时间序列的频度(如把数据的频度从月度降低到季度)。降低数据频度的方法取决于要处理的是存量数据还是流量数据。对于存量数据(如 CPI 等),我们可以选择某一个特定的数据(如一个阶段的起点、中点、结点)或者平均值;对于流量数据,我们可以将所有的数据加总(如 2020 年 GDP 的值应该等于同年四个季度的 GDP 加总)。若要增加时间序列的频度(如从季度增加到月度),处理的时候需要用到外推的方法并且要非常谨慎。处理好的序列将呈现出一种比较平稳的特征,并且可以用来与其他具有相同频度的序列进行比较。

(二)名义数据与实际数据

计量经济学中一个非常棘手的问题是,如何在名义数据与实际数据之间做出选择。名义数据包含了价格因素,这个最基本的特征是大家共同关心的问题。然而,当我们要比较两个名义变量的时候,由于每组变量中都包含价格的因素,因此会导致虚假的高度相关性。为了避免这个问题,我们可以通过适当的价格指数(如消费支出指数 CPI 与生产价格指数 PPI)将名义数据转换成实际数据。可惜并不是所有时候我们都能找到适当的价格指数,有些时候的转换变得过于随意。

数据转化的底线在于:考虑所使用的数据与要研究的变量之间的关系,在保持数据一致性的前提下,选择恰当的方法处理数据。

(三)对数

对数转换是计量经济学中一种普遍的做法,原因如下:

第一,很多时间序列都呈现很强的趋势特征(如在数值上始终上升或下降)。当这些趋势是由潜在的增长过程引起的时候,序列在图像上将呈现指数方程曲线的特点。在这种情况下,指数/增长因素决定了序列的其他性质(如时间序列的周期性或者不规则性因素),从而在变量与另一增长变量之间产生某种关系。对这样的序列取自然对数可以线性化其指数趋势(因为对数方程是指数方程的反函数)。例如,我们可能更希望处理取过对数后在图像上呈线性关系的 GDP,而不是呈指数关系的原始 GDP。

第二,对数方程可以用来线性化一个原本参数是非线性化的模型。例如,柯布—道格拉斯(Cobb-Douglas)生产函数

$$Y = AL^\alpha K^\beta e^u \tag{2.1.4}$$

式中,u 是干扰项;e 是自然对数的底数。

对方程两边同时取对数,我们可以得到下式

$$\ln(Y) = \ln(A) + \alpha \ln(L) + \beta \ln(K) + u \tag{2.1.5}$$

式(2.1.5)中的每一个变量(包括常数项)可以被重新定义为 $y = \ln(Y)$,$k = \ln(K)$,$l = \ln(L)$,$a = \ln(A)$;转换之后的模型如下

$$y = a + \alpha l + \beta k + u \tag{2.1.6}$$

这个方程中的参数都是线性的形式,从而可以使用最小二乘法(OLS)方便地估计。

第三,使用对数转换可以将转换后的回归系数解释为弹性,因为对于任何变量 x 的微小变化都有:$\ln x$ 的变化 $\approx x$ 自身的相对变化[根据最基本的微分:$d(\ln x)/dx = 1/x$,因而有 $d(\ln x) = dx/x$]。

在上面的对数生产方程中,β 反映了每单位 $\ln(K)$ 变化对 $\ln(Y)$ 的影响,即产出的资本弹性。

(四) 差分

前面介绍了对数转换可以去除数据的指数趋势。如果想要完全去除一个(时间)序列的趋势(如让它变得更加平稳),我们可以使用差分,即计算从一个阶段到下一个阶段的绝对变化量。以符号表示为

$$\Delta Y_t = Y_t - Y_{t-1} \tag{2.1.7}$$

上式可以称为一阶差分。如果得到的序列仍然存在趋势,可以进一步地差分(一次或者多次),使它变得平稳。也就是说,我们还可以进行如下二阶差分

$$\begin{aligned}
\Delta^2 Y_t &= \Delta(Y_t - Y_{t-1}) \\
&= \Delta Y_t - \Delta Y_{t-1} \\
&= (Y_t - Y_{t-1}) - (Y_{t-1} - Y_{t-2}) \\
&= Y_t - 2Y_{t-1} + Y_{t-2}
\end{aligned} \tag{2.1.8}$$

(五) 增长率

在很多情况下,分析数据、模型与增长率的关系是十分具有经济学意义的工作。比如 GDP,通常会讨论 GDP 增长率而不是 GDP 绝对水平。运用增长率,我们可以比较一段时间内的某个变量相对于另一段时间内的另一个变量的变化。由于增长率的计算中存在着差分,序列之中的趋势成分也就被去除了。

增长率有两种形式:离散型和连续型。离散型的增长率可以这样计算

$$Y_t \text{ 的增长率} = (Y_t - Y_{t-1})/Y_{t-1}$$

式中，t 表示时间。

在计量经济学中较为常用的是连续型的增长率，结合了对数与差分两种转换方式。这种处理年度数据的方法十分简单：连续型的增长率是指一个时间段的水平值与前一个阶段的水平值的比值的自然对数（等价于某一年水平值的对数与上一年水平值的对数之差）。

$$Y_t \text{ 的增长率} = \ln (Y_t/Y_{t-1}) = \ln (Y_t) - \ln (Y_{t-1})$$

针对月度数据，可以选择计算基于本月和上月的增长率，或者基于本年与上年的增长率。前者的优势在于其提供了最新的增长率，从而减少年度数据产生的偏差。月度数据也经常被年度化，比如假设月度增长率在整个年度都适用，将其乘以 12 便可作为这个序列在整个年度增长率的依据。相关的计算如下

年变化的月度增长率 $12 \times \ln (Y_t/Y_{t-1})$（连续型）　或　$[(Y_t/Y_{t-1})^{12} - 1]$（离散型）

年变化的季度增长率 $4 \times \ln (Y_t/Y_{t-1})$（连续型）　或　$[(Y_t/Y_{t-1})^{4} - 1]$（离散型）

将这些增长率乘以 100 可以得到增长百分比。

然而，月度增长率（无论是否被年度化）是经常变化的，很大程度上是由于时间序列受制于季节性因素（如众所周知的春节旺季）。为了避免这种季节性因素的影响，我们比较增长率的时候，通常用本年某一阶段的数据与前一年的对应数据进行比较（如 2020 年 1 月与 2021 年 1 月）。这就是平日里新闻头条中的通货膨胀数据的计算依据。同样，这种比较方法也适用于季度或者其他数据。在回归分析中使用比率数据的另一个优势在于，可以反映某一年度的某个变量对另一个变量的影响。包含季节效应的差分方程为

$$\Delta^s Y_t = Y_t - Y_{t-s}$$

利用月度数据计算年度增长率的公式为

$$Y_t \text{ 的增长率} = \ln (Y_t/Y_{t-12}) = \ln (Y_t) - \ln (Y_{t-12})$$

综上所述，差分在计算年度增长率的同时去除了时间序列的趋势效应和季节因素，因此可以进一步考察（相关性或回归分析）数据的其他特性（如循环或其他不规律的因素）。

第二节　一元线性回归模型

一、一元线性回归基本模型

一元线性回归基本模型中只有一个解释变量，其参数估计方法是最简单的，其一

般形式为

$$y_t = \beta_0 + \beta_1 x_t + u_t \tag{2.2.1}$$

式(2.2.1)表示了变量 y_t 和 x_t 之间的关系。其中 y_t 称为被解释变量(内生变量,因变量),x_t 称为解释变量(外生变量,自变量),u_t 称为随机误差项,β_0 称为常数项,β_1 称为回归系数(通常未知)。 式(2.2.1)可以分为两部分。

(1) 回归函数部分:$E(y_t) = E(\beta_0 + \beta_1 x_t + u_t) = \beta_0 + \beta_1 x_t$;

(2) 随机部分:u_t。

通常线性回归函数 $E(y_t) = \beta_0 + \beta_1 x_t$ 是观察不到的,利用样本得到的只是对 $E(y_t) = \beta_0 + \beta_1 x_t$ 的估计,即得到 β_0 和 β_1 的估计值。

在对回归函数进行估计之前应该对随机误差项 u_t 做出如下假定:

(1) $u_t(t = 1, 2, \cdots, T)$ 是一个随机变量,u_t 的取值服从概率分布。

(2) $E(u_t) = 0$。

(3) $\mathrm{Var}(u_t) = E[u_t - E(u_t)]^2 = E(u_t)^2 = \sigma^2$,称 u_t 具有同方差性(齐次方差性)。

(4) u_t 为正态分布(根据中心极限定理)。

以上四个假定可做如下表达:$u_t \sim N(0, \sigma^2)$。

(5) $\mathrm{Cov}(u_i, u_j) = E\{[u_i - E(u_i)][u_j - E(u_j)]\} = E(u_i, u_j) = 0 (i \neq j)$,含义是不同观测值所对应的随机项相互独立,称为 u_t 的非自相关性(无序列相关性)。

(6) x_t 是非随机的。

(7) $\mathrm{Cov}(u_i, x_i) = E\{[u_i - E(u_i)][x_i - E(x_i)]\} = E\{u_i[x_i - E(x_i)]\} = E[u_i x_i - u_i E(x_i)] = E(u_i x_i) = 0$,$u_i$ 与 x_i 相互独立,以保证 x_i 的非随机性,否则分不清 y_t 的变动究竟受到哪个变量的影响。

(8) 对于多元线性回归模型,解释变量之间不能完全相关或高度相关(非多重共线性)。

表 2.2.1 对模型假定做出总结。

表 2.2.1 模型假定

假 定	数学表达	违背假设可能导致的情况
(1) 模型的线性	$y_t = \beta_0 + \beta_1 x_t + u_t$	错误的解释变量,非线性或是变化的参数
(2) 误差的期望值为 0	$E(u_t) = 0$	有偏的截距项
(3) 同方差	$\mathrm{Var}(u_t) = \sigma^2 = $ 常数	异方差
(4) 残差正态分布	$u_t \sim N(\mu, \sigma^2)$	极端值

假　定	数学表达	违背假设可能导致的情况
(5) 序列独立	$\mathrm{Cov}(u_i,u_j)=0$, 对所有 $i\neq j$	自相关
(6)～(7) x_t 是非随机的,并且 u_i 与 x_i 相互独立	$\mathrm{Cov}(u_i,x_i)=0$	自回归
(8) $n>2$ 与非多重共线性	$\sum_{t=1}^{T}(\delta_i x_{it}+\delta_j x_{jt})\neq 0, i\neq j$	多重共线性

二、最小二乘估计法

对于所研究的金融问题,被解释变量和解释变量之间的真实关系通常是观测不到的,收集样本的目的就是要对其做出估计。

综合起来看,待估直线处于样本数据的中心位置最为合理,这用数学语言描述为:设待估计线性关系为 $\hat{y}_t=\hat{\beta}_0+\hat{\beta}_1 x_t$,其中 $\hat{y}_t$ 称为 y_t 的拟合值,$\hat{\beta}_0$ 和 $\hat{\beta}_1$ 分别是 β_0 和 β_1 的估计量。观测值到这条直线的纵向距离用 e_t 表示,称为残差。 则估计的模型为

$$y_t=\hat{y}_t+e_t=\hat{\beta}_0+\hat{\beta}_1 x_t+e_t \tag{2.2.2}$$

用最小二乘估计法(Ordinary Least Square, OLS)获得估计参数的原因在于: ① 用"残差和最小"确定直线位置是一个途径。但很快发现计算"残差和"存在相互抵消的问题。 ② 用"残差绝对值和最小"确定直线位置也是一个途径。但绝对值的计算比较麻烦。 ③ 最小二乘法的原则是以"残差平方和最小"确定直线位置。采用最小二乘法,除了计算比较方便外,得到的估计量还具有优良的统计特性(这种方法对异常值非常敏感)。

其原理为:设残差平方和用 Q 表示

$$Q=\sum_{i=1}^{T}e_t^2=\sum_{i=1}^{T}(y_t-\hat{y}_t)^2=\sum_{i=1}^{T}(y_t-\hat{\beta}_0-\hat{\beta}_1 x_t)^2 \tag{2.2.3}$$

则通过求解 Q 值最小来确定这条直线,即确定 $\hat{\beta}_0$ 和 $\hat{\beta}_1$ 的估计值。$\hat{\beta}_0$ 和 $\hat{\beta}_1$ 为变量,把 Q 看作 $\hat{\beta}_0$ 和 $\hat{\beta}_1$ 的函数,这是一个求极值的问题。求 Q 对 $\hat{\beta}_0$ 和 $\hat{\beta}_1$ 的偏导数,得

$$\begin{cases}\dfrac{\partial Q}{\partial\hat{\beta}_0}=2\sum_{i=1}^{T}(y_t-\hat{\beta}_0-\hat{\beta}_1 x_t)(-1)=0\\[2mm]\dfrac{\partial Q}{\partial\hat{\beta}_1}=2\sum_{i=1}^{T}(y_t-\hat{\beta}_0-\hat{\beta}_1 x_t)(-x_t)=0\end{cases}$$

从而得到如下正规方程组

$$\begin{cases} \hat{\beta}_0 T + \hat{\beta}_1 (\sum_{i=1}^{T} x_t) = \sum_{i=1}^{T} y_t \\ \hat{\beta}_0 \sum_{i=1}^{T} x_t + \hat{\beta}_1 (\sum_{i=1}^{T} x_t^2) = \sum_{i=1}^{T} x_t y_t \end{cases}$$

$$\begin{bmatrix} T & \sum x_t \\ \sum x_t & \sum x_t^2 \end{bmatrix} \begin{bmatrix} \hat{\beta}_0 \\ \hat{\beta}_1 \end{bmatrix} = \begin{bmatrix} \sum y_t \\ \sum x_t y_t \end{bmatrix}$$

$$\begin{bmatrix} \hat{\beta}_0 \\ \hat{\beta}_1 \end{bmatrix} = \begin{bmatrix} T & \sum x_t \\ \sum x_t & \sum x_t^2 \end{bmatrix} \begin{bmatrix} \sum y_t \\ \sum x_t y_t \end{bmatrix} = \frac{1}{T \sum x_t^2 - (\sum x_t)^2} \begin{bmatrix} \sum x_t^2 & -\sum x_t \\ -\sum x_t & T \end{bmatrix}$$

$$\begin{bmatrix} \sum y_t \\ \sum x_t y_t \end{bmatrix} = \begin{bmatrix} \dfrac{\sum x_t^2 \sum y_t - \sum x_t \sum x_t y_t}{T \sum x_t^2 - (\sum x_t)^2} \\ \dfrac{T \sum x_t y_t - \sum x_t \sum y_t}{T \sum x_t^2 - (\sum x_t)^2} \end{bmatrix}$$

最后，得到估计式

$$\begin{cases} \hat{\beta}_1 = \dfrac{\sum (x_t - \overline{x})(y_t - \overline{y})}{\sum (x_t - \overline{x})^2} \\ \hat{\beta}_0 = \overline{y} - \hat{\beta}_1 \overline{x} \end{cases} \tag{2.2.4}$$

三、一元线性回归模型的检验

(一) 拟合优度检验

在一元回归模型中,样本决定系数(也称可决系数或判定系数)R^2 体现了参数的估计值对观测值的拟合程度。显然,若观测值离回归直线近,则拟合程度好;反之,则拟合程度差。因为

$$\sum (y_t - \overline{y})^2 = \sum (\hat{y}_t - \overline{y})^2 + \sum (y_t - \hat{y}_t)^2 = \sum (\hat{y}_t - \overline{y})^2 + \sum (e_t)^2 \tag{2.2.5}$$

即"总体平方和"＝"回归平方和"＋"残差平方和",$S_总 = S_回 + S_残$。定义度量拟合优度的统计量

$$R^2 = \frac{\sum (\hat{y}_t - \overline{y})^2}{\sum (y_t - \overline{y})^2} = \frac{回归平方和}{总体平方和} \tag{2.2.6}$$

由定义可知,R^2 的取值范围是 $[0,1]$,在计量经济模型中 R^2 越接近于 1,就说明模型拟合得越好。

（二）回归参数的显著性检验

回归参数的显著性检验又称为 t 检验，主要是检验回归参数是否为零。

参数 β_1 的显著性检验解决了一元线性回归模型中最关心的问题：x_t 是否可以解释 y_t 的变化，即解释变量 x_t 对被解释变量 y_t 是否有显著影响。

设定假设为

$$H_0: \beta_1 = 0; \quad H_1: \beta_1 \neq 0$$

在原假设 H_0 成立的条件下

$$t = \frac{\hat{\beta}_1 - \beta}{s(\hat{\beta}_1)} = \frac{\hat{\beta}_1}{s(\hat{\beta}_1)} = \frac{\hat{\beta}_1}{\hat{\sigma}/\sqrt{\sum(x_t - \overline{x})^2}} \sim t_{\alpha(T-2)} \tag{2.2.7}$$

若 $|t| > t_{\alpha(T-2)}$，则拒绝原假设，$\beta_1 \neq 0$；
若 $|t| < t_{\alpha(T-2)}$，则接受原假设，$\beta_1 = 0$。
对于参数 β_0 的显著性检验，可以用类似的方法进行。

（三）正态性检验

统计检验过程是建立在假设随机误差 u_t 服从正态分布的基础之上的。既然我们不能直接地观察真实的误差项 u_t，那么，如何证实 u_t 确实服从正态分布呢？我们有 u_t 的近似值——残差 e_t，因此，可通 e_t 来获悉 u_t 的正态性。

一种常用的正态性检验是 Jarqe-Bera（雅克—贝拉）检验，简称 JB 检验，在许多统计软件中也都包括这种检验方法。它是依据 OLS 残差对大样本进行的一种检验方法（或称为渐近检验）。首先计算偏度系数 S（对概率密度函数对称性的度量）以及峰度系数 K（对概率密度函数的"胖瘦"的度量）。偏度系数计算公式如下

$$S = \frac{\sum(x_t - \overline{x})^3}{n\sigma_x^3} \tag{2.2.8}$$

峰度系数计算公式如下

$$K = \frac{\sum(x_t - \overline{x})^4}{n\sigma_x^4} \tag{2.2.9}$$

对于正态分布变量，偏度为零，峰度为 3。Jarqe 和 Bera 建立了如下检验统计量——JB（雅克—贝拉）统计量

$$JB = \frac{n}{6}\left[S^2 + \frac{(K-3)^2}{4}\right] \tag{2.2.10}$$

式中，n 为样本容量；S 为偏度；K 为峰度。

可以证明,在正态性假定下,式(2.2.10)给出的 JB 统计量渐进地服从自由度为 2 的 χ^2 分布,用符号表示为

$$JB \sim \chi^2(2)$$

从式(2.2.10)可以看出,如果变量服从正态分布,则 S 为零,K 为 3,因而 JB 统计量的值为零。但是,如果变量不是正态变量,则 JB 统计量将为一个逐渐增大值。在某一显著性水平 α 下,根据式(2.2.10)计算的 JB 值超过临界 χ^2_α,则将拒绝正态分布的零假设;但如果没有超过临界值 χ^2_α,则不能拒绝零假设。

在表 2.2.2 中,给出了某地区居民家庭可支配收入 x_t 与家庭消费支出 y_t 的资料统计表,利用 EViews 软件,在数组 x、y 窗口,点击 Descriptive Stats/Common Sample,出现表 2.2.3 的描述统计结果。我们得到的偏度系数为 $S = -0.334\,845$,峰度系数为 $K = 1.967\,508$,JB 统计量的值为 $JB = 0.631\,052$,对于显著性水平 $\alpha = 0.05$,$\chi^2_\alpha(2) = 5.991\,47$,因此有 $JB = 0.631\,052 < \chi^2_\alpha(2) = 5.991\,47$,这表明计算得到的 JB 统计量不是统计显著的。因此,我们不能拒绝零假设,即家庭消费支出回归的残差服从正态分布。当然,这个结论并不是很准确,因为样本容量太小了。

总之,在实际中,在古典回归模型假定下,用上述方法对正态性进行检验是很重要的。因为假设检验的过程在很大程度上依赖于正态性这个假定,尤其是在样本容量很小的情况下。

表 2.2.2 数 据

	x_t	y_t		x_t	y_t
1	60	58	6	210	159
2	90	85	7	240	168
3	120	102	8	270	181
4	150	124	9	300	194
5	180	146	10	330	211

表 2.2.3 描述统计结果

	x_t	y_t		x_t	y_t
Mean	195.000 0	142.800 0	Minimum	60.000 00	58.000 00
Median	195.000 0	152.500 0	Std.Dev.	90.829 51	49.653 91
Maximum	330.000 0	211.000 0	Skewness	7.54E − 17	−0.334 845
Kurtosis	1.775 758	1.967 508	Sum	1 950.000	1 428.000
Jarque-Bera	0.624 487	0.631 052	Sum Sq.Dev.	74 250.00	22 189.60
Probability	0.731 803	0.729 405	Observations	10	10

第三节　多元线性回归模型

一、多元线性回归基本模型

多元线性回归模型的一般形式为

$$y_t = \beta_0 + \beta_1 x_{t1} + \beta_2 x_{t2} + \cdots + \beta_{k-1} x_{tk-1} + u_t \tag{2.3.1}$$

式中，y_t 为被解释变量（因变量）；$x_{tj}(j=1,2,\cdots k-1)$ 为解释变量（自变量）；u_t 为随机误差项；$\beta_i(i=0,1,2,\cdots,k-1)$ 为回归参数（通常未知）。

对金融问题的实际意义：y_t 与 x_{tj} 存在线性关系，x_{tj}，$(j=1,2,\cdots k-1)$ 是 y_t 的重要解释变量。u_t 代表众多影响 y_t 变化的微小因素。使 y_t 的变化偏离了 $E(y_t)=\beta_0 + \beta_1 x_{t1} + \beta_2 x_{t2} + \cdots + \beta_{k-1} x_{tk-1}$ 决定的 k 维空间平面。

当给定一个样本 $(y_t, x_{t1}, x_{t2}, \cdots, x_{tk-1}), t=1,2,\cdots,T$ 时，上述模型表示为数据化模型

$$\begin{cases} y_1 = \beta_0 + \beta_1 x_{11} + \beta_2 x_{12} + \cdots + \beta_{k-1} x_{1k-1} + u_1 \\ y_2 = \beta_0 + \beta_1 x_{21} + \beta_2 x_{22} + \cdots + \beta_{k-1} x_{2k-1} + u_2 \\ \vdots \\ y_T = \beta_0 + \beta_1 x_{T1} + \beta_2 x_{T2} + \cdots + \beta_{k-1} x_{Tk-1} + u_T \end{cases} \tag{2.3.2}$$

矩阵化模型

$$\begin{pmatrix} y_1 \\ y_2 \\ \vdots \\ y_T \end{pmatrix}_{(T \times 1)} = \begin{pmatrix} 1 & x_{11} & \cdots & x_{1j} & \cdots & x_{1k-1} \\ 1 & x_{21} & \cdots & x_{2j} & \cdots & x_{2k-1} \\ \cdots & \cdots & \cdots & \cdots & \cdots & \cdots \\ 1 & x_{T1} & \cdots & x_{Tj} & \cdots & x_{Tk-1} \end{pmatrix}_{(T \times k)} \begin{pmatrix} \beta_0 \\ \beta_1 \\ \vdots \\ \beta_{k-1} \end{pmatrix}_{(k \times 1)} + \begin{pmatrix} u_1 \\ u_2 \\ \vdots \\ u_T \end{pmatrix}_{(T \times 1)} \tag{2.3.3}$$

$$\boldsymbol{Y} = \boldsymbol{X\beta} + \boldsymbol{u} \tag{2.3.4}$$

为保证得到最优估计量，回归模型应满足如下假定条件：

（1）随机误差项 u_t 是非自相关的，每一误差项都满足均值为零，方差 σ^2 相同且为有限值，即

$$E(u_t) = 0, \mathrm{Var}(u_t) = \sigma^2$$

（2）u_t 服从正态分布，即

$$u_t \sim N(0, \sigma^2)$$

（3）解释变量与误差项相互独立，即

$$\mathrm{Cov}(x_{tj}, u_t) = 0$$

（4）解释变量之间线性无关。

（5）解释变量是非随机的。

二、多元线性回归模型的检验

（一）拟合优度检验

1. 可决系数 R^2

$$Y = X\hat{\boldsymbol{\beta}} + \hat{u} = \hat{Y} + \hat{u}$$

总体平方和为

$$SST = \sum_{t=1}^{T}(y_t - \overline{y})^2 = \sum_{t=1}^{T}y_t^2 - 2\overline{y}\sum_{t=1}^{T}y_t + T\,\overline{y}^2 = Y'Y - T\,\overline{y}^2$$

式中，$\overline{y}$ 是 y_t 的样本平均数，定义为 $\overline{y} = \left(\sum_{t=1}^{T}y_t\right)/T$。

回归平方和为

$$SSR = \sum_{t=1}^{T}(\hat{y}_t - \overline{y})^2 = \hat{Y}'\hat{Y} - T\,\overline{y}^2$$

残差平方和为

$$SSE = \sum_{t=1}^{T}(y_t - \hat{y}_t)^2 = \sum_{t=1}^{T}\hat{u}_t^2 = \hat{u}'\hat{u}$$

则有如下关系存在

$$SST = SSR + SSE$$

$$R^2 = \frac{SSR}{SST} = \frac{\hat{Y}'\hat{Y} - T\,\overline{y}^2}{Y'Y - T\,\overline{y}^2}$$

显然有 $0 \leqslant R^2 \leqslant 1$。$R^2$ 越接近于 1，就说明模型拟合得越好。

2. 调整的可决系数 $\overline{R}^2$

当解释变量的个数增加时，通常 R^2 不下降，而是上升。为调整因自由度减小带来的损失，定义调整的多重可决系数 $\overline{R}^2$ 如下

$$\overline{R}^2 = 1 - \frac{SSE/(T-k)}{SST/(T-1)}$$

3. 赤池信息准则和施瓦兹准则

为了比较所含解释变量个数不同的多元回归模型的拟合优度，常用的标准还有赤池信息准则（Akaike Information Criterion，AIC）和施瓦兹准则（Schwarz

Criterion, SC), 其定义分别为

$$AIC = \ln \frac{\sum e_t^2}{T} + \frac{2(k+1)}{T} \tag{2.3.5}$$

$$SC = \ln \frac{\sum e_t^2}{T} + \frac{k}{T} \ln T \tag{2.3.6}$$

这两个准则均要求仅当所增加的解释变量能够减少 AIC 或 SC 值时才能在原模型中增加该解释变量。显然,与调整的决定系数相似,如果增加的解释变量没有解释能力,则对残差平方和的减少没有多大帮助,却增加了待估参数的个数,这时可能导致 AIC 和 SC 的值增加。

(二) 回归模型的总体显著性检验

与 $SST = SSR + SSE$ 相对应,自由度 $T-1$ 也被分解为两部分

$$(T-1) = (k-1) + (T-k)$$

定义 $MSR = \dfrac{SSR}{k-1}$ 为回归均方,$MSE = \dfrac{SSE}{n-k}$ 为残差均方,如表 2.3.1 所示。

表 2.3.1 方差分析表

方差来源	平方和	自由度	均　　方
回归	$SSR = \hat{Y}'\hat{Y} - T\bar{y}^2$	$k-1$	$MSR = SSR/(k-1)$
误差	$SSE = \hat{u}'\hat{u}$	$T-k$	$MSE = SSE/(T-k)$
总和	$SST = Y'Y - T\bar{y}^2$	$T-1$	

设定假设为

$$H_0 : \beta_1 = \beta_2 = \cdots = \beta_{k-1} = 0 \quad H_1 : \beta_j \text{ 不全为零}$$

$$F = \frac{MSR}{MSE} = \frac{SSR/(k-1)}{SSE/(T-k)} \sim F_{(k-1, T-k)} \tag{2.3.7}$$

此时解释变量对被解释变量的解释力越强,则 F 值越大,说明模型整体显著。当检验水平为 α 时,则检验规则是

若 $F \leqslant F_{\alpha(k-1, T-k)}$,接受 H_0;

若 $F > F_{\alpha(k-1, T-k)}$,拒绝 H_0。

(三) 回归参数的显著性检验

多元线性回归中仍用 t 检验来检验回归参数的显著性,设定假设为

$$H_0 : \beta_j = 0 (j = 1, 2, \cdots, k-1) \quad H_1 : \beta_j \neq 0$$

$$t = \frac{\hat{\beta}_j}{s(\hat{\beta}_j)} = \hat{\beta}_j / \sqrt{\mathrm{Var}\,(\hat{\beta})_{j+1}} = \hat{\beta}_j / \sqrt{s^2\,(X'X)^{-1}_{j+1}} \sim t_{(T-k)} \qquad (2.3.8)$$

判别规则为

若 $|\,t\,| \leqslant t_{a(n-k)}$，接受 H_0；

若 $|\,t\,| > t_{a(n-k)}$，拒绝 H_0。

需要注意的是，即使 F 统计量显著，各个 t 统计量也有可能不是显著的。

(四) 几点注意

在运用多元线性回归模型时，要注意以下几点：

(1) 研究经济变量之间的关系要剔除物价变动因素。

(2) 依照经济理论以及对具体经济问题的深入分析初步确定解释变量。

(3) 当引用现成数据时，要注意数据的定义是否与所选定的变量定义相符。

(4) 通过散点图、相关系数确定解释变量与被解释变量的具体函数关系(线性、非线性、无关系)。

(5) 谨慎对待异常值，不能把建立模型简单化为一个纯数学过程，目的是寻找经济规律。

(6) 选定模型后可利用样本数据(序列的、截面的、混合的)对模型进行估计。

(7) 首先进行 F 检验。F 检验是对模型整体回归显著性的检验(检验 1 次，H_0：$\beta_1 = \beta_2 = \cdots = \beta_{k-1} = 0$；$H_1$：$\beta_j$ 不全为零)。

(8) 进一步 t 检验[检验 k 次，H_0：$\beta_j = 0(j=1,2,\cdots,k-1)$；$H_1$：$\beta_j \neq 0$]。$t$ 检验是对单个解释变量的回归显著性的检验。若回归系数估计值未通过 t 检验，则相应解释变量应从模型中剔除。剔除该解释变量后应重新回归。

第四节 模型误设定

前面我们介绍了经典线性模型的建立、参数估计方法、假设检验以及对违背经典假设情况的技术处理方法等内容。在实际建模的过程中，我们还将遇到解释变量筛选与模型选择等方面的问题。

一、模型误设定类型及后果

采用 OLS 法估计模型时，实际上有一个隐含的假设，即模型是正确设定的。这包括两方面的含义：函数形式选择正确；解释变量选择正确。在实践中，这样一个假设或许从来也不现实。我们可能犯下面要提到的三个方面的错误，从而造成所谓的"误设定"问题。误设定(Misspecification)亦称设定误差(Specification Error)。

（一）选择错误的函数形式

这类错误中比较常见的是将非线性关系作为线性关系处理。函数形式选择错误所建立的模型当然无法反映所研究现象的实际情况，后果是显而易见的。因此，我们应当根据实际问题选择正确的函数形式。但这个问题说起来容易，做起来难。在双变量回归中，我们尚可根据散点图来选择因变量和解释变量之间的函数形式；对于多元回归的情况，这种做法就行不通了。

选择正确的函数形式是计量经济学家的任务，这是因为，经济理论通常不会告诉我们因变量和解释变量之间的具体函数形式是什么。解决这个问题，很大程度上要靠计量经济工作者在实践中不断摸索。

（二）模型中遗漏有关的解释变量

模型中遗漏了对因变量有显著影响的解释变量，将使模型参数估计量不再是无偏估计量，而是参数估计量有偏，可能产生非常严重的后果。因此，模型设定时必须格外谨慎。

（三）模型中包括无关的解释变量

模型中包括无关的解释变量，参数估计量仍无偏，但会增大估计量的方差，即增大误差，估计参数的置信区间进而变宽，从而使得我们无法认识到被解释变量与解释变量之间的显著关系。

二、误设定的检验

针对前面介绍的三种误设定类型，我们给出几种常用的检验方法。

（一）包含无关变量检验

对于模型中是否包含无关变量的情况，最直接的一个检验方法就是 t 检验，即检验单个变量前系数估计值的显著性。针对不能确定几个变量是否真的属于模型的情况，也可以使用第三节介绍的若干个系数联合显著性的 F 检验。需要特别注意的是，在多个自变量中查找是否存在无关变量时，一定不能脱离模型的理论基础，不要轻易地将理论上很重要但未通过显著性检验的变量删除。实际建模中经常会使用逐步回归的方法，即从一个较小模型开始，逐步筛选可以进入模型的变量。有些软件甚至可以给出在满足某些程序设定条件下逐步回归的结果，但这类"纯技术"方法受到了许多应用计量经济学家的批判，原因就在于这些硬性条件很有可能误删掉那些理论上非常重要的变量，而最终保留了许多相对次要的变量。

实践中，我们可以使用逐步回归的思想以避免无关变量进入模型，同时要结合所研究问题的重点，最终目标是得到有理论支持的好模型：其所有估计系数都具有"正确的"符号、基于 t 和 F 检验都是统计显著的、R^2 值足够高、DW 统计量的值可以接受等。

（二）遗漏重要变量检验

考虑一个双变量线性回归模型

$$Y = \alpha_0 + \alpha_1 X_1 + u$$

假设要检验模型是否遗漏了一个解释变量 X_2，则要做的是估计下面的模型并检验 β_2 是否为零。

$$Y = \beta_0 + \beta_1 X_1 + \beta_2 X_2 + v$$

另外一种做法是先估计原模型，得到残差 e_t，然后将其对 X_1 和 X_2 进行回归，检验变量 X_2 前的系数是否为零。

$$e_t = \beta_0 + \beta_1 X_1 + \beta_2 X_2 + v_t$$

注意是将残差对所有解释变量进行回归估计，而并非仅仅针对疑似遗漏的变量。因为仅对疑似遗漏变量估计得到的 X_2 的系数估计量是非一致估计量（除非系数真实值为零），且其分布较复杂，所以使用最小二乘估计得到的标准误差不正确。

此外，可以通过残差图的变化进行判定，如果模型遗漏了一个重要变量，残差图将会显示出较明显的变动趋势或不同的形状。

（三）检验误设定的 RESET 方法

RESET 检验法的思路是在要检验的回归方程中加进 $\hat{Y}^2$、$\hat{Y}^3$ 和 $\hat{Y}^4$ 等项作为解释变量，然后看结果是否有显著改善。如有，则可判断原方程存在遗漏有关变量的问题或其他误设定问题。直观地看，这些添加的项是任何可能的遗漏变量或错误的函数形式的替身，如果这些替身能够通过 F 检验表明它们改善了原方程的拟合状况，则我们有理由说原方程存在误设定问题。$\hat{Y}^2$、$\hat{Y}^3$ 和 $\hat{Y}^4$ 等项形成多项式函数形式，多项式是一种强有力的曲线拟合装置，因而如果存在误设定，则用这样一个装置可以很好地代替它们；如果不存在误设定，则可以预期这些新添加项的系数不显著异于 0，因为不存在让它们做替身的东西。

拉姆齐 RESET 检验的具体步骤如下：

（1）用 OLS 法估计要检验的方程，得到

$$\hat{Y}_i = \hat{\beta}_0 + \hat{\beta}_1 X_{1i} + \hat{\beta}_2 X_{2i}$$

（2）由上一步得到的 $\hat{Y}_i (i = 1, 2, \cdots, n)$ 值，计算 $\hat{Y}^2$、$\hat{Y}^3$ 和 $\hat{Y}^4$，然后用 OLS 法估计

$$Y_i = \beta_0 + \beta_1 X_{1i} + \beta_2 X_{2i} + \beta_3 \hat{Y}_i^2 + \beta_4 \hat{Y}_i^3 + \beta_5 \hat{Y}_i^4 + u_i$$

（3）用 F 检验比较两个方程的拟合情况（类似于前面第三节中联合假设检验采用的方法），如果两方程总体拟合情况显著不同，则我们得出原方程可能存在误设定的结论。使用的检验统计量为

$$F = \frac{(RSS_M - RSS)/M}{RSS/(n-k-1)}$$

式中，RSS_M 为第一步中回归(有约束回归)的残差平方和；RSS 为第二步中回归(无约束回归)的残差平方和；M 为约束条件的个数，这里 $M=3$。

（4）在给定的显著性水平 α 下，如果 $F>F_\alpha$，则拒绝模型无误设定的原假设。事实上，我们可以直接从 EViews 的输出结果中看到这一 F 值，以及与之相应的概率 p 值，如果 p 值小于显著性水平 α，则拒绝无误设定的原假设。

应该指出的是，拉姆齐 RESET 检验仅能检验误设定的存在，而不能告诉我们到底是哪一类的误设定，或者说，不能告诉我们正确的模型是什么。但该方法毕竟能给出模型误设定的信号，以便我们去进一步查找问题。另一方面，如果模型设定正确，RESET 检验使我们能够排除误设定的存在，转而去查找其他方面的问题。

（四）拉格朗日乘数(LM)检验

拉格朗日乘数检验也可用于判别模型是否存在遗漏变量等误设定问题，其主要应用对象为大样本数据，通过对受约束回归残差建立模型的拟合优度的检验，得到与 RESET 检验类似的结论。

考虑一个多项式回归模型①

$$Y_i = \beta_0 + \beta_1 X_i + \beta_2 X_i^2 + \beta_3 X_i^3 + u_i \qquad (2.4.1)$$

而另一研究者则拟合为线性函数

$$Y_i = \lambda_0 + \lambda_1 X_i + u_{2i} \qquad (2.4.2)$$

如果将二者相比，后者为前者的一个受约束形式，受约束回归式(2.4.2)假定了平方项和立方项的系数均为零。为检验此假定，LM 检验的具体步骤如下：

（1）用 OLS 法估计受约束回归式(2.4.2)并得到残差 e_i。

（2）如果无约束的回归式(2.4.1)是真实的模型，则得自第一步的残差应与平方项及立方项有关，此时，将步骤(1)中得到的 e_i 对全部自变量作回归，在此即估计如下模型

$$e_i = \beta_0 + \beta_1 X_i + \beta_2 X_i^2 + \beta_3 X_i^3 + v_i \qquad (2.4.3)$$

（3）恩格尔(Engle)曾证明在大样本条件下，从辅助回归式(2.4.3)估计得到的 R^2 乘以样本容量 n，渐近地服从自由度等于受约束回归中的约束条件个数的 χ^2 分布，即

$$nR^2 \sim \chi^2(m)$$

式中，m 为约束条件的个数。

（4）在给定的显著性水平 α 下，如果 $nR^2 > \chi_\alpha^2(m)$，则拒绝无误设定的原假设；否则不能拒绝。

---

① 多项式回归模型中，解释变量以不同幂次出现在方程的右端，一般不超过四次。这类模型也仅存在变量非线性，因而很容易线性化，可用 OLS 估计模型。

第三章
时间序列分析

 教学要点

知识要点	掌握程度	相关知识
时间序列分析的基本概念	掌握	平稳性、差分、单整
平稳性检验	重点掌握	图形检验法、单位根检验法
Box-Jenkins 模型	掌握	ARMA 模型、ARIMA 模型
ARCH 模型	掌握	ARCH 效应检验和参数估计
GARCH 模型	了解	GARCH 模型表述
协整检验	掌握	协整概念、协整检验
ECM 模型	了解	ECM 模型的估计
向量自回归(VAR)模型	了解	VAR 模型稳定性、脉冲响应函数

 课前导读

1. 时间序列分析是通过研究按时间顺序排列的、随时间变化且相互关联的数据序列,分析历史数据的变化趋势,来评估和预测未来的计量经济学方法,常应用于经济、金融、商业数据的分析领域中。在对金融时间序列的实证分析过程中,我们通过搜集数据、编写程序得到理论结果,进而思考理论结果和实际数据产生差距的原因,培养严谨的逻辑思维和锻炼解决问题的能力,从而成为具备金融定量分析和复杂金融数据处理等能力,为政府、企事业等提供适应金融科技发展和大数据需求的金融数学创新型、复合型、应用型专门人才。

2. 通过时间序列分析课程的学习,我们不仅要掌握对金融风险进行定量和对金融资产价格进行预测的方法,还要培养严谨求真的职业精神。金融专业的学生毕业后可能会进入银行、证券等金融机构工作,所以我们要树立正确的人生价值观,以专业知识来提升服务意识和创新意识,促进职业责任感和使命感的养成。

第一节　时间序列分析发展历程和基本概念

一、时间序列分析发展历程

时间序列分析主要是从经济领域的研究中发展而来的,当前许多有关经济和金融方面的定量分析都需要用到时间序列的分析方法。在计量经济学的内容体系中,时间序列分析是非常重要的一个分支,其产生最早可以追溯到 1927 年英国统计学家 Yule 提出的 AR 模型(Autoregressive Model)。随后不久,英国数学家 Walker 在分析印度大气规律时使用了 MA 模型(Moving Average Model)和 ARMA 模型(Autoregressive Moving Average Model)。1976 年美国统计学家 Box 和英国统计学家 Jenkins 合作写了 *Time Series Analysis Forecasting and Control* 一书,该书系统阐述了 ARIMA 模型(Autoregressive Integrated Moving Average Model)的识别、估计、检验及预测的原理和方法。ARIMA 模型通常也称为 Box-Jenkins 模型(亦可简写为 BJ 模型)。BJ 模型是适用于单变量、同方差场合的常用线性模型。

随着对时间序列研究的深入,统计学家和计量经济学家们对时间序列的分析方法分别从异方差、多变量和非线性三个方向进行了拓展,取得了一系列的成果。在异方差方向上,美国计量经济学家 Engle(1982)提出 ARCH 模型(Autoregressive Conditional Heteroscedasticity Model),用来研究英国通货膨胀率的建模问题;为了放宽 ARCH 模型的约束条件,Bollerslov(1986)提出了 GARCH 模型(Generalized Autoregressive Conditional Heteroscedasticity Model);随后,Engle 等(1987)提出了 ARCH-M 模型(ARCH-Inmean Model)、GARCH-M 模型;Nelson(1991)提出了 EGARCH 模型(Exponential GARCH Model);Glosten 等(1993)提出了 TARCH 模型(Threshold ARCH Model)等,这些异方差模型是对经典的 ARIMA 模型的很好补充,能够更为准确地刻画金融市场风险的变化过程,特别适用于金融时间序列的分析。在多变量方向上,Granger(1987)提出了协整(Cointegration)理论,为多变量时间序列的建模拓展了空间,使得多变量时间序列建模中"变量是平稳的"假定不再是必须的;另一方面,Sims(1980)提出 VAR 模型(Vector Autore Gressive Model),将单变量自回归模型推广到多变量时间序列组成的向量自回归模型,推动了经济系统动态性分析的应用。在非线性时间序列分析方向上,Tong(1983)提出了利用分段线性化构造的 TAR 模型(Threshold Autoregressive Model),该模型是目前分析非线性时间序列的经典模型;范剑青、姚琦伟(2003)则在 *Nonlinear Time Series* 一书中全面系统地介绍了非线性时间序列迄今的全部历程。

二、时间序列数据

时间序列数据(Time Series Data)是指某变量在不同时点的观测值。时间序列分析以时间序列数据为基础。

随机过程的一次实现称为时间序列,可用$\{x_t\}$或x_t表示。随机过程与时间序列的关系图示如下:

随机过程:$\{x_1,x_2,\cdots,x_{T-1},x_T\}$

第1次观测:$\{x_1^1,x_2^1,\cdots,x_{T-1}^1,x_T^1\}$

第2次观测:$\{x_1^2,x_2^2,\cdots,x_{T-1}^2,x_T^2\}$

$\vdots \qquad\qquad \vdots$

第n次观测:$\{x_1^n,x_2^n,\cdots,x_{T-1}^n,x_T^n\}$

例如,某河流一年的水位值$\{x_1,x_2,\cdots,x_{T-1},x_T\}$,可以看作一个随机过程。每一年的水位记录则是一个时间序列,如$\{x_1^1,x_2^1,\cdots,x_{T-1}^1,x_T^1\}$。而在每年中同一时刻(如$t=2$时)的水位记录是不相同的。$\{x_2^1,x_2^2,\cdots,x_2^n\}$构成了$x_2$取值的样本空间。

时间序列x_t通常包含四个成分:趋势因素(Trend)、季节因素(Seasonality)、循环因素(Cyele)和不规则因素(Irregular)。

三、平稳性

(一)严平稳

如果一个时间序列x_t的联合概率分布不随时间而变,即对于任何n和k,x_1,$x_2,\cdots,x_n$的联合概率分布与$x_{1+k},x_{2+k},\cdots,x_{n+k}$的联合概率分布相同,则称该时间序列是严格平稳的。

(二)弱平稳

由于在实践中上述联合概率分布很难确定,我们用随机变量$x_t(t=1,2,\cdots)$的均值、方差和协方差代替。一个时间序列是"弱平稳的",如果

(1)均值 $\qquad E(x_t)=\mu \quad (t=1,2,\cdots)$

(2)方差 $\qquad \mathrm{Var}(x_t)=E(x_t-\mu)^2=\sigma^2 \quad (t=1,2,\cdots)$

(3)协方差 $\quad \mathrm{Cov}(x_t,x_{t+k})=E[(x_t-\mu)(x_{t+k}-\mu)]=\gamma_k \quad (t=1,2,\cdots;k\neq0)$

通常情况下,我们所说的平稳性(Stationarity)指的就是弱平稳性。一般来说,如果一个时间序列的均值和方差在任何时间保持恒定,并且两个时期t和$t+k$之间的协方差γ_k(γ_k也称为自协方差函数)仅依赖于两时期之间的距离(间隔或滞后)k,而与计算这些协方差的实际时期t无关,则该时间序列是平稳的。

四、差分

差分是指时间序列变量的本期值与其滞后值相减的运算。对于时间序列 x_t，一阶差分可表示为

$$x_t - x_{t-1} = \Delta x_t = (1-L)x_t = x_t - Lx_t$$

式中，Δ 称为一阶差分算子；L 称为滞后算子，其定义是 $L^n x_t = x_{t-n}$。

二次一阶差分可表示为

$$\Delta^2 x_t = \Delta x_t - \Delta x_{t-1} = (x_t - x_{t-1}) - (x_{t-1} - x_{t-2}) = x_t - 2x_{t-1} + x_{t-2}$$

或

$$\Delta^2 x_t = (1-L)^2 x_t = (1 - 2L + L^2)x_t = x_t - 2x_{t-1} + x_{t-2}$$

k 阶差分可表示为

$$x_t - x_{t-k} = \Delta_k x_t = (1 - L^k)x_t = x_t - L^k x_t$$

k 阶差分常用于季节性数据的差分。

五、单整

如果一个时间序列经过一次差分后能够变成平稳序列，就称原序列是一阶单整（Integrated of 1）序列，记为 $I(1)$。如果一个时间序列经过 d 次差分后能够变成平稳序列，则相应地称原序列是 d 阶单整（Integrated of d）序列，记为 $I(d)$。如果一个序列不管差分多少次，也不能变为平稳序列，则该序列为非单整（Non-Integrated）序列。显然，$I(0)$ 代表一平稳时间序列。

现实中，只有少数经济指标的序列是平稳的，大多数经济指标的时间序列是非平稳的，如一些价格指数、人均国内生产总值等均是非平稳的。大多数非平稳序列能够通过一次或多次差分的形式变为平稳的；但也有一些序列，无论经过多少次差分，都不能变为平稳的，这种序列就是非单整的。

第二节 平稳性检验

对于平稳序列和非平稳序列，在建模时需要给予区别对待，所以本节将介绍时间序列平稳性的检验方法。平稳性检验的方法可分为两类：一类是根据时间序列图和自相关图显示的特征做出判断的图形检验法；另一类是通过构造检验统计量进行定量检验的单位根检验法（Unit Root Test）。

一、图形检验法

图形检验法通俗易懂，操作简单，在计量经济学的许多检验中都有应用，但由于

该方法缺少定量结果,判断结论通常带有较强的主观性,所以在各种检验中,图形检验法只能起到辅助判断的作用。平稳性检验的图形检验法可以从两个角度进行:一是序列图形本身的判断;二是序列自相关函数的图形判断。

(一)时间序列图检验

根据平稳时间序列均值、方差为常数的特点,可知平稳序列的时间序列图应该围绕其均值随机波动,且波动的范围有界。如果所考察的时间序列的时间序列图具有明显的趋势性或者周期性,那么通常认为该序列是不平稳的。

(二)序列自相关函数的图形检验

对于一个时间序列来讲,其样本自相关函数(Autocorrelation Function,ACF)可表示为

$$r_k = \frac{\sum_{t=1}^{n-k}(x_t - \overline{x})(x_{t+k} - \overline{x})}{\sum_{t=1}^{n}(x_t - \overline{x})^2} \quad (k=1,2,\cdots)$$

根据 ACF 的表达式,可以计算在不同滞后阶下的样本自相关函数值。理论上,对于平稳序列来说,其自相关函数值一般会随着滞后期 k 的增加而快速趋向于 0;相反,非平稳序列的自相关函数值通常随着 k 的增加趋向于 0 的速度会比较慢,这就是我们利用自相关函数图进行平稳性判断的标准。

在现实应用中,对于平稳性的判断,更常用的还是定量的检验方法——单位根检验法。

二、单位根检验法

(一)单位根检验法的由来

考察一阶自回归过程,即

$$x_t = \rho x_{t-1} + \varepsilon_t \tag{3.2.1}$$

式中,ε_t 为白噪声,是一个具有零均值、同方差的独立分布序列,记为 $\varepsilon_t \sim iid(0,\sigma^2)$。

式(3.2.1)两端各减去 x_{t-1},得到

$$x_t - x_{t-1} = \rho x_{t-1} - x_{t-1} + \varepsilon_t$$

即
$$\Delta x_t = \delta x_{t-1} + \varepsilon_t \tag{3.2.2}$$

式中,$\delta = \rho - 1$。

假设 ρ 为正(绝大多数经济时间序列确实如此),则检验 x_t 的平稳性的原假设和备择假设为

$$H_0 : \delta = 0$$
$$H_1 : \delta < 0$$

在 $\delta=0$ 的情况下,即若原假设为真,则相应的过程是非平稳的。换句话说,非平稳性或单位根问题,可表示为 $\rho=1$ 或 $\delta=0$。从而我们可以将检验时间序列 x_t 的非平稳性的问题简化成在式(3.2.1)的回归中检验参数 $\rho=1$ 是否成立或者在式(3.2.2)的回归中检验参数 $\delta=0$ 是否成立。这类检验可分别用两个 t 检验进行

$$t_\rho = \frac{\hat{\rho}-1}{S_{\hat{\rho}}} \quad \text{或} \quad t_\delta = \frac{\hat{\delta}}{S_{\hat{\delta}}}$$

式中, $S_{\hat{\rho}}$ 和 $S_{\hat{\delta}}$ 分别为参数估计值 $\hat{\rho}$ 和 $\hat{\delta}$ 的标准误差。

这里的问题是,上式计算的 t 值不服从 t 分布,而是服从一个非标准的甚至是非对称的分布。因而不能使用 t 分布表,需要用另外的分布表。

(二) Dickey-Fuller 检验(DF 检验)

Dickey 和 Fuller 以蒙特卡罗模拟为基础,编制了 t_δ 统计量的临界值表,表中所列已非传统的 t 统计值,他们称之为 τ 统计量。后来该表由 Mackinnon 通过蒙特卡罗模拟法加以扩充。

有了 τ 表,我们就可以进行 DF 检验了,DF 检验按以下两步进行。

第一步:对式(3.2.2)执行 OLS 回归,即估计

$$\Delta x_t = \delta x_{t-1} + \varepsilon_t$$

得到常规 t_δ 值。

第二步:检验假设

$$H_0 : \delta = 0$$
$$H_1 : \delta < 0$$

用上一步得到的 t_δ 值与 τ 临界值进行比较(注意,DF 分布表中的临界值均为负值)。判别准则是:若 $t_\delta > \tau$,则接受原假设 H_0,即 x_t 非平稳;若 $t_\delta < \tau$,则拒绝原假设 H_0, x_t 为平稳序列。

(三) ADF 检验

DF 检验只适合检验存在一阶自相关的情况。如果序列存在高阶自相关,则需要运用增广的迪基—福勒(Augmented Dickey-Fuller, ADF)检验法。ADF 检验是通过在式(3.2.2)的右边添加因变量 x_t 的滞后差分项来控制 ε_t 的高阶自相关,尽量保证 ε_t 的白噪声性,这样式(3.2.2)就变为

$$\Delta x_t = \delta x_{t-1} + \sum_{i=1}^{p} \theta_i \Delta x_{t-i} + \varepsilon_t \quad (t=1,2,\cdots) \tag{3.2.3}$$

式(3.2.3)称为 ADF 检验的模型 1,对模型 1 添加常数项,则得到 ADF 检验的模型 2

$$\Delta x_t = \alpha + \delta x_{t-1} + \sum_{i=1}^{p} \theta_i \Delta x_{t-i} + \varepsilon_t \quad (t=1,2,\cdots) \tag{3.2.4}$$

对模型 2 加入时间趋势项,则得到 ADF 检验的模型 3

$$\Delta x_t = \alpha + \beta t + \delta x_{t-1} + \sum_{i=1}^{p} \theta_i \Delta x_{t-i} + \varepsilon_t \quad (t=1,2,\cdots) \tag{3.2.5}$$

三个模型检验的原假设和备择假设都是:$H_0: \delta = 0$;$H_1: \delta < 0$。究竟应当采用哪个模型进行检验呢?由于很难知道真实的数据产生过程,这是一个难以判断的问题。实践中可从最一般的式(3.2.5)开始,依次对三个方程进行检验。只要上述三个模型中有一个能拒绝原假设,则可判断原序列是平稳的;若三个模型都接受了原假设,则说明原序列是非平稳的。ADF 检验的原理与 DF 检验相同,只是对三个模型进行检验时,各自的临界值由 ADF 分布表(该表由 Mackinnon 进行大规模的模拟后给出)给出,比较计算得到的 τ 统计量与临界值的大小即可对 H_0 进行判断。

在 ADF 检验中,Δx_t 滞后阶的选择可以通过 Eviews 软件中给出的 AIC 准则,在确定好最大滞后阶 p 之后进行自动选择。而对于模型形式的选择(即模型是否包含常数项和趋势项),除了直接通过 Eviews 软件的三种模型的输出结果进行比较选择外,还可以通过画图的方法来进行选择。如果含有常数项,则检验序列的序列图应该在偏离 0 的位置随机变动;如果含有线性趋势项,则序列的曲线图应该有随时间变化而变化的波动趋势存在。

(四) PP 检验

ADF 检验对于回归模型中的 ε_t,有一个基本假设就是 $\text{Var}(\varepsilon_t) = \sigma^2$,这导致 ADF 检验只适用于方差齐性的序列,而对于异方差序列的平稳性检验效果不佳。Phillips 和 Perron 于 1988 年对 ADF 检验进行了非参数修正,提出了 Phillips-Perron 检验统计量。该统计量不仅考虑到 ε_t 的异方差性,同时也考虑到自相关误差所产生的影响,并且与 τ 统计量具有相同的分布,可以使用 τ 统计量的临界值表(即 DF 分布表)来进行判断。

具体考虑如下模型

$$\Delta x_t = \delta x_{t-1} + \varepsilon_t \quad (t=1,2,\cdots,T) \tag{3.2.6}$$

原假设和备择假设分别为:$H_0: \delta = 0$;$H_1: \delta < 0$,接受原假设则意味着存在单位根,接受备择假设则意味着不存在单位根,原序列平稳。考虑到式(3.2.6)中干扰项 ε_t 的异方差性,Phillips 和 Perron 对 ADF 检验的 τ 统计量进行了非参数修正,修正后的统计量如下

$$t_{pp} = \frac{s_\varepsilon}{s_{T1}} \tau - \frac{T(s_{T1}^2 - s_\varepsilon^2)}{2 s_{T1} \sqrt{\sum_{t=2}^{T} (x_{t-1} - \overline{x}_{T-1})^2}}$$

式中，$s_\varepsilon^2 = \frac{1}{T}\sum_{t=1}^{T} e_t^2$，$e_t$ 为干扰项 ε_t 所对应的样本残差序列；$\overline{x}_{T-1} = \frac{\sum_{t=2}^{T} x_t}{T-1}$；$l$ 为 ε_t 显著

自相关的滞后阶数；$s_{T1}^2 = \frac{1}{T}\sum_{t=1}^{T} e_t^2 + \frac{2\sum_{j=1}^{l}\left(1 - \frac{j}{1+l}\right)\sum_{t=j+1}^{T} e_t e_{t-j}}{T}$；$\tau$ 为原假设 $\delta = 0$ 下的

t 统计量。

注意，PP 检验除了构造的统计量不同于 ADF 检验，同 ADF 检验类似的是它也有三个检验模型，这里只讨论了不含趋势项和常数项的情况，对于包含常数项或包含常数项和趋势项的情况这里不展开讨论。对于三个模型的选择方法同 ADF 检验中所介绍的选择方法类似，既可以画图观察也可以通过 Eviews 软件的输出结果进行直接判断。

单位根检验法还有很多，比如 Kwiatkowski、Phillips、Schmidt 和 Shin 于 1992 年提出的 KPSS 检验法；Elliot、Rothenberg 和 Stock 于 1996 年提出的 DF‐GLS 检验法；以及 Ng 和 Perron 于 2001 年提出的 NP 检验法，这里不一一介绍。

第三节　Box-Jenkins 模型

Box-Jenkins 模型简称为 BJ 模型，比较正规的叫法是 ARIMA 模型（Autoregressive Integrated Moving Average Model），它是单变量时间序列在同方差情况下进行线性建模最常用的方法。ARIMA 模型实质上是差分运算与 ARMA 模型的组合，它不同于经济计量模型的两个主要特点是：第一，这种建模方法不以经济理论为依据，而是依据变量自身的变化规律，利用外推机制描述时间序列的变化；第二，明确考虑时间序列的非平稳性，如果时间序列非平稳，建立模型之前应先通过差分把它变换成平稳的时间序列，再考虑建模问题。在介绍 BJ 模型之前，首先介绍 ARMA 模型。

一、ARMA 模型

（一）ARMA 模型的种类

ARMA 模型的全称为自回归移动平均模型（Autoregressive Moving Average Model），是目前最常用的拟合平稳序列的模型，可以分为 AR 模型（Autoregressive Model）、MA 模型（Moving Average Model）和 ARMA 模型三类。

1. AR(p)模型

AR(p)模型可以表述为

$$x_t = \phi_0 + \phi_1 x_{t-1} + \phi_2 x_{t-2} + \cdots + \phi_p x_{t-p} + \varepsilon_t \qquad (3.3.1)$$

式中，$\phi_0, \phi_1, \cdots, \phi_p$ 为自回归模型的待估参数；p 为自回归模型的阶数；ε_t 为白噪声。

当 $\phi_0 = 0$ 时，模型(3.3.1)又称为中心化 AR(p) 模型。非中心化模型(3.3.1)可以通过如下变化变成中心化模型，令

$$k = \frac{\phi_0}{1 - \phi_1 - \cdots - \phi_p}, y_t = x_t - k$$

则有
$$y_t = \phi_1 y_{t-1} + \phi_2 y_{t-2} + \cdots + \phi_p y_{t-p} + \varepsilon_t \qquad (3.3.2)$$

可见，中心化变换实际上是将非中心化的序列整个平移了一个常数位移 k，这种整体移动对于序列值之间的相关关系没有任何影响，所以在分析 AR 模型时可以简化为对其中心化模型的分析。

2. MA(q) 模型

MA(q) 模型可以表述为

$$x_t = \varepsilon_t + \theta_1 \varepsilon_{t-1} + \theta_2 \varepsilon_{t-2} + \cdots + \theta_q \varepsilon_{t-q} \qquad (3.3.3)$$

式中，$\theta_1, \theta_2, \cdots, \theta_q$ 为移动平均模型的待估参数；q 为移动平均模型的阶数；ε_t 为白噪声。

3. ARMA(p, q) 模型

ARMA(p, q) 模型可以表述为

$$x_t = \phi_1 x_{t-1} + \phi_2 x_{t-2} + \cdots + \phi_p x_{t-p} + \varepsilon_t + \theta_1 \varepsilon_{t-1} + \theta_2 \varepsilon_{t-2} + \cdots + \theta_q \varepsilon_{t-q} \quad (3.3.4)$$

显然 ARMA(p, q) 是 AR(p) 和 MA(q) 的组合形式，当 $p = 0$ 时，ARMA$(p, q) =$ MA(q)；当 $q = 0$ 时，ARMA$(p, q) =$ AR(p)。如果用滞后算子 L 表示 ARMA(p, q) 模型，可表述为

$$(1 - \phi_1 L - \phi_2 L^2 - \cdots - \phi_p L^p) x_t = (1 + \theta_1 L + \theta_2 L^2 + \cdots + \theta_q L^q) \varepsilon_t$$

或
$$\Phi(L) x_t = \Theta(L) \varepsilon_t \qquad (3.3.5)$$

式中，$\Phi(L)$ 和 $\Theta(L)$ 分别表示 L 的 p、q 阶特征多项式。

了解了 ARMA 模型的三种基本形式之后，我们来看看各种形式的滞后阶的确定。

（二）ARMA 模型的识别

所谓 ARMA(p, q) 模型的识别，就是对一个平稳的随机时间序列，找出生成它的合适的随机过程或模型，进而判断模型的滞后阶数 p 和 q。ARMA(p, q) 模型的识别所使用的工具主要是时间序列的样本自相关函数(Autocorrelation Function, ACF)及样本偏自相关函数(Partial Autocorrelation Function, PACF)。

1. ACF 和 PACF

首先介绍一下 ACF 和 PACF。时间序列 x_t 滞后 k 阶的样本自相关系数为

$$\hat{\rho}_k = \frac{\sum_{t=k+1}^{T}(x_t-\overline{x})(x_{t-k}-\overline{x})}{\sum_{t=1}^{T}(x_t-\overline{x})^2} \quad (k=1,2,\cdots,T) \tag{3.3.6}$$

式中，$\overline{x}$ 为序列的样本均值；$\hat{\rho}_k$ 为序列 x_t 的样本自相关函数,简记为 ACF,也可用 γ_k 来表示。

样本偏自相关系数是指在给定 $x_{t-1},x_{t-2},\cdots,x_{t-k-1}$ 的条件下,x_t 与 x_{t-k} 之间的条件相关性,或者说是在消除了中间变量 $x_{t-1},x_{t-2},\cdots,x_{t-k-1}$ 带来的间接相关性之后,x_t 与 x_{t-k} 的直接相关性。在滞后 k 期的情况下样本偏自相关系数的计算公式为

$$\hat{\varphi}_{k,k} = \begin{cases} \hat{\rho}_1 & (k=1) \\ \dfrac{\hat{\rho}_k-\sum_{j=1}^{k-1}\hat{\varphi}_{k-1,j}\,\hat{\rho}_{k-j}}{1-\sum_{j=1}^{k-1}\hat{\varphi}_{k-1,j}\,\hat{\rho}_j} & (k>1) \end{cases} \tag{3.3.7}$$

式中,$\hat{\rho}_{k-j}$ 为在 $k-j$ 阶滞后时的样本自相关系数估计值；$\hat{\varphi}_{k,j}=\hat{\varphi}_{k-1,j}-\hat{\varphi}_{k,k}\,\hat{\varphi}_{k-1,k-j}$ $(j=1,2,\cdots,k-1)$,$\hat{\varphi}_{k,k}$ 即为样本偏自相关函数,简记为 PACF。

2. AR(p)模型的 ACF 和 PACF

对于 AR(p) 模型 $x_t=\phi_0+\phi_1 x_{t-1}+\phi_2 x_{t-2}+\cdots+\phi_p x_{t-p}+\varepsilon_t$,其 ACF 可以表示为

$$\hat{\rho}_k = \frac{\gamma_k}{\gamma_0} = \frac{\mathrm{Cov}(x_{t-k},x_t)}{\mathrm{Cov}(x_t,x_t)} = \frac{\mathrm{Cov}(x_{t-k},x_t)}{\mathrm{Var}(x_t)} \tag{3.3.8}$$

式中,γ_k 为自协方差函数。

$$\gamma_k=\mathrm{Cov}(x_{t-k},x_t)=E[x_{t-k}(\phi_1 x_{t-1}+\phi_2 x_{t-2}+\cdots+\phi_p x_{t-p}+\varepsilon_t)]$$
$$=\phi_1 \gamma_{k-1}+\cdots+\phi_p \gamma_{k-p}$$

所以式(3.3.8)可以进一步表示为

$$\hat{\rho}_k=\frac{\gamma_k}{\gamma_0}=\frac{\mathrm{Cov}(x_{t-k},x_t)}{\mathrm{Var}(x_t)}=\frac{\phi_1 \gamma_{k-1}+\cdots+\phi_p \gamma_{k-p}}{\gamma_0}$$
$$=\frac{\phi_1 \gamma_{k-1}}{\gamma_0}+\cdots+\frac{\phi_p \gamma_{k-p}}{\gamma_0}=\phi_1 \hat{\rho}_{k-1}+\cdots+\phi_p \hat{\rho}_{k-p}$$

即

$$\hat{\rho}_k=\frac{\gamma_k}{\gamma_0}=\phi_1 \hat{\rho}_{k-1}+\cdots+\phi_p \hat{\rho}_{k-p} \tag{3.3.9}$$

由式(3.3.9)可见,无论滞后期 k 取多大,$\hat{\rho}_k$ 的计算值均与其 1 到 p 阶滞后的自相关函数有关,这种现象我们称为拖尾性,即 AR(p) 的 ACF($\hat{\rho}_k$) 为拖尾序列。因此,自相关函数拖尾是 AR(p) 模型的一个特征。

对于 AR(p) 模型的 PACF,基于 PACF 计算公式的复杂性,我们将从一个简单的视角给予说明。考虑序列 x_t 的如下回归形式

$$x_t = \alpha_1 x_{t-1} + \alpha_2 x_{t-2} + \cdots + \alpha_{k-1} x_{t-(k-1)} + \varphi_{k,k} x_{t-k} + \varepsilon_t$$

显然,滞后 k 期的偏自相关系数 $\hat{\varphi}_{k,k}$ 是 x_t 对 $x_{t-1}, x_{t-2}, \cdots, x_{t-(k-1)}, x_{t-k}$ 做回归时 x_{t-k} 的系数,由 AR(p) 模型表达可知 x_t 最多只与 x_{t-p} 有关,如果 $k > p$,则 $\hat{\varphi}_{k,k} = 0$。我们称这种滞后期 $k > p$ 时 $\hat{\varphi}_{k,k} = 0$ 的现象为 PACF 的截尾性,即 AR(p) 的 PACF($\hat{\varphi}_{k,k}$) 为截尾序列。因此,偏自相关函数截尾是 AR(p) 模型的另一个特征。

综上,若随机序列的自相关函数是拖尾的,而其偏自相关函数是以 p 阶截尾,则此序列是自回归 AR(p) 序列。

3. MA(q)模型的 ACF 和 PACF

对于 MA(q) 模型 $x_t = \varepsilon_t + \theta_1 \varepsilon_{t-1} + \theta_2 \varepsilon_{t-2} + \cdots + \theta_q \varepsilon_{t-q}$,其 ACF 可以表示为

$$\hat{\rho}_k = \frac{\gamma_k}{\gamma_0} = \frac{\text{Cov}(x_{t-k}, x_t)}{\text{Cov}(x_t, x_t)} = \frac{\text{Cov}(x_{t-k}, x_t)}{\text{Var}(x_t)}$$

自协方差函数 γ_k 为

$$\gamma_k = \text{Cov}(x_{t-k}, x_t) = \begin{cases} \sigma_\varepsilon^2 (1 + \theta_1^2 + \cdots + \theta_q^2) & (k = 0) \\ \sigma_\varepsilon^2 (\theta_k + \theta_1 \theta_{k+1} + \cdots + \theta_{q-k} \theta_q) & (1 \leqslant k \leqslant q) \\ 0 & (k > q) \end{cases}$$

其中,利用了 $E(\varepsilon_t) = 0$; $E(\varepsilon_t \varepsilon_{t-j}) = 0 (j \neq 0)$; $E(\varepsilon_t \varepsilon_{t-j}) = \sigma_\varepsilon^2 (j = 0)$,由于

$$\gamma_0 = \sigma_\varepsilon^2 (1 + \theta_1^2 + \cdots + \theta_q^2)$$

所以,MA(q) 模型的 ACF 具体可以表示为

$$\hat{\rho}_k = \frac{\gamma_k}{\gamma_0} = \begin{cases} 1 & (k = 0) \\ \dfrac{\theta_k + \theta_1 \theta_{k+1} + \cdots + \theta_{q-k} \theta_q}{1 + \theta_1^2 + \cdots + \theta_q^2} & (1 \leqslant k \leqslant q) \\ 0 & (k > q) \end{cases} \tag{3.3.10}$$

由式(3.3.10)可见,当 $k > q$ 时,$\hat{\rho}_k$ 为 0,因此,MA(q) 的 ACF($\hat{\rho}_k$) 为截尾序列,自相关函数截尾是 MA(q) 模型的一个特征。可以证明,对于 MA(q) 模型,其偏自相关函数是拖尾的。

综上,若随机序列的自相关函数以 q 阶截尾,而其偏自相关函数为拖尾,则此序列是移动平均 MA(q) 序列。

4. ARMA(p,q)模型的 ACF 和 PACF

ARMA(p,q)模型的自相关函数,可以看成是 MA(q)的自相关函数和 AR(p)的自相关函数的混合物。当 $p=0$ 时,它具有截尾性;当 $q=0$ 时,它具有拖尾性;当 p、q 都不为 0 时,它具有拖尾性质。

ARMA(p,q)模型的偏自相关函数也可以看成是 MA(q)和 AR(p)的偏自相关函数的混合。当 $p=0$ 时,它具有拖尾性;当 $q=0$ 时,它具有截尾性;当 p、q 都不为 0 时,它具有拖尾性质。

综上,若平稳随机序列的自相关函数和偏自相关函数都是拖尾的,则此序列可以看成是自回归移动平均序列,即符合 ARMA(p,q)模型的序列,模型中的 p 和 q 的识别通常从低阶开始逐步试探,直到定出合适的模型为止。表 3.3.1 总结出了 ARMA模型的主要特征。

表 3.3.1   ARMA 模型特征表

模 型	AR(p)	MA(q)	ARMA(p,q)
自相关函数(ACF)	拖尾	截尾(q 阶)	拖尾
偏自相关函数(PACF)	截尾(p 阶)	拖尾	拖尾

利用样本自相关和样本偏相关函数的值,可以作以滞后阶数 k 为横轴、以样本自相关或偏自相关函数值为纵轴的样本自相关函数和样本偏自相关函数图形。样本自相关函数和偏自相关函数及其图形分析,是初步识别 ARMA 模型的基础。

事实上,一般有时间序列分析功能的计量软件都包含有计算自相关、偏自相关函数的功能,而且能够直接输出两种相关函数的图形。有了这些相关图就可以利用各种 ARMA 模型自相关、偏自相关函数图形特征的分析判断时间序列的模型类型,以及自回归及移动平均的阶数等。

对于 ARMA(p,q)模型的这种识别与建模的方法,有学者提出了批评,认为用样本自相关函数和样本偏自相关函数作为总体的近似不可避免地会产生一定的误差。因此,以样本自相关函数和样本偏自相关函数来判断 p、q 的选择不一定准确。

(三) ARMA(p,q)模型的估计

对于 ARMA(p,q),在进行了 p、q 的识别之后,随之要做的工作是对其模型的参数和 0 进行估计,估计的方法有很多,大体上可以分为三类:最小二乘估计、矩估计以及利用自相关函数的直接估计。这里对 AR(p)模型、MA(q)模型和 ARMA(p,q)模型的参数的估计方法不做介绍。

二、ARIMA 模型

前面介绍的 ARMA 模型主要是对平稳序列的时间序列建模方法。如果序列是

非平稳的,则我们可以通过差分的方法将其变为平稳序列,然后再对该平稳序列进行 ARMA 模型拟合,这就是 ARIMA 模型的建模思路。

(一) ARIMA 模型的形式

对于非平稳序列 x_t,如果经过 d 次差分能够变为平稳序列,即 x_t 是 d 阶单整的,$x_t \sim I(d)$,则有如下变换

$$z_t = \Delta^d x_t = (1-L)^d x_t$$

显然,z_t 为 x_t 的 d 阶差分后序列,$z_t \sim I(0)$,于是对 z_t 建立 ARMA(p,q) 模型

$$z_t = \phi_1 z_{t-1} + \phi_2 z_{t-2} + \cdots + \phi_p z_{t-p} + \varepsilon_t + \theta_1 \varepsilon_{t-1} + \theta_2 \varepsilon_{t-2} + \cdots + \theta_q \varepsilon_{t-q}$$

用滞后算子表示为

$$\Phi(L)z_t = \Theta(L)\varepsilon_t \tag{3.3.11}$$

式中,$\Phi(L) = (1 - \phi_1 L - \phi_2 L^2 - \cdots - \phi_p L^p)$;$\Theta(L) = (1 + \theta_1 L + \theta_2 L^2 + \cdots + \theta_q L^q)$。

这样对经过 d 阶差分变换后的序列所建立的 ARMA(p,q) 模型称为 ARIMA(p,d,q) 模型。式(3.3.11)等价于下式

$$\Phi(L)(1-L)^d x_t = \Theta(L)\varepsilon_t \tag{3.3.12}$$

掌握了 ARIMA(p,d,q) 模型的形式之后,对于 ARIMA(p,d,q) 的识别和估计将变得非常简单,对于非平稳的序列 x_t,先通过单位根检验确定 d 值,然后对差分后平稳的序列 z_t 进行 ACF 和 PACF 的计算,进而判断 p 和 q 的值,然后对相应的 ARMA(p,q) 进行估计,求得 ARMA(p,q) 的参数之后,利用式(3.3.12)将关于 z_t 的 ARMA(p,q) 还原为关于 x_t 的 ARIMA(p,d,q) 模型。下面介绍 ARIMA(p,d,q) 模型的建模步骤。

(二) ARIMA(p,d,q) 模型的建模步骤

ARIMA(p,d,q) 模型的建模步骤具体如下:

第一步,对原序列进行平稳性检验,如果不满足平稳性条件,可以通过差分变换或者其他变换(如先取对数然后再差分)将该序列变为平稳序列。

第二步,对平稳序列计算 ACF 和 PACF,初步确定 ARMA 模型的阶数 p 和 q,并在初始估计中尽可能选取较少的参数。

第三步,估计 ARMA 模型的参数,借助 t 统计量初步判断参数的显著性,尽可能剔除不显著的参数,保证模型的结构精练。

第四步,对估计的 ARMA 模型的扰动项进行检验,看其是否是白噪声序列。

第五步,对估计的 ARMA 模型的平稳性进行检验,主要看其特征根的倒数(Inverted ARMA Roots)是否在单位圆之内,不在就意味着 ARMA 模型不平稳,从而需要重新进行构造。

第六步,当有几个较为相近的 ARMA 模型可供选择时,可以通过 AIC、SC 或 HQC 等标准来选择最优模型。

第四节　ARCH 模型与 GARCH 模型

ARCH 模型(Autoregressive Conditional Heteroscedasticity Model)最早由 Engle 于 1982 年提出,并经 Bollerslev(1986)发展成为 GARCH 模型(Generalized ARCH Model)。Engle 在 1982 年分析英国通货膨胀率序列时,发现经典的 ARIMA 模型始终无法取得理想的拟合效果,研究发现大的及小的预测误差通常成群出现,经过对 ARIMA 模型的残差进行仔细研究才发现原因在于残差序列存在异方差。

一、背景

传统的计量经济分析假定扰动项方差不随时间而变,这就是同方差性或常数方差的假设。可是,金融和经济时间序列往往展示这样一种特点:一些时段展现异常高的波动,随后是一些低波动的平稳时段。一些金融分析员称之为"狂野"期和"平静"期。显然,对于具有这种特点的时间序列,同方差性或常数方差的假设是站不住脚的,有必要研究这种情况下扰动项方差依赖于其历史值的方式。

为了更好地了解这一点,假设一位投资者计划在 t 期买入一项资产并准备在 $t+1$ 期卖出。对于这位投资者来说,仅仅预测这项资产的回报率是不够的,他还需要关心他所持有时期回报的方差。因此,该投资者需要研究该项资产时间序列的条件方差的行为,以便估计他持有期间该项资产的风险。

本节将重点讨论条件方差行为的建模,或者更确切地说,是条件异方差性(Conditional Heteroskedasticity)行为的建模,ARCH 和 GARCH 的后两个字符正是来源于此。

二、ARCH 模型

恩格尔 1982 年提出的 ARCH 模型,假定 t 期误差项的方差依赖于过去若干期误差项的平方,他建议,当怀疑一个序列的条件方差不是常数时,最好对该序列的均值和方差联立地建模。

让我们做进一步的说明。考虑简单模型

$$y_t = \alpha + \boldsymbol{\beta}' \boldsymbol{X}_t + u_t$$

式中,$\boldsymbol{X}_t$ 为 $K \times 1$ 阶解释变量向量;$\boldsymbol{\beta}$ 为 $K \times 1$ 阶系数向量。

我们假定 u_t 独立同分布,即

$$u_t \sim iid(0, \sigma^2)$$

恩格尔的想法始于允许误差项的方差(σ^2)依赖于历史,或者说允许异方差性,因为方差将随时间而变。一种简单的方式是让方差依赖于误差项平方的一期滞后,即

$$\sigma_t^2 = \gamma_0 + \gamma_1 u_{t-1}^2$$

这就是基础的 ARCH(1) 过程。

（一）ARCH(1) 模型

ARCH(1) 模型为均值和方差联立地建模,设定如下

$$y_t = \alpha + \boldsymbol{\beta}' \boldsymbol{X}_t + u_t, u_t \mid \Omega_t \sim iid(0, \sigma_t^2) \tag{3.4.1}$$

$$\sigma_t^2 = \gamma_0 + \gamma_1 u_{t-1}^2 \tag{3.4.2}$$

这里式(3.4.1)称为均值方程,式(3.4.2)是方差方程。其中,Ω_t 是 t 期期初所有已知信息的集合,它前面的竖杠表示以 Ω_t 为条件。

ARCH(1) 模型表明,当 $t-1$ 期发生一个大的冲击时,很可能 u_t 的值(绝对值)也会很大。也就是说,当 u_{t-1}^2 大时,u_t 的方差也会大。

（二）ARCH(q)模型

事实上,条件方差不仅依赖于误差项的一期滞后,而且依赖于多期滞后,ARCH(q)过程由下式给出

$$\sigma_t^2 = \gamma_0 + \gamma_1 u_{t-1}^2 + \gamma_2 u_{t-2}^2 + \cdots + \gamma_q u_{t-q}^2 = \gamma_0 + \sum_{j=1}^q \gamma_j u_{t-j}^2$$

ARCH(q)模型设定如下

$$y_t = \alpha + \boldsymbol{\beta}' \boldsymbol{X}_t + u_t, u_t \mid \Omega_t \sim iid(0, \sigma_t^2) \tag{3.4.3}$$

$$\sigma_t^2 = \gamma_0 + \sum_{j=1}^q \gamma_j u_{t-j}^2 \tag{3.4.4}$$

当然,为了保证方差非负,式(3.4.4)中估计的系数(诸 γ)必须非负。

从式(3.4.4)可以看出,条件方差 σ_t^2 由 $u_{t-1}^2, \cdots, u_{t-q}^2$ 决定,当 u_{t-1} 很大时,t 期的扰动项的方差也一定很大,即过去的扰动项对市场的未来波动有着正向而减缓的影响,q 值的大小决定了随机变量 y_t 的某一跳跃所持续影响的时间。所以 ARCH(q) 模型通常能够反映金融市场的变量变化特点,即大幅波动往往集中在某些时段上,而小幅波动往往集中在另外一些时段上。

（三）ARCH 效应的检验

什么样的序列会具有 ARCH 效应呢? 通常需要通过检验来确定。最常用的检验方法是回归模型异方差性检验中所用的 ARCH - LM 检验,首先用 OLS 法估计均值方程

$$y_t = \alpha + \boldsymbol{\beta}' \boldsymbol{X}_t + u_t$$

注意,这里解释变量中可以包括滞后因变量。估计均值方程,得到 OLS 残差 e_t,然后进行下面的辅助回归

$$e_t^2 = \gamma_0 + \gamma_1 e_{t-1}^2 + \gamma_2 e_{t-2}^2 + \cdots + \gamma_q e_{t-q}^2 \qquad (3.4.5)$$

检验是否存在 ARCH 效应等价于检验式(3.4.5)是否成立。若式中所有回归系数同时为 0,式(3.4.5)不成立,表明不存在 ARCH 效应;若有一个回归系数不为 0,则式(3.4.5)可以描述条件方差变化,存在 ARCH 效应。相应的假设为

$$H_0 : \gamma_1 = \gamma_2 = \cdots \gamma_q = 0$$
$$H_1 : 存在 \gamma_i \neq 0 \quad (1 \leqslant i \leqslant q)$$

检验统计量为

$$LM = nR^2 \sim \chi^2(q) \qquad (3.4.6)$$

式中,n 为计算辅助回归时的样本数据个数;R^2 为辅助回归式(3.4.5)的未调整可决系数,即拟合优度。

检验标准:根据辅助回归式(3.4.5)的最小二乘估计,得到拟合优度 R^2,由式(3.4.6)计算检验统计量 LM,根据给定的显著性水平 α 和自由度 q,查 χ^2 分布表,得到相应的临界值 $\chi_\alpha^2(q)$。若 $LM > \chi_\alpha^2(q)$,拒绝 H_0,表明存在 q 阶 ARCH 效应;若 $LM < \chi_\alpha^2(q)$,不能拒绝 H_0,表明序列不存在 q 阶 ARCH 效应。若能得到原假设 H_0 成立的概率 p,将 p 与显著性水平 α 比较,也可得出结论。

还有一个问题,就是 ARCH(q)模型中阶数 q 如何确定的问题。

方法一:检验时,从 q 等于 1 开始,直到不存在 ARCH 效应为止。存在 ARCH 效应的最高阶数为 q 的取值。

方法二:将残差的平方 e_t^2 看成是对 σ_t^2 的一个近似估计,这样把 e_t^2 看成一个序列,进而可以参照前面介绍的 AR(p)模型中 p 的确定方法,利用 PACF 函数的计算值的大小来进行初步判断。

(四) ARCH 模型的估计

回归模型中出现 ARCH 效应并不完全排斥 OLS 法的使用,毕竟系数的 OLS 估计值仍是一致估计值。可是,参数的方差—协方差矩阵的 OLS 估计值是有偏的,会导致失真的 t 值,从而使得假设检验的结果不可信赖。要解决这个问题,需要建立恰当的 ARCH 模型,这个模型就不能再用 OLS 估计,ARCH 模型中参数的估计,通常采用极大似然法(ML),在假定误差项服从条件正态分布的情况下,建议采用 Berndt、Hall 和 Hausman(1974)提出的 BHHH 算法来求解最大似然函数,该算法由于计算量小而优于 Newton 算法。

三、GARCH 模型

如恩格尔(Engle)所说,ARCH 模型的一个缺点是它看上去更像是一个移动平均

模型,而不大像自回归模型。ARCH 模型实质上是使用误差平方序列的 q 阶移动平均拟合当期异方差函数值,所以 ARCH 模型实际上只适用于异方差函数短期自相关过程,不能反映实际数据中的长期记忆性质,在估计无约束的滞后分布时经常导致参数非负约束的破坏。为此,Bollerslev 于 1986 年提出 GARCH 模型,其意义不仅在于能够弥补 ARCH 模型的不足,还可以将所有的 ARCH 过程都扩展为 GARCH 过程。下面先来介绍一下 GARCH 模型的表述。

Bollerslev(1986)给出的 GARCH(p,q)模型可以表示为

$$y_t = \alpha + \boldsymbol{\beta}' \boldsymbol{X}_t + u_t, u_t \mid \Omega_t \sim iid(0, \sigma_t^2)$$

$$\sigma_t^2 = \gamma_0 + \sum_{i=1}^{p} \delta_i \sigma_{t-i}^2 + \sum_{j=1}^{q} \gamma_j u_{t-j}^2$$

此模型中方差的值既依赖于冲击的过去值(由滞后的误差项平方代表),又依赖于它自身的过去值(滞后的 σ_t^2)。

显然,在 $p=0$ 的情况下,GARCH(p,q)模型就简化为 ARCH(q)模型。GARCH(p,q)模型最简单的形式是 GARCH(1,1)模型,该模型的方差方程是

$$\sigma_t^2 = \gamma_0 + \delta_1 \sigma_{t-1}^2 + \gamma_1 u_{t-1}^2$$

此模型应用中通常效果很好,并且易于估计,因为它仅有三个未知参数。用 GARCH(1,1)模型通常能够描述许多金融时间序列的条件异方差问题,因为 GARCH(1,1)模型可以转化为 ARCH(∞)过程,也就是说 GARCH(1,1)模型与无限阶的 ARCH 过程是等价的,能够一定程度上反映实际数据中的长期记忆特征,下面简单给出这一结论的推证。

对于 GARCH(1,1)模型,将 $\sigma_{t-1}^2 = \gamma_0 + \delta_1 \sigma_{t-2}^2 + \gamma_1 u_{t-2}^2$ 代入 $\sigma_t^2 = \gamma_0 + \delta_1 \sigma_{t-1}^2 + \gamma_1 u_{t-1}^2$,得到

$$\sigma_t^2 = \gamma_0 + \delta_1 (\gamma_0 + \delta_1 \sigma_{t-2}^2 + \gamma_1 u_{t-2}^2) + \gamma_1 u_{t-1}^2$$
$$= \gamma_0 + \gamma_1 u_{t-1}^2 + \delta_1 \gamma_0 + \delta_1^2 \sigma_{t-2}^2 + \delta_1 \gamma_1 u_{t-2}^2$$

逐次替代可得

$$\sigma_t^2 = \gamma_0 + \gamma_1 u_{t-1}^2 + \delta_1 \gamma_0 + \delta_1^2 (\gamma_0 + \delta_1 \sigma_{t-3}^2 + \gamma_1 u_{t-3}^2) + \gamma_1 u_{t-2}^2$$
$$\cdots\cdots$$
$$= \frac{\gamma_0}{1-\delta_1} + \gamma_1 (u_{t-1}^2 + \delta_1 u_{t-2}^2 + \delta_1^2 \gamma_1 u_{t-3}^2 + \cdots)$$
$$= \frac{\gamma_0}{1-\delta_1} + \gamma_1 \sum_{j=1}^{\infty} \delta_1^{j-1} u_{t-j}^2$$

上式表明,GARCH(1,1)模型等价于无限阶的 ARCH 模型,其系数(各期扰动项的平方对 σ_t^2 的影响)呈几何指数递减。

上述结论给了我们一个启示:如果在检验 ARCH(q)模型时发现 q 值较大,我们可以采用 GARCH(1,1)模型来代替高阶 ARCH 模型,因为 GARCH(1,1)要估计的参数少,从而失去的自由度少。

第五节 协整检验和 ECM 模型

一、背景

经济分析通常假定所研究的经济理论中涉及的变量之间存在着长期均衡关系。按照这一假定,在估计这些长期关系时,计量经济分析假定所涉及的变量是平稳的。然而,在大多数情况下,宏观经济的实证研究中所使用的变量通常是非平稳的趋势变量,比如收入、消费、货币需求、价格水平、贸易流量等。因此,以这种假定为基础的估计方法所给出的经典 t 检验和 F 检验,会给出产生误导作用的结果。这种现象被 Granger 和 Newbold 称为伪回归(Spurious Regression)。他们同时指出,如果在时间序列的回归中 DW 值低而 R^2 高,则应怀疑有伪回归的可能。考虑到经济学中大多数时间序列是非平稳序列,则我们得到伪回归结果是常见的事。从前,人们认为处理此类趋势变量的恰当方法是使用差分或者其他变换(如季节调整)将它们化为平稳变量,再对平稳变量进行分析或使用 Box-Jenkins 方法建立模型。然而,最近越来越多的研究表明有更适合的方法来研究趋势变量。

考虑下面形式的回归模型

$$y_t = \beta X_t + \varepsilon_t$$

这里有一个假设,即扰动项 ε_t 是平稳的白噪声序列。可是,若 x_t 和 y_t 是单整的时间序列变量,则上述假设就不大可能成立。一般来说,如果两个时间序列变量不同阶单整,则它们的线性组合将仍是单整的,其阶数等于两变量的单整阶数中较大的一个。因此,如果 x_t 和 y_t 都是 $I(1)$,也就是说,如果二者都是趋势变量,则无论 β 的取值为多少,我们正常的预期是,$y_t - \beta x_t$ 是 $I(1)$ 而不是 $I(0)$(即不是平稳变量)。如果 x_t 和 y_t 都以各自的趋势向上漂移,那么除非它们的漂移趋势之间存在着某种联系,否则它们之间的差距会随着变量的增大有逐渐增大的趋势,并且这种趋势与 x_t 和 y_t 的趋势都不相同。这会导致模型中存在某种类型的不协调,产生伪回归问题。

另一方面,我们来考虑两变量的漂移趋势之间存在着某种联系的情况,x_t 和 y_t 都是 $I(1)$,那么有可能存在着 β 的一个取值,使得 $\varepsilon_t = y_t - \beta x_t$ 是 $I(0)$ 变量。也就是说,如果 x_t 和 y_t 都是 $I(1)$,$y_t - \beta x_t$ 可能会是一个具有固定均值的稳定变量,这也就意味着这两个时间序列变量以大致相同的速度一起漂移。我们称满足这一要求的两个时间序列是协整的(Cointegrated),向量 $[1, -\beta]$ 称为协整向量。在这样的情况下,我们可以

区分 x_t 和 y_t 的长期关系和短期关系。其中,长期关系是两个变量一起漂移的关系,短期关系是两个变量相对于各自的长期趋势的偏离之间的关系。此时,若使用变量为差分形式的关系式只会适得其反,因为此种方法仅适合描述短期状态或非均衡状态,所研究的经济现象的长期均衡关系会被掩盖。描述所研究的经济现象的长期或均衡状态应采用变量本身,大多数经济理论正是这样做的。对于协整及相关的误差修正技术的研究正是关于那些可以保留长期和短期两种形式的协变信息的估计方法的研究。

通过上面的讨论,我们可以知道,使用非平稳时间序列未必会造成伪回归。如果在一个回归中涉及的趋势时间序列"一起漂移",或者说"同步",则可能没有伪回归的问题,因而取决于 t 检验和 F 检验的推断也没有问题。这种非平稳时间序列的"同步",进一步引出了我们下面要介绍的"协整"概念。

二、协整的概念

下面给出协整(Cointegration)的正式定义。

定义 3.5.1

如果 $\boldsymbol{X}_t=\{x_{1t},x_{2t},\cdots,x_{kt}\}$ 都是 d 阶单整,存在向量 $\boldsymbol{\alpha}=\{\alpha_1,\alpha_2,\cdots,\alpha_k\}$,使得 $Z_t=\boldsymbol{\alpha}\boldsymbol{X}_t{}'\sim I(d-b)(d\geqslant b\geqslant 0)$,则认为序列 $\{x_{1t},x_{2t},\cdots,x_{kt}\}$ 是 (d,b) 阶协整的,记为 $\boldsymbol{X}_t\sim CI(d,b)$,其中 CI 是协整的符号,构成诸变量线性组合的系数向量 $\boldsymbol{\alpha}$ 称为协整向量(Cointegrated Vector)。

需要注意的是,在协整的定义中,协整向量是不唯一的,并且各个变量 x_{kt} 必须都是同阶单整的。

下面给出两个特例。

(1) $Y_t,X_t\sim CI(d,d)$

在这种情况下,$d=b$,使得 $a_1Y_t+a_2X_t\sim I(0)$,这意味着两时间序列的线性组合是平稳的,因而 $Y_t,X_t\sim CI(d,d)$。

(2) $Y_t,X_t\sim CI(1,1)$

在这种情况下,$d=b=1$,同样有 $a_1Y_t+a_2X_t\sim I(0)$,即两时间序列的线性组合是平稳的,因而 $Y_t,X_t\sim CI(1,1)$。

让我们考虑下面的关系

$$Y_t=\beta_0+\beta_1X_t$$

式中,$Y_t\sim I(1)$,$X_t\sim I(1)$。

当 $0=Y_t-\beta_0-\beta_1X_t$ 时,该关系处于长期均衡状态。

对长期均衡的偏离,称为"均衡误差",记为 ε_t

$$\varepsilon_t=Y_t-\beta_0-\beta_1X_t$$

若长期均衡存在,则均衡误差应当围绕均衡值 0 波动。也就是说,均衡误差 ε_t 应当是一个平稳时间序列,即应有 $\varepsilon_t\sim I(0)$,并且 $E(\varepsilon_t)=0$。按照协整的定义,由于

$Y_t \sim I(1)$，$X_t \sim I(1)$，且线性组合 $\varepsilon_t = Y_t - \beta_0 - \beta_1 X_t \sim I(0)$，我们可以说 Y_t 和 X_t 是 $(1,1)$ 阶协整的，即 Y_t，$X_t \sim CI(1,1)$，协整向量是 $(1, -\beta_0, -\beta_1)$。可以证明，两个变量的情形，在一个变量的系数正规化为 1 的假设下，协整向量即两时间序列的线性组合是唯一的。

综合以上结果，我们可以说，两时间序列之间的协整是表示它们之间存在长期均衡关系的另一种方式。因此，若 Y_t 和 X_t 是协整的，并且均衡误差是平稳的且具有零均值，我们就可以确信，方程 $Y_t = \beta_0 + \beta_1 X_t + \varepsilon_t$ 将不会产生伪回归结果。

由上可知，如果我们想避免伪回归问题，就应该在进行回归之前检验一下所涉及的变量是否协整。

三、协整检验

下面介绍一种用于检验两变量之间协整关系的方法。对于多变量之间的协整检验方法，1988 年 Johansen 以及 1990 年 Juselius 提出了一种用向量自回归模型进行检验的方法，通常称为 Johansen 检验或 JJ 检验。这里不做介绍，有兴趣的读者可参阅相关文献。

两变量协整关系检验的 Engle-Granger 法由 Engle 和 Granger 于 1987 年提出，通常简称为 EG 检验。具体步骤如下：

第一步，用前面介绍的单位根方法求出两变量的单整阶数，若两变量的单整的阶相同，进入下一步；若两变量的单整的阶不同，则两变量不是协整的；若两变量是平稳的，则整个检验过程停止，可直接采用前面章节介绍的回归技术进行处理。

第二步，若两变量是同阶单整的，如 $I(1)$，则用 OLS 法估计长期均衡方程（称为协整回归）$y_t = \beta_0 + \beta_1 x_t + \varepsilon_t$，将残差 e_t 作为均衡误差 ε_t 的估计值。

第三步，用 ADF 检验 e_t 是否平稳。如果 e_t 为平稳序列，则认为变量 y_t 和 x_t 为 $(1,1)$ 阶协整。这里有两点需要注意：① 由于残差 e_t 的均值为 0，所以在对其进行 ADF 检验时，应该选择没有截矩项的模型进行检验；② 对残差 e_t 的平稳性检验的 ADF 临界值通常比正常的 ADF 检验的临界值要小，因此不宜用 EViews 中的 ADF 检验来检验 e_t 的平稳性，而应采用表 3.5.1 给出的 ADF 临界值进行判断。

表 3.5.1　EG 检验的临界值表

变量个数 样本容量	$k=2$			$k=3$			$k=4$		
	0.01	0.05	0.10	0.01	0.05	0.10	0.01	0.05	0.10
25	-4.37	-3.59	-3.22	-4.92	-4.10	-3.71	-5.43	-4.56	-4.15
50	-4.12	-3.46	-3.13	-4.59	-3.92	-3.58	-5.02	-4.32	-3.98
100	-4.01	-3.39	-3.09	-4.44	-3.83	-3.51	-4.83	-4.21	-3.89
∞	-3.90	-3.33	-3.05	-4.30	-3.74	-3.45	-4.65	-4.10	-3.81

四、误差修正模型(ECM)

协整分析中最重要的结果可能是所谓的"格兰杰表述定理"(Granger Representation Theorem)。按照此定理,如果两变量 y_t 和 x_t 是协整的,则它们之间存在长期均衡关系。当然,在短期内,这些变量间的关系可以是不均衡的。两变量间这种短期不均衡关系的动态结构可以由误差修正模型(Error Correction Model)来描述。"误差修正"由 Sargen 于 1964 年首先提出,而 ECM 的主要形式是由 Davidson、Hendry、Srba 和 Yeo 于 1978 年提出的,因而误差修正模型也称为 DHSY 模型。

将两变量的短期和长期行为联系起来的误差修正模型可由下式给出

$$\Delta y_t = \text{lagged}(\Delta y_t, \Delta x_t) - \lambda \varepsilon_{t-1} + v_t \quad (0 < \lambda < 1) \tag{3.5.1}$$

式中,$y_t \sim I(1)$,$x_t \sim I(1)$;$y_t, x_t \sim CI(1,1)$;$\varepsilon_t = y_t - \beta_0 - \beta_1 x_t \sim I(0)$;$v_t$ 为白噪声;λ 为短期调整系数,反映 $t-1$ 期末偏差的调整速度;lagged 表示 Δy_t 与 Δx_t 的滞后项,其中包括 Δx_t 本期。

不难看出,在式(3.5.1)中,所有变量都是平稳的。

(一) ECM 模型的估计:两步法

对于式(3.5.1)的估计,Engle 和 Granger 建议采用下述两步方法。

第一步,估计协整回归方程 $y_t = \beta_0 + \beta_1 x_t + \varepsilon_t$,得到协整向量的一致估计值 $(1, -\hat{\beta}_0, -\hat{\beta}_1)$,用它得出均衡误差 ε_t 的估计值 $e_t = y_t - \hat{\beta}_0 - \hat{\beta}_1 x_t$。

第二步,计算 y_t 和 x_t 的一阶差分值,然后选择合适的滞后阶,用 OLS 法估计下面的方程

$$\Delta y_t = \text{lagged}(\Delta y_t, \Delta x_t) - \lambda e_{t-1} + v_t$$

注意,这里滞后阶的选择可以通过对 v_t 的自相关性的检验来进行判断和筛选,直到找出合适的滞后阶使得 v_t 满足基本假设为止。

(二) ECM 模型的估计:动态建模方法

以韩德瑞(D. F. Hendry)为代表的动态建模方法,也称为伦敦经济学院(LSE)方法,指出自回归分布滞后模型(ADL)是最通用的线性模型形式。当变量为非平稳时间序列时 ADL 模型尤为适用,因为只要模型包括了足够多的滞后项,就一定能摆脱单位根的困扰。当变量间存在协整关系时,ECM 模型便成为 ADL 模型的一个特例。以一阶 ADL 模型(3.5.2)为例,Hendry 对模型变量进行了等价变换,得到式(3.5.3)所示的 ECM 模型。

$$Y_t = \beta_0 + \beta_1 X_t + \beta_2 Y_{t-1} + \beta_3 X_{t-1} + \varepsilon_t \tag{3.5.2}$$

$$\Delta Y_t = Y_t - Y_{t-1}$$
$$= \beta_0 + \beta_1 X_t + (\beta_2 - 1)Y_{t-1} + \beta_3 X_{t-1} + \varepsilon_t$$
$$= \beta_0 + \beta_1 \Delta X_t + (\beta_2 - 1)Y_{t-1} + (\beta_1 + \beta_3)X_{t-1} + \varepsilon_t$$
$$= \beta_0 + \beta_1 \Delta X_t + (\beta_2 - 1)\left(Y_{t-1} + \frac{\beta_1 + \beta_3}{\beta_2 - 1}X_{t-1}\right) + \varepsilon_t$$
$$= \beta_1 \Delta X_t + (\beta_2 - 1)\left(Y - \frac{\beta_0}{1 - \beta_2} - \frac{\beta_1 + \beta_3}{1 - \beta_2}X\right)_{t-1} + \varepsilon_t$$

即
$$\Delta Y_t = \beta_1 \Delta X_t + (\beta_2 - 1)\left(Y - \frac{\beta_0}{1 - \beta_2} - \frac{\beta_1 + \beta_3}{1 - \beta_2}X\right)_{t-1} + \varepsilon_t \qquad (3.5.3)$$

式(3.5.3)将 ΔY_t 依次分解为三个具有不同含义的部分:短期扰动、非均衡项和白噪声。$\beta_2 - 1 < 0$ 称为负反馈系数。当 $Y_t \sim I(1)$,$X_t \sim I(1)$ 时,式(3.5.3)方程左边 $\Delta Y_t \sim I(0)$,方程右边 $\Delta X_t \sim I(0)$,$\varepsilon_t \sim I(0)$。如果非均衡项 $\left(Y - \frac{\beta_0}{1 - \beta_2} - \frac{\beta_1 + \beta_3}{1 - \beta_2}X\right)_{t-1} \sim I(0)$,则 Y_t 与 X_t 存在 $(1,1)$ 阶协整关系。Hendry 论证了 $Y_t = \frac{\beta_0}{1 - \beta_2} + \frac{\beta_1 + \beta_3}{1 - \beta_2}X_t$ 对应经济理论模型中的长期均衡解,它自身不含任何变动的趋势。当外生变量的波动引起 $\left(Y - \frac{\beta_0}{1 - \beta_2} - \frac{\beta_1 + \beta_3}{1 - \beta_2}X\right)_{t-1} \neq 0$ 时,该相对于长期均衡解的非均衡项在负反馈系数的作用下引起 ΔY_t 的延迟波动,促使 Y_t 重新回到其长期均衡解,因此称式(3.5.3)为"均衡修正模型"或"误差修正模型"。

实际建模中,Hendry 的动态建模方法主张从"一般到特殊"的原则,从包含被解释变量的最广泛影响因素的 ADL 模型开始,逐级约化,每一步约化都需要满足各项检验标准,力求在数据信息损失最小的情况下得到包含被解释变量长期均衡关系的最简洁的 ECM 模型,有效避免了"伪回归"问题。这一动态建模方法已成为当今主流经济计量建模方法之一。

第六节　向量自回归(VAR)模型

传统的计量经济方法是以经济理论为基础来描述变量的关系,但对于变量之间的动态联系,经济理论通常很难给出一个较好的说明。Sims 于 1980 年提出了向量自回归模型(Vector Autoregressive Model),简称 VAR 模型。VAR 模型不以经济理论为基础,采用多方程联立的形式,在模型的每一个方程中,内生变量对模型的全部内生变量的滞后值进行回归,进而估计全部内生变量的动态关系。VAR 模型常用于预测相互联系的时间序列系统,也常用于分析随机扰动对变量系统的动态冲击,进而解释各种经济冲击对经济变量形成的影响。

一、VAR 模型的概念

VAR 模型可以表述如下

$$y_t = A_1 y_{t-1} + \cdots + A_p y_{t-p} + \varepsilon_t \quad (t = 1, 2, \cdots, T) \tag{3.6.1}$$

式中，y_t 为 k 维内生变量；$A_1, \cdots, A_p$ 为 $k \times k$ 维待估计的系数矩阵；$\varepsilon_t \sim iid(0, \Sigma)$（其中 Σ 为 k 维向量 ε_t 的方差－协方差矩阵）；ε_t 可以同期相关，但通常不与自己的滞后值相关，也不与等式右边的变量相关；p 为滞后阶。

通常我们也称式(3.6.1)为非限制性向量自回归模型(unrestricted VAR)。

如果用滞后算子来表示式(3.6.1)，则有

$$A(L)y_t = \varepsilon_t \tag{3.6.2}$$

式中，$A(L) = I_k - A_1 L - A_2 L^2 - \cdots - A_p L^p$。

式(3.6.2)常称为 VAR 模型的简化形式，模型中的随机项常称为"冲击向量"或"简化形式的冲击向量"或"信息(Innovations)向量"或"异常(Surprise)向量"。可以证明，如果式(3.6.2)满足平稳性条件，则 VAR 模型可以表示为无穷阶的向量移动平均模型 VMA(∞)的形式

$$y_t = C(L)\varepsilon_t \tag{3.6.3}$$

式中，$C(L) = A(L)^{-1} = C_0 + C_1 L + C_2 L^2 + \cdots + C_h L^h + \cdots \quad (C_0 = I_k)$。

对于 VAR 模型的理解和 VAR 模型方法的特点，我们在这里给出一些简单解释。首先，VAR 模型不以经济理论为依据，在建模过程中只需要把那些相互有关的变量包括进 VAR 模型，同时确定滞后阶 p 即可；其次，VAR 模型对待估参数不施加零约束，即参数估计值不管显著与否，都保留在模型中；再次，VAR 模型的解释变量中不包括任何当期变量，预测是 VAR 模型的重要应用之一。

VAR 模型方法有以下几个明显的优点：第一，它非常简单，模型工作者无须为某个变量是内生还是外生操心；第二，模型估计很简单，模型中每个方程都可以用 OLS 法单独估计；第三，在大多数情况下，VAR 模型的预测比那些复杂得多的传统联立方程模型要更准确。

可是，VAR 模型也在以下几个方面遭到了批评：第一，它们没有根基，不以任何经济理论为基础。第二，自由度的丧失。假设我们有一个三变量的 VAR 模型，每个方程中每个变量有 12 期滞后，从而使得每个方程需要估计 36 个参数，再加上常数项。估计这么大数量的参数，将消耗大量的自由度，即便样本容量足够大，也会带来估计问题。第三，对得到的 VAR 模型系数很难解释，这是因为这类模型缺乏理论背景。

二、VAR 模型的估计和解释

对 VAR 模型有了一个基本了解之后,接下来我们关注的问题是模型的估计和模型的解释。对于模型的解释,模型本身的特点使得单个参数估计值的经济解释很难,通常是观察模型系统的脉冲响应函数(Impulse Response Function,IRF),对这个问题在后面将进行详述。这里先简单介绍一下与模型估计相关的两个问题。VAR 模型通常采用 OLS 法或极大似然法进行估计,但是在估计前需要确定模型的滞后阶 p。如果 p 太小,则误差项的自相关可能会比较严重,并导致参数估计值的非一致性,所以通常会适当加大 p 值,消除误差项中存在的自相关性,但 p 值不宜过大,否则又会导致待估的参数过多,进而直接影响模型参数估计量的有效性,这里给出两种 p 值的选择方法。

第一种方法是用 LR 统计量来确定 p 值。构造如下 LR 统计量

$$LR = -2[\log L(P) - \log L(p+1)] \sim \chi^2_{(k^2)}$$

式中,$\log L(p)$ 和 $\log L(p+1)$ 分别是 VAR(p) 和 VAR($p+1$) 模型的极大似然估计值。p 表示 VAR 模型中滞后变量的最大滞后期。原假设最佳滞后期为 p,若 LR 值大,则拒绝原假设。

第二种方法是利用 AIC、SC 和准则来确定 p 值。选择 p 值的原则是在增加 p 值的过程中使 AIC、SC 或 HQ 取值达到最小。

三、VAR 模型的稳定性

除了 p 值的确定之外,在 VAR 模型估计之后还需要检验 VAR 模型的稳定性。VAR 模型的稳定性是指当把一个脉动冲击施加在 VAR 模型中某一个方程的随机扰动项时,随着时间推移,如果这个冲击会逐渐消失,那么我们说系统是稳定的,即 VAR 模型是稳定的。VAR 模型稳定的条件是要求式(3.6.2)的滞后多项式 $A(L)$ 对应的特征方程 $|I_k - A_1 z - A_2 z^2 - \cdots - A_p z^p| = 0$ 的特征根都落在单位圆之外,即特征根的倒数(Inverted ARMA Roots)在单位圆之内。

四、脉冲响应函数

脉冲响应函数(IRF)描述了一个内生变量对误差冲击的反应,具体来说就是当随机误差项发生变化,或者说模型受到某种冲击时,对内生变量的当期值和未来值所带来的影响。这里我们以两个变量 VAR(2) 模型为例来分析一下脉冲响应函数的基本思想。两个变量 VAR(2) 模型表述为

$$x_t = a_1 x_{t-1} + a_2 x_{t-2} + b_1 z_{t-1} + b_2 z_{t-2} + \varepsilon_{1t}$$

$$z_t = c_1 x_{t-1} + c_2 x_{t-2} + d_1 z_{t-1} + d_2 z_{t-2} + \varepsilon_{2t} \quad (t = 1, 2, \cdots, T) \quad (3.6.4)$$

令随机项 $\varepsilon_t = (\varepsilon_{1t}, \varepsilon_{2t})'$,且假定

$$E(\varepsilon_{it})=0 \quad (i=1,2), \quad \text{Var}(\varepsilon_t)=E(\varepsilon_t\varepsilon_t{}')=\sum, \quad E(\varepsilon_{it}\varepsilon_{is})=0 \quad (t\neq s)$$

再假定式(3.6.4)的 VAR(2) 模型所反映的系统从第 0 期开始活动,其中假定 $x_{-1}=x_{-2}=z_{-1}=z_{-2}=0$。第 0 期给定扰动项 $\varepsilon_{10}=1$,$\varepsilon_{20}=0$,其后两扰动项均为 0(这种情况称为第 0 期给 x 以脉冲),则当 $t=0$ 时,$x_0=1$,$z_0=0$;当 $t=1$ 时,$x_1=a_1$,$z_1=c_1$,$\cdots$ 这样计算下去,求得的结果 x_0,x_1,x_2,$\cdots$ 称为由 x 的脉冲引起的 x 的响应函数。同样求得的 z_0,z_1,z_2,$\cdots$ 称为由 x 的脉冲引起的 z 的响应函数。

对于脉冲响应函数的理解这里做几点补充说明。第一,脉冲响应函数始终描述的是一个内生变量对误差的反应,也就是在扰动项上加一个标准差大小的冲击对内生变量的当期值和未来值所带来的影响;第二,随机扰动项的变动可以理解为该扰动项所在方程左边变量的变动;第三,脉冲响应函数的解释有时候会比较困难,因为各随机误差项可能相关,在它们相关时,它们会有一个共同的组成部分将不能被任何特定的变量所识别;第四,对每一个误差项,内生变量都对应一个脉冲响应函数,如含 4 个内生变量的 VAR 模型将有 16 个脉冲响应函数。

第四章

面板数据分析

教学要点

知识要点	掌握程度	相关知识
面板数据与面板数据模型的基本概念	掌握	面板数据、三种模型
固定影响模型	了解	$LSDV$ 估计法、组内估计法、F 检验
随机影响模型	了解	LM 检验、豪斯曼检验

课前导读

中国金融市场起步较晚,因此某些金融数据不够充足,这导致了计量模型估计的较大误差,甚至错误。而面板数据同时包括横截面和时间序列两个维度上的数据,即个体维度和时间维度,这里个体可以是个人、企业、行业或者国家,一定程度上弥补了我国某些金融数据的不足,因此面板数据分析方法对于研究我国金融市场十分必要。我们应通过典型的中国经济案例阐述如何学以致用,运用计量经济学方法研究中国现实经济问题,揭示中国经济发展的独特规律和评估各种改革举措与经济政策,树立"中国自信"。

到目前为止,前面两章所讨论的模型要么使用横截面数据,要么使用时间序列数据。虽然这两种数据类型在实际应用中很常见,但随着计量经济学理论方法的发展和应用领域的拓宽,我们经常需要采用兼有横截面和时间序列的数据集,从而要求建立一种基于此类数据集的模型,这就是面板数据模型。本章中,我们将重点介绍面板数据及其应用较为广泛的两种线性面板数据模型:固定影响模型(Fixed Effects Model)和随机影响模型(Random Effects Model)。

第一节　面板数据与面板数据模型

一、面板数据

混合数据(Pooled Data)是指将横截面数据和时间序列数据结合在一起的数据。我们在前面章节中曾介绍,横截面数据模型使用同一时点不同个体(Entity)的观测值,数据可来自不同地区、公司、人员或其他个体;时间序列数据则是跨越不同时期的同一地区、同一公司、同一个人或其他同一个体的观测值。

混合数据则包含不同横截面个体不同时期的数据,或者说,混合数据包含既跨越时间又跨越空间的数据。如果混合数据包含的观测值来自同一批地区、公司、人员或其他横截面个体的不同时期数据,则此类混合数据称为面板数据(Panel Data)。如果混合数据包含的观测值来自从一个大总体中随机抽样的主体不同时期的数据,则此类混合数据称为非面板混合数据。例如,我们每年对北京市固定的一万户家庭消费的观测记录所得到的数据集就是面板数据;而我们每年对北京市居民家庭随机抽样一万户家庭消费的观测记录所得到的数据集就是非面板混合数据。在实践中,面板数据通常比非面板混合数据更有用,这是因为面板数据中的地区、公司、人员等横截面个体在各时期中一直保持不变,这使得我们更易于对这类个体随着时间的推移所发生的变动进行比较和分析。

相应地,我们将基于面板数据的回归模型称为面板数据模型(Panel Data Model)。面板数据模型可以分为单方程面板数据模型和联立方程面板数据模型;也可以分为线性面板数据模型和非线性面板数据模型(如离散被解释变量面板数据模型、受限被解释变量面板数据模型)。在此章中,我们的介绍限于单方程面板数据模型。

面板数据模型的优势主要表现在以下三个方面:

(1)由于将时间序列和横截面观测值结合在一起,面板数据拥有更多的信息和更丰富的变差来源,会减少变量之间的共线性,具有更多的自由度,获得更有效和更可靠的参数估计。

(2)它能够处理个体的异质性,如果对这些无法观测到的个体影响不能控制,会导致估计值的偏差。

(3)可更好地辨别和估计那些在纯横截面和纯时间序列数据中无法检查出来的效应。特别是能更好地研究动态行为的复杂问题。例如,利用横截面数据能估计特定时点上的失业率问题,重复利用横截面数据可以得到不同时间点上的失业率。只有面板数据能估计有多大比例的人在某个时期失业且在下期继续失业。

二、面板数据模型引例分析

我们首先通过一个简单的例子来介绍估计面板数据模型的三种方法,详细数据如表 4.1.1 所示。

表 4.1.1 四产业的面板数据

年份	钢铁产业			橡胶和塑料产业			石制品、陶瓷制品和玻璃制品			纺织品		
	产出/百万美元	就业人数/千人	加班时数	产出/百万美元	就业人数/千人	加班时数	产出/百万美元	就业人数/千人	加班时数	产出/百万美元	就业人数/千人	加班时数
1980	15 334.61	253.41	3.42	59 650.52	763.82	2.74	53 966.63	648	3.77	57 343.72	847.68	3.18
1981	14 240.31	220.81	3.04	60 685.18	772.25	3.03	50 833.10	643.17	3.78	55 276.33	822.97	2.97
1982	9 990.67	164.39	1.87	59 385.49	729.28	2.66	45 093.26	538.75	3.49	49 239.38	749.43	2.18
1983	9 375.50	139.55	2.8	63 122.49	742.83	3.54	47 888.55	557.92	4.13	53 948.80	741.33	3.51
1984	11 002.73	143.05	3.69	70 211.46	813.19	3.91	51 116.00	593.08	4.74	54 230.07	746.13	3.23
1985	10 029.13	131.44	3.37	70 272.70	818.22	3.58	51 894.33	577.17	4.77	50 763.87	702.18	3.21
1986	9 428.12	119.38	3.72	71 508.25	822.45	3.8	54 059.76	615.83	4.84	52 174.87	702.93	4.05
1987	9 353.58	114.26	4.37	76 245.54	842.08	4.1	54 105.17	599.58	5.05	55 258.09	725.29	4.41
1988	10 314.71	115.35	4.83	80 742.72	865.64	4.13	53 395.81	610.25	5.16	54 649.00	728.25	3.95
1989	10 157.57	110.74	3.95	81 663.89	887.95	3.77	51 408.17	639.83	5.13	54 260.55	719.79	4.05
1990	9 537.09	101.34	3.52	80 553.61	887.58	3.59	48 774.54	629.33	4.83	50 156.00	691.44	3.56
1991	8 601.11	92.33	3.06	77 687.57	861.88	3.58	44 023.99	579.83	4.55	48 049.93	670.04	4.08
1992	8 452.31	85.66	3.43	80 954.75	877.63	4.07	44 557.07	548.67	4.86	50 423.80	674.12	4.28
1993	8 892.53	82.35	4.12	84 991.29	908.99	4.38	45 417.94	534.33	5.19	51 194.69	675.11	4.44
1994	9 602.97	84.38	5.21	91 175.58	953.13	4.7	48 055.32	556.92	5.73	52 640.92	676.38	4.68
1995	9 997.81	86.02	4.36	95 639.72	979.92	4.13	49 829.60	586.17	5.53	52 416.49	663.17	4.19
1996	10 160.66	81.95	3.97	95 930.51	982.69	4.24	52 561.05	607.17	5.87	51 159.07	626.54	4.28
1997	10 478.04	80.85	4.41	97 559.34	996.1	4.53	56 206.62	614.5	5.87	52 250.65	616.09	4.63
1998	11 100.66	80.63	3.81	97 023.26	1 004.91	4.41	59 011.09	592.25	6.28	49 460.05	597.58	4.47
1999	10 999.85	76.6	3.97	98 846.77	1 005.68	4.48	62 298.06	628.92	6.38	47 040.07	560.23	4.34
2000	10 084.79	71.66	3.77	100 060.40	1 004.78	4.24	60 494.19	599.92	6.16	44 531.36	541.31	4.27

变量定义为：Y_{it} 表示 i 产业第 t 年产出（百万美元，不变价）；X_{1it} 表示 i 产业第 t 年就业人数（千人）；X_{2it} 表示 i 产业第 t 年平均每周加班小时数。4 个产业为：钢铁；橡胶、塑料；石制品、陶瓷制品和玻璃制品；纺织品。

分别对 4 个产业进行回归的缺点在于可能错失包含在混合数据集中的那种一个产业影响另一个产业的信息。换句话说，一个产业的数据中可能包含有对于估计其他某个产业的回归系数有价值的信息，而这种分别估计每个产业方程的做法无法利用这些信息，这意味着估计值不够准确。

如果我们能够将 4 个产业 21 年的数据结合在一起，样本规模就会增大，从而可以使用所有可获得的信息估计系数。因此，我们需要讨论那些允许我们使用混合数据的全部信息的估计技术，将跨时间、跨空间的数据结合在一起，而不是分别进行时间序列和横截面数据的回归。要做到这一点，有三种可能的估计方法。

（一）混合模型

这是最简单的方法，假定截距和斜率对于所有产业和所有时期都是一样的。进行下面的回归：

$$Y_{it} = \beta_0 + \beta_1 X_{1it} + \beta_2 X_{2it} + u_{it} \quad (i=1,2,3,4; t=1\,980,1\,981,\cdots,2\,000)$$

这里每个变量的观测值个数都是 84。估计此方程，结果如下

$$\hat{Y}_{it} = -14\,040.10 + 86.74 X_{1it} + 3\,168.47 X_{2it} \quad R^2 = 0.95$$

$$t: \quad (-4.34) \quad\quad (39.87) \quad\quad (4.33)$$

这种方法的致命缺陷是，估计出来的系数只有在我们关于截距和斜率对于所有产业和所有时期都是同样的值的假设成立的情况下才适用，实际情况当然不是如此。例如，很难想象每个时期中每个产业的就业人数与其产出之间的关系都相同，比如说，增加 1 000 名工人对不同产业出口额的影响显然是不同的。

因此，采用混合模型（Pooled Model）是不合适的。我们下面讨论可用于面板数据模型的其他两种估计方法。

（二）固定影响模型

固定影响模型（Fixed Effects Model）将横截面个体之间的差异解释为截距不同，而斜率系数相同。它处理地区、公司、人员或其他横截面个体之间差异的思路是允许截距变动，不同的横截面个体（如引例中的不同产业）的截距是不同的，但每个产业的截距在各个时期则保持不变。

在固定影响模型的假定下，面板数据中所有横截面数据和时间序列数据都可用于同一个回归，与混合模型不同的是，这里每个横截面个体有其自己的截距。模型如下

$$Y_{it} = \beta_{0i} + \beta_1 X_{1it} + \beta_2 X_{2it} + u_{it}$$

固定影响模型通过使用虚拟变量的方法来解决截距变动问题。对于我们的例子,有 4 个产业部门,我们应当设 3 个虚拟变量,因为设 3 个就可以区分 4 个产业的截距,并且,如果设 4 个虚拟变量的话,我们会掉进所谓的"虚拟变量陷阱",从而造成完全的多重共线性。

在固定影响模型中,我们有另一种避开虚拟变量陷阱的方法,就是在模型中去掉常数项 β_0,然后为每个产业设一个虚拟变量

$$D_i = \begin{cases} 1 & 观测值来自产业\ i \\ 0 & 观测值来自其他产业 \end{cases} \qquad (i=1,2,3,4)$$

可写出引例的固定影响模型如下

$$Y_{it} = \beta_1 X_{1it} + \beta_2 X_{2it} + \beta_3 D_1 + \beta_4 D_2 + \beta_5 D_3 + \beta_6 D_4 + u_{it}$$

4 个产业的截距项分别为

$$产业1:\beta_3 \quad 产业2:\beta_4 \quad 产业3:\beta_5 \quad 产业4:\beta_6$$

回归结果如下

$$\hat{Y}_{it} = 92.9 X_{1it} + 4\,645.11 X_{2it} - 17\,760.74 D_1 - 18\,691.64 D_2 - 26\,686.29 D_3 - 29\,050.36 D_4$$
$$R^2 = 0.99$$

$t:$ (17.15) (9.11)

从结果中看到 R^2 很高,对于固定影响模型来说,通常如此。这是因为各截距项虚拟变量捕捉了横截面个体之间的差异。固定影响模型的高 R^2 会造成一种虚假的表象,但实际并不像 R^2 的值所展示的那么好。回归结果中没有给出各虚拟变量系数的 t 值或标准误差,这是因为 EViews 软件不报告固定影响模型中虚拟变量的 t 值或标准误差。

(三) 随机影响模型

随机影响模型(Random Effects Model)像固定影响模型一样,通过允许截距变动来处理横截面个体之间的差异,但变动的数量是随机的。如果横截面个体是随机地被选择出来以代表一个较大的总体,则采用随机影响模型比较合适。不同的横截面个体的不同截距被认为是从一个正态分布总体中随机抽取的。

固定影响模型假定不同产业截距间的差异是确定的,而不是随机的,它假定截距的不同是因为各产业有一些不同的特性。

随机影响模型则假定引例中的每一个产业是从一个总体中抽取的,截距之间的差异是因为随机变差引起的。随机影响模型通常用于诸横截面个体是某个总体的一个样本的情况,如中国 15 个省份的居民家庭人均消费和人均收入的面板数据。

随机影响模型将所有数据放在一起回归,模型如下

$$Y_{it} = \beta_0 + \beta_1 X_{1it} + \beta_2 X_{2it} + \cdots + \beta_k X_{kit} + \varepsilon_i + u_{it}$$

这里没有截距虚拟变量,这使得它的自由度要大于固定影响模型。应注意的是,上式中截距项 β_0 与 OLS 回归中的截距项不同,这里 β_0 代表的是截距的均值,真实的截距随产业或其他横截面个体而变,产业间截距的差异反映在扰动项 ε_i 中。

令 $v_{it}=\varepsilon_i+u_{it}$,扰动项 v_{it} 有两个分量,其中一个 u_{it} 满足 OLS 关于各期扰动项互不相关的假设条件;另一个分量 ε_i 代表每个产业的截距与截距均值 β_0 之间的差异,这个分量不随时间而变,但对于每个产业都不同。由于扰动项的这个分量不随时间而变,因此随机影响模型中的扰动项 v_{it} 将不满足 OLS 关于各期扰动项互不相关的假设条件,这意味着 OLS 不能使用。此模型估计方法的详细介绍请见本章第三节。

对于引例,随机模型回归结果如下

$$\hat{Y}_{it}=-22\,831.07+91.54X_{1it}+4\,627.85X_{2it} \quad R^2=0.99$$
$$t: \quad (-4.03) \quad\quad (18.18) \quad\quad\quad (9.18)$$

将随机影响和固定影响的结果比较一下,发现两组自变量系数的估计值差别很小,并且都在 1% 显著性水平显著,说明在本例的情况下,使用两种方法均可。但在其他情况下,就可能有较大差别。

三、分析面板数据的一般模型框架

分析面板数据的基本框架是形如下式的回归模型

$$y_{it}=\boldsymbol{x}'_{it}\beta+\boldsymbol{z}'_i\alpha+u_{it} \tag{4.1.1}$$
$$=\boldsymbol{x}'_{it}\beta+c_i+u_{it} \quad (i=1,2,3,\cdots,n;t=1,2,3\cdots,T)$$

式中,$\boldsymbol{x}_{it}=(x_{1it},x_{2it},\cdots,x_{kit})'$;$\beta=(\beta_1,\beta_2,\cdots,\beta_k)'$;$\boldsymbol{z}_i=(z_{1i},z_{2i},\cdots,z_{mi})'$;$\alpha=(\alpha_1,\alpha_2,\cdots,\alpha_k)'$。

$\boldsymbol{x}_{it}$ 中有 k 个解释变量,不包括常数项。异质性或个体影响由 $\boldsymbol{z}'_i\alpha$ 表示,其中 $\boldsymbol{z}_i$ 包含一个常数项和一组体现横截面个体影响但不随时间变化的变量,如可观测的种族、性别等,或无法观测的家庭特征、偏好等。所有这些变量都只体现横截面个体特征,而不随时间变化。如果所有横截面个体的 $\boldsymbol{z}_i$ 都可以观测到,那么整个模型可被视为一个普通线性模型,并可用最小二乘法来拟合。但在大多数应用中,c_i 不可观测,处理起来就要复杂得多。

分析的主要目标是偏效应(Partial Effects)的一致和有效估计

$$\beta=\partial E[y_{it}\mid\boldsymbol{x}_{it}]/\partial\boldsymbol{x}_{it}$$

是否能达到这个目标取决于有关不可观测的影响的假设。我们以自变量的严格外生性假设作为起点,即当期扰动项与过去、现在和未来的每一期中的自变量都无关。该假设为

$$E[u_{it}\mid\boldsymbol{x}_{i1},\boldsymbol{x}_{i2},\cdots]=0$$

模型关注的重要方面是异质性,这方面特别方便的一个假设是所谓的均值独立

(Mean Independence)

$$E[c_i \mid \boldsymbol{x}_{i1}, \boldsymbol{x}_{i2}, \cdots] = \alpha$$

如果该假设成立,即不可观测的变量与包括在模型中的变量无关,那么下面将看到,可以将它们包括在模型的扰动项中,这正是随机影响模型的基础假设。可是,这是一个很强的假设,很多情况下无法满足。弱一些的假设是

$$E[c_i \mid \boldsymbol{x}_{i1}, \boldsymbol{x}_{i2}, \cdots] = h(\boldsymbol{x}_{i1}, \boldsymbol{x}_{i2}, \cdots) = h(\boldsymbol{X}_i)$$

假设条件放宽了,模型的适应面也宽了,但复杂性也大大增加了,因为需要有关函数性质的假设。

四、模型结构

分析面板数据的模型大致可分为如下几种类型。

(一)混合回归(Pooled Regression)

若 $\boldsymbol{z}_i$ 中仅包含常数项,则模型形式如下

$$y_{it} = \alpha + \boldsymbol{x}_{it}' \beta + u_{it} \tag{4.1.2}$$

这类模型假设所有的横截面个体在各个不同时期的斜率和截距都是相同的,这样就可以直接把面板数据混合在一起,用 OLS 估计参数,得到一致和有效估计量。

由于混合回归模型假设解释变量对被解释变量的影响与横截面个体无关,这在现实中是很难成立的,所以应用不广泛。

(二)固定影响(Fixed Effects)

如果 $\boldsymbol{z}_i$ 不可观测,但与 $\boldsymbol{x}_{it}$ 相关,则由于遗漏了有关变量,β 的 OLS 估计量是有偏和不一致的。在这种情况下,模型如下

$$y_{it} = \boldsymbol{x}_{it}' \beta + \alpha_i + u_{it} \tag{4.1.3}$$

模型包含了所有可观测的影响,并且设定了一个可估计的条件均值。这就是固定影响模型。式中 $\alpha_i = \boldsymbol{z}_i' \alpha$。固定影响模型将 α_i 视为回归模型中每一个体各自不同的常数项。注意:这里使用"固定"一词表明 c_i 和 $\boldsymbol{x}_{it}$ 相关,并不表明 c_i 是非随机的。

固定影响模型可分为三类,即个体固定影响模型(Entity Fixed Effects Model)、时点固定影响模型(Time Fixed Effects Model)和个体时点固定影响模型(Entity and Time Fixed Effects Model)。在本章中,我们只介绍个体固定影响模型。

(三)随机影响(Random Effects)

如果未观测到的个体异质性可以被假定与包括在模型中的变量无关,则模型可设定为

$$y_{it} = \boldsymbol{x}'_{it}\beta + E[z'_i\alpha] + \{z'_i\alpha - E[z'_i\alpha]\} + \boldsymbol{u}_{it}$$
$$= \boldsymbol{x}'_{it}\beta + \alpha + \varepsilon_i + u_{it} \tag{4.1.4}$$

这是一个带复合扰动项的线性回归模型。可用 OLS 法估计,得到一致但非有效的估计量。式(4.1.4)称为随机影响模型。这里 ε_i 是一个反映横截面个体影响的随机元素。

固定影响模型和随机影响模型的关键区别是未观测到的个体影响是否包含与模型中解释变量相关的元素,而不在于这些影响是否随机。

(四)随机系数(Random Coefficients)

随机影响模型可看成是一个带有随机常数项的回归模型。如果数据集足够丰富,我们可以将此思路扩展到其他系数也随着个体随机变动的模型,从而得到随机系数模型

$$y_{it} = \boldsymbol{x}'_{it}(\beta + \boldsymbol{h}_i)\beta + \alpha + \varepsilon_i + u_{it} \tag{4.1.5}$$

式中,$\boldsymbol{h}_i$ 是一个引起参数跨个体变动的随机向量。

第二节　固定影响模型

一、固定影响模型的设定

上一节给出了分析面板数据的一般模型

$$y_{it} = \boldsymbol{x}'_{it}\beta + c_i + u_{it}$$

固定影响模型源于一般模型中被遗漏的影响 c_i 与包括的变量 $\boldsymbol{x}_{it}$ 相关的假设,此假设的一般形式是

$$E[c_i \mid \boldsymbol{X}_i] = h(\boldsymbol{X}_i)$$

由于上式中的条件均值在所有时期中都相同,我们可将模型写成

$$y_{it} = \boldsymbol{x}'_{it}\beta + h(\boldsymbol{X}_i) + u_{it} + [c_i - h(\boldsymbol{X}_i)]$$
$$= \boldsymbol{x}'_{it}\beta + \alpha_i + u_{it} + [c_i - h(\boldsymbol{X}_i)]$$

括号项可通过构造使其与 $\boldsymbol{X}_i$ 不相关,因而可将其吸收到扰动项中,模型可写为

$$y_{it} = \boldsymbol{x}'_{it}\beta + \alpha_i + u_{it} \tag{4.2.1}$$

这就是固定影响模型。从模型的设定可知,固定影响模型假设横截面个体之间的差异为截距不同,而斜率系数相同,即允许不同的横截面个体的截距是不同的,但每一个体的截距在各个不同时期保持不变。换句话说,固定影响模型假定不同横截

面个体的差异可用不同的常数项 α_i 来描述,在此模型中,α_i 被作为要估计的未知参数。

如果进一步假设 $\mathrm{Var}(c_i|\boldsymbol{X}_i)$ 为常数,则在此假设下,式(4.2.1)变成经典线性回归模型。

二、固定影响模型的参数估计

固定影响模型参数的估计方法有两种,一种是最小二乘虚拟变量(LSDV)估计法;另一种是组内估计(Within Estimator)法或称协方差估计法(The Analysis of Covariance Estimation,ANCOVA)。下面介绍这两种参数估计方法。

(一) LSDV 估计法

设 $\boldsymbol{y}_i$ 和 $\boldsymbol{X}_i$ 为第 i 个横截面单元的 T 个观测值,$\boldsymbol{i}$ 是一个元素全为1的 $T\times 1$ 列向量,$\boldsymbol{u}_i$ 为相应的 $T\times 1$ 扰动项列向量,则

$$\boldsymbol{y}_i = \boldsymbol{X}_i\beta + \boldsymbol{i}\alpha_i + \boldsymbol{u}_i \tag{4.2.2}$$

将全部 i 个单元汇集在一起,给出

$$\begin{bmatrix} \boldsymbol{y}_1 \\ \boldsymbol{y}_2 \\ \vdots \\ \boldsymbol{y}_n \end{bmatrix} = \begin{bmatrix} \boldsymbol{X}_1 \\ \boldsymbol{X}_2 \\ \vdots \\ \boldsymbol{X}_n \end{bmatrix}\beta + \begin{bmatrix} \boldsymbol{i} & \boldsymbol{0} & \cdots & \boldsymbol{0} \\ \boldsymbol{0} & \boldsymbol{i} & \cdots & \boldsymbol{0} \\ \cdots & \cdots & \cdots & \cdots \\ \boldsymbol{0} & \boldsymbol{0} & \cdots & \boldsymbol{i} \end{bmatrix} \begin{bmatrix} \alpha_1 \\ \alpha_2 \\ \vdots \\ \alpha_n \end{bmatrix} + \begin{bmatrix} \boldsymbol{u}_1 \\ \boldsymbol{u}_2 \\ \vdots \\ \boldsymbol{u}_n \end{bmatrix}$$

或

$$\boldsymbol{y} = \begin{bmatrix} \boldsymbol{X} & \boldsymbol{d}_1 & \boldsymbol{d}_2 & \cdots & \boldsymbol{d}_n \end{bmatrix} \begin{bmatrix} \beta \\ \alpha \end{bmatrix} + \boldsymbol{u} \tag{4.2.3}$$

这里,$\boldsymbol{d}_i$ 是第 i 个单元为1、其他单元为0的虚拟变量。设 $nT \times n$ 矩阵 $\boldsymbol{D} = [\boldsymbol{d}_1, \boldsymbol{d}_2, \cdots, \boldsymbol{d}_n]$,则将所有 nT 行组合在一起,有

$$\boldsymbol{y} = \boldsymbol{X}\beta + \boldsymbol{D}\alpha + \boldsymbol{u}$$

此模型通常称为最小二乘虚拟变量模型(Least Squares Dummy Variable Model,LSDVM)。此模型是一个经典线性回归模型。如果 n 足够小,模型就可用OLS 估计,y 对 X 中 K 个解释变量和 D 中的 n 列回归,共 $K+n$ 个参数。实际应用中,n 通常很大,数以千计,模型很可能超出任何计算机的存储容量。可考虑使用分块回归技术以减少计算量。有关分块回归技术的详细讨论本章不做介绍。

另外,运用 LSDV 估计法估计固定影响模型,需要加入 n 个虚拟变量,当模型中的虚拟变量的个数 n 很大时,回归中会损失大量的自由度。解决这个问题的思路是对模型进行变换,消去常数项 α_i,再用变换后的模型回归。

为表达方便起见,不失一般性,我们用双变量模型来说明。在这种情况下,模型(4.2.1)简化成

$$y_{it} = X_{it}\beta + \alpha_i + u_{it} \qquad (4.2.4)$$

我们对第 i 个横截面个体在时间上求均值,则有

$$\overline{y}_i = \overline{X}_i\beta + \alpha_i + \overline{u}_i \quad (i = 1, 2, \cdots, n) \qquad (4.2.5)$$

式(4.2.4)减式(4.2.5),得

$$y_{it} - \overline{y}_i = (X_{it} - \overline{X}_i)\beta + u_{it} - \overline{u}_i \qquad (4.2.6)$$

这样在模型(4.2.6)中,常数项就被去掉了。令

$$y_{it}^* = y_{it} - \overline{y}_i, X_{it}^* = X_{it} - \overline{X}_i, u_{it}^* = u_{it} - \overline{u}_i$$

则模型转换为

$$y_{it}^* = X_{it}^*\beta + u_{it}^* \qquad (4.2.7)$$

对模型(4.2.7)运用 OLS 进行回归,就得到了 β 的 OLS 估计值。

(二) 组内估计法

为表达方便起见,先考虑双变量模型 $y_{it} = \alpha_i + \beta x_{it} + u_{it}$,假定 $u_{it} \sim IN(0, \sigma^2)$。

定义 $\overline{y}_i = \dfrac{1}{T}\displaystyle\sum_{t=1}^{T} y_{it}, \overline{x}_i = \dfrac{1}{T}\displaystyle\sum_{t=1}^{T} x_{it}$,$\overline{y}_i$ 和 $\overline{x}_i$ 称为组内均值。组内平方和及交叉乘积和为

$$W_{xxi} = \sum_t (x_{it} - \overline{x}_i)^2$$

$$W_{xyi} = \sum_t (x_{it} - \overline{x}_i)(y_{it} - \overline{y}_i)$$

$$W_{yyi} = \sum_t (y_{it} - \overline{y}_i)^2$$

再令 $\quad W_{xx} = \displaystyle\sum_i W_{xxi}, W_{xy} = \sum_i W_{xyi}, W_{yy} = \sum_i W_{yyi}$

参数 α_i 和 β 的估计值由 $Q = \displaystyle\sum_{i,t}(y_{it} - \hat{\alpha}_i - \hat{\beta}x_{it})^2$ 关于 α_i 和 β 最小化得到。有

$$\frac{\partial Q}{\partial \hat{\alpha}_i} = 0 \Rightarrow \sum_t (y_{it} - \hat{\alpha}_i - \hat{\beta}x_{it}) = 0$$

$$\Rightarrow \frac{\sum\limits_t y_{it}}{T} - \frac{\sum\limits_t \hat{\alpha}_i}{T} - \hat{\beta}\frac{\sum\limits_t x_{it}}{T} = 0$$

$$\Rightarrow \hat{\alpha}_i = \overline{y}_i - \hat{\beta}\,\overline{x}_i$$

$$\frac{\partial Q}{\partial \hat{\beta}} = 0 \Rightarrow \sum_{i,t} x_{it}(y_{it} - \hat{\alpha}_i - \hat{\beta}x_{it}) = 0$$

将 $\hat{\alpha}_i = \overline{y}_i - \hat{\beta}\,\overline{x}_i$,代入上式,有

$$\sum_{i,t} x_{it}(y_{it} - \overline{y}_i + \hat{\beta}\overline{x}_i - \hat{\beta}x_{it}) = 0$$

$$\Rightarrow \sum_{i,t}(x_{it} - \overline{x}_i + \overline{x}_i)(y_{it} - \overline{y}_i + \hat{\beta}\overline{x}_i - \hat{\beta}x_{it}) = 0$$

$$\Rightarrow \sum_i \sum_t (x_{it} - \overline{x}_i)(y_{it} - \overline{y}_i) + \sum_i \sum_t \overline{x}_i(y_{it} - \overline{y}_i)$$

$$- \sum_i \sum_t \hat{\beta}(x_{it} - \overline{x}_i)^2 - \sum_i \sum_t \overline{x}_i \hat{\beta}(x_{it} - \overline{x}_i) = 0$$

$$\Rightarrow \sum_i \sum_t (x_{it} - \overline{x}_i)(y_{it} - \overline{y}_i) + \sum_i \overline{x}_i \sum_t (y_{it} - \overline{y}_i)$$

$$- \hat{\beta}\sum_i \sum_t (x_{it} - \overline{x}_i)^2 - \hat{\beta}\sum_i \overline{x}_i \sum_t (x_{it} - \overline{x}_i) = 0$$

不难看出，上式中 1、3 两项分别是 W_{xy} 和 $\hat{\beta}W_{xx}$；而 2、4 两项内层求和号中都是离差和，内层对 t 求和恒等于 0。因此我们得到

$$\hat{\beta} = W_{xy}/W_{xx}$$

式中，$\hat{\beta}$ 被称为组内估计量，记为 $\hat{\beta}_w$ 或 $\hat{\beta}_{\mathrm{LSDV}}$。

为了使组内估计量是一致估计量，必须满足 $E\{(x_{it} - \overline{x}_i)u_{it}\} = 0$，而满足此条件的充分条件是 x_{it} 与 u_{it} 不相关，则 $\overline{x}_i$ 与 u_{it} 也不相关。即满足下式，也就是说 x_{it} 是严格外生的。

$$E\{x_{it}u_{is}\} = 0 \quad (s,t = 1,2,\cdots,T)$$

在多个解释变量的情况下，$\boldsymbol{W}_{xx}$ 是矩阵，$\hat{\beta}$ 和 $\boldsymbol{W}_{xy}$ 是向量，则前面的结果变为

$$\hat{\alpha}_i = \overline{y}_i - \hat{\beta}'\overline{x}_i$$

$$\hat{\beta} = \boldsymbol{W}_{xx}^{-1}\boldsymbol{W}_{xy}$$

三、检验个体影响的显著性

如果我们对不同横截面个体的差异感兴趣，我们可以用 F 检验来检验每个横截面个体的常数项是否都相等。即假设 $\alpha_1 = \alpha_2 = \cdots = \alpha_n$，检验的 F 统计量为

$$F = \frac{(R_{\mathrm{LSDV}}^2 - R_R^2)/(n-1)}{(1 - R_{\mathrm{LSDV}}^2)/(nT - n - K)} \sim F(n-1, nT - n - K)$$

或

$$F = \frac{(RSS_R - RSS)/(n-1)}{RSS/(nT - n - K)} \sim F(n-1, nT - n - K)$$

式中，R_{LSDV}^2 为最小二乘虚拟变量模型的决定系数；R_R^2 为受约束模型（即混合回归模型）的决定系数；RSS_R 为混合回归模型的残差平方和；RSS 为最小二乘虚拟变量模型的残差平方和。

在给定的显著性水平 α 下,如果 $F > F_\alpha$,拒绝原假设,则将模型设定为固定影响模型;如果 $F \leqslant F_\alpha$,接受原假设,则模型设定为混合回归模型。

第三节　随机影响模型

固定影响模型允许未观测到的个体影响与包括的变量相关。如果个体影响与解释变量严格不相关,那么在模型中将个体的常数项设定为跨横截面单元随机分布,可能是恰当的。如果横截面个体是随机地被选择出来以代表一个较大的总体,则采用随机影响模型(Random Effects Model)比较合适。随机影响模型与固定影响模型一样,通过允许截距变动来处理横截面个体之间的差异,但截距变动的量是随机的。

采用随机影响模型的好处是它大大减少了要估计的参数,代价是,如果我们关于随机常数项的假设被证明不恰当的话,得到的估计值可能是不一致的。

一、随机影响模型的设定

为简单起见,我们在此仅介绍一元随机影响模型,所得到的结果不难推广到多元的一般情形。一元随机影响模型可表示为

$$y_{it} = \alpha + x_{it}\beta + \varepsilon_i + u_{it} \quad (i=1,2,\cdots,n; t=1,2,\cdots,T) \tag{4.3.1}$$

假设

$$\varepsilon_i \sim iid(0,\sigma_\varepsilon^2) \quad u_{it} \sim iid(0,\sigma_u^2) \quad E(\varepsilon_i u_{it})=0$$

并且 x_{it} 与 ε_i、u_{it} 之间互不相关。

由于 ε_i 是一个随机变量,则式(4.3.1)的扰动项有两个分量,一个是 ε_i;另一个是 u_{it}。令 $v_{it} = \varepsilon_i + u_{it}$,其中,$u_{it}$ 满足 OLS 关于扰动项的假设条件;ε_i 代表每个横截面个体的截距与截距均值之间的差异,这个分量不随时间改变,但对于每个横截面个体都不同。由于扰动项的这个分量不随时间而变,因此随机影响模型中的扰动项 v_{it} 将不满足 OLS 关于各期扰动项互不相关的假设条件。事实上,我们有

$$\text{Cov}(v_{it},v_{is}) = \begin{cases} \sigma_\varepsilon^2 + \sigma_u^2 & (t=s) \\ \sigma_\varepsilon^2 & (t \neq s) \end{cases}$$

$$\text{Cov}(v_{it},v_{js}) = 0 \qquad (i \neq j)$$

由上可见,尽管模型的扰动项在不同横截面个体之间是独立的,但在同一个横截面个体内是存在自相关的,因此式(4.3.1)的估计就不能采用 OLS,而须采用广义最小二乘法(GLS)进行估计。

二、随机影响模型的参数估计

对式(4.3.1)采用 GLS 进行估计,其 GLS 估计量为

$$\hat{\beta}_{\text{GLS}} = \frac{W_{xy} + \theta B_{xy}}{W_{xx} + \theta B_{xx}} \quad \theta = \frac{\sigma_u^2}{\sigma_u^2 + T\sigma_\varepsilon^2}$$

式中,W_{xx}、W_{yy} 和 W_{xy} 分别是前面介绍过的组内平方和及交叉乘积和(简称交叉积),而 B_{xx}、B_{yy} 和 B_{xy} 分别为组间平方和及交叉乘积和(简称交叉积),其计算公式如下

$$B_{xx} = T_{xx} - W_{xx}$$
$$B_{xy} = T_{xy} - W_{xy}$$
$$B_{yy} = T_{yy} - W_{yy}$$

式中,$T_{xxi} = \sum_t (x_{it} - \overline{x})^2$;$T_{xyi} = \sum_t (x_{it} - \overline{x})(y_{it} - \overline{y})$;$T_{yyi} = \sum_t (y_{it} - \overline{y})^2$;

$T_{xx} = \sum_i T_{xxi}$;$T_{xy} = \sum_i T_{xyi}$;$T_{yy} = \sum_i T_{yyi}$;$\overline{y} = \frac{1}{nT} \sum_i \sum_t y_{it}$;$\overline{x} = \frac{1}{nT} \sum_i \sum_t x_{it}$;

T_{xx}、T_{yy} 和 T_{xy} 分别为总平方和及总交叉积。

现在我们来考虑两种极端的情况:① 当 σ_ε^2 为 0 时,则 θ 为 1。若 θ 为 1,则 GLS 估计量等价于 OLS 估计量,模型为经典回归模型。② 当 σ_u^2 为 0 时,则 θ 为 0。若 θ 为 0,则 GLS 估计量等价于固定影响模型中的虚拟变量估计量。这是因为 σ_u^2 为 0 时,不同个体之间的全部差异都来自不同的 ε_i,由于 ε_i 在不同时期是保持不变的(即不随时间改变),这就等同于我们在固定影响背景下所用的虚拟变量。

在实际应用 GLS 估计时,θ 是未知的,所以必须先对 θ 进行估计,即估计 σ_u^2 和 σ_ε^2。Fuller 和 Battese(1973)提出了下面的估计方法。

对式(4.3.1)两边,在时间上取均值,则

$$\overline{y}_i = \alpha + \overline{x}_i \beta + \varepsilon_i + \overline{u}_i \tag{4.3.2}$$

式(4.3.1)减式(4.3.2),得

$$y_{it} - \overline{y}_i = (x_{it} - \overline{x}_i)\beta + (u_{it} - \overline{u}_i) \tag{4.3.3}$$

对式(4.3.3)进行 OLS 估计,用得到的残差 e_{it} 来估计 σ_u^2,即

$$\hat{\sigma}_u^2 = \sum_{i=1}^n \sum_{t=1}^T \frac{e_{it}^2}{n(T-1) - k + 1}$$

式(4.3.2)中,令 $v_i = \varepsilon_i + \overline{u}_i$,则

$$\sigma_v^2 = \text{Var}(v_i) = \text{Var}(\varepsilon_i + \overline{u}_i) = \sigma_\varepsilon^2 + (1/T)\sigma_u^2 \tag{4.3.4}$$

对式(4.3.2)回归,用得到的残差来估计 σ_v^2,即

$$\hat{\sigma}_v^2 = \frac{\sum\limits_{i=1}^{n} (\overline{y}_i - \hat{\alpha} - \overline{x}_i \hat{\beta})^2}{n - k - 1}$$

然后根据式(4.3.4),用 $\hat{\sigma}_v^2$ 和 $\hat{\sigma}_u^2$ 来估计 σ_ε^2,得到

$$\hat{\sigma}_\varepsilon^2 = \hat{\sigma}_v^2 - \frac{\hat{\sigma}_u^2}{T}$$

最终得到 θ 的估计值

$$\hat{\theta} = \frac{\hat{\sigma}_u^2}{\hat{\sigma}_u^2 + T\hat{\sigma}_\varepsilon^2}$$

当模型中有多个解释变量时,广义最小二乘法估计量为

$$\hat{\beta}_{\mathrm{GLS}} = (\boldsymbol{W}_{xx} + \theta \boldsymbol{B}_{xx})^{-1} (\boldsymbol{W}_{xy} + \theta \boldsymbol{B}_{xy})$$

三、随机影响的检验

Breusch 和 Pagan(1980)基于拉格朗日乘数法提出了随机影响的检验方法。其原假设和备择假设分别为

$$\mathrm{H}_0 : \sigma_\varepsilon^2 = 0$$
$$\mathrm{H}_1 : \sigma_\varepsilon^2 \neq 0$$

原假设表示横截面个体的随机影响不存在,则模型为混合回归模型,其参数可用 OLS 进行估计。

检验统计量如下

$$LM = \frac{nT}{2(T-1)} \left(\frac{\mathrm{S}_1}{\mathrm{S}_2} - 1 \right)^2 \sim \chi^2(1)$$

式中,$\mathrm{S}_1 = \sum\limits_{i=1}^{n} \left(\sum\limits_{t=1}^{T} \hat{e}_{it} \right)^2$;$\mathrm{S}_2 = \sum\limits_{i=1}^{n} \sum\limits_{t=1}^{T} \hat{e}_{it}^2$;$\hat{e}_{it}$ 是原假设为真时,模型(混合回归模型)运用 OLS 估计时的残差。

在给定的显著性水平 α 下,如果 $LM > \chi_\alpha^2(1)$,拒绝原假设,则将模型设定为随机影响模型;如果 $LM \leqslant \chi_\alpha^2(1)$,接受原假设,则模型设定为混合回归模型。

四、豪斯曼检验

豪斯曼检验(Hausman Test)的思路是:在随机影响模型中,如果 $E\{x_{it}\varepsilon_i\} \neq 0$,即随机影响与解释变量之间没有正交性,则 GLS 估计量 $\hat{\beta}_{\mathrm{GLS}}$ 是有偏和非一致的。但

是,正交性并不影响固定影响模型的组内估计量 $\hat{\beta}_w$ 的性质。于是,通过检验模型误差项与解释变量的正交性就可解决面板数据模型的设定问题。如果模型误差项与解释变量之间是正交的,即 GLS 估计量是无偏的,则应将模型设为随机影响模型,否则设为固定影响模型。其原假设与备择假设分别为

$$H_0 : \varepsilon_i \text{ 与 } X_{it} \text{ 不相关(随机影响模型)}$$
$$H_1 : \varepsilon_i \text{ 与 } X_{it} \text{ 相关(固定影响模型)}$$

检验统计量为

$$m = \hat{q}' V^{-1} \hat{q} \sim \chi^2(k)$$

式中,$V = \mathrm{Var}(q) = \mathrm{Var}(\hat{\beta}_w) - \mathrm{Var}(\hat{\beta}_{\mathrm{GLS}})$;$q = \hat{\beta}_w - \hat{\beta}_{\mathrm{GLS}}$;$k$ 为解释变量的个数。

在给定的显著性水平 α 下,如果 $m > \chi_\alpha^2(k)$,拒绝原假设,则将模型设定为固定影响模型;如果 $m \leqslant \chi_\alpha^2(k)$,接受原假设,则模型设定为随机影响模型。

从另一个角度来看,如果豪斯曼检验结果中的概率 p 值小于显著性水平 α,拒绝原假设时,模型设定为固定影响模型;否则,模型应设定为随机影响模型。

随机影响模型和固定影响模型哪一个更好些?实际上各有优缺点。随机影响模型的优点是节省自由度。对于从时间和截面两个方面看都存在较大变化的数据,随机影响模型能明确地描述误差来源的特征。固定影响模型的优点是比较容易分析任意截面数据所对应的因变量与全部截面数据对应的因变量均值的差异程度。

此外,在实际应用时,是选择固定影响模型还是选择随机影响模型?一般经验做法是,如果研究者预期建立面板数据模型推断样本空间的经济关系,则模型设定为固定影响模型会更合理一些;如果研究样本是从总体随机抽样得到的,并且预期利用模型解释或推断总体的统计性质,则将模型设定为随机影响模型比较合理。从另一个角度来看,一般地,这两种检验面板数据模型方法的差异可能在于,固定影响模型假定每个国家的截距不同,而随机影响模型假设每个国家的误差项不同。通常,当面板是平衡的(即包括所有现存的截面数据),固定影响模型可能更好;在其他情形下,当样本仅包括截面数据单元的有限观察值时,随机影响模型可能更适合。

第五章
资产组合问题

教学要点

知识要点	掌握程度	相关知识
不确定性与期望效用分析	掌握	风险、效用函数
现代资产组合理论	了解	有效市场理论
马科维茨的资产组合理论	重点掌握	协方差矩阵、拉格朗日函数法、分离定理
资本资产定价模型	重点掌握	无风险资产、资本市场线、证券市场线
套利定价模型	重点掌握	套利概念和形式
金融市场结构与套利行为	了解	均衡市场、套利行为、无套利原理

课前导读

1. 增强进取精神与风险意识。在马科维茨之前,对证券的选择一直是将收益率作为主要依据,并没有很好地考虑相关风险因素。马科维茨首次提出在选择证券过程中应考虑投资风险,并将数理统计方法应用于投资组合选择中,建立了均值—方差模型,以此让收益与风险的多目标优化实现了理想平衡。我们应该学习马科维茨积极进取及追求真理的科学精神。

2. 培养正确的财富观与价值观。本章中的一些理论和方法是在对现实金融市场假设基础上提出的,证券供求关系受投资者决策的影响。通过学习,我们了解投资的基本理论及方法,不断提升财务分析和资产组合、管理能力,在效用最大化准则的指导下,获得财富配置的最优均衡解。因此,一味追求盈利反而不易实现投资目标,高风险既可让人一夜暴富,也可让人倾家荡产。我们应该深化专业实践维度,培育正确的财富观与价值观,才能科学认识并掌握金融市场规律,理性投资。

3. 培养诚实守信的优良品格、良好的法治意识、高度的社会责任感。金融是现代国民经济的核心,金融行业从业者处于国民经济核心部门,如果没有坚定的社会责任感与职业道德,易受到金钱和利益的腐蚀。目前,我国证券市场仍处于发展与完善阶段,其中存在缺失诚信、内幕交易等违背职业道德的事件,证监会多次用"零容忍"来表明对内幕交易严惩不贷的态度。金融行业从业者在职业投资生涯中应遵守法律法规,坚守职业道德底线,强化规则意识,维护公平竞争原则。

第一节　不确定性与期望效用分析

　　不确定条件下投资者行为选择的产生和发展是现代微观经济学对传统经济学的重要发展,也是构成以资产组合和资产定价理论为代表的现代金融理论的基石。

　　在经济学中效用函数是偏好的定量描述,也是投资人决策的依据。金融学是在不确定性的环境中进行决策,金融资产的价格和投资收益都是随机变量,我们如何确定它的效用,是必须解决的重要问题。

　　20世纪50年代,冯·诺依曼(Von Neumann)和摩根斯坦(Morgenstern)在公理化假设的基础上,建立了不确定性条件下用以分析理性经济人的最优决策的期望效用(EU)函数理论(取二人英文名字首字母,又叫VNM期望效用函数理论)。在VNM期望效用函数基础上发展起来的期望效用(Expected Utility,EU)函数理论描述了理性经济人在风险条件下的决策行为。

一、不确定性

　　在金融学中,风险并不都是坏事,风险也可以使人们获得收益,即风险报酬。这是金融学的一个基本思想。也就是说,决策者不仅关心投资选择的货币性收益,也关心影响这些收益的潜在事件。在经济学和金融学中,把这些潜在事件称为自然状态。这些自然状态在投资选择中是随机的外生变量,投资的选择方案依赖于这些外生的自然状态。因此,投资者在选择之前和选择之中都必须分析这些自然状态的概率分布,然后才能做出选择方案的优劣比较。

二、不确定选择中的偏好分析

　　效用是微观经济学的重要概念,它用来描述消费者对商品的选择行为。为了描述个人消费者选择行为,必须对其进行量化,为此在选择集上引入偏好关系,用来比较选择对象的"好"与"坏"。对于好的商品,其效用就大;反之,效用就小。

定义 5.1.1

　　设集合 S 是 N 种证券的所有证券组合所构成的集合,称为投资者的选择集。设投资者对 S 中任何两个证券组合 x、x' 都可以进行比较,存在如下三种结果:

　　(1) $x \succ x'$,表示 x 优于 x';

(2) $x' > x$，表示 x' 优于 x；

(3) $x \sim x'$，表示 x 和 x' 无差异。

则比较结果就定义了投资者在集合 S 上的一个偏好关系。设偏好关系具有传递性，即如果 $x > x', x' > x''$，则 $x > x''$。

在给定的偏好关系下，所有和证券组合 x 无差异的证券组合构成的集合称为证券组合 x 的无差异集。当无差异集是一条曲线时，就称为无差异曲线。

三、效用函数与风险态度

定义 5.1.2

设 S 是具有偏好关系"$\geqslant$"的选择集，$U:S \rightarrow R_+$ 的单值函数，如果 x、$x' \in S$，$U(x) \geqslant U(x')$ 当且仅当 $x \geqslant x'$ 成立，则称 U 为效用函数。

显然，效用函数是偏好关系的一个定量描述。在投资理论中，投资者对待风险的态度一般通过投资者的效用函数来度量。期望效用准则假定投资者对每一种可能出现的结果都给出一个对应的数字（即效用水平），同时当面对各种可供选择的机会时，他将根据自己的偏好进行选择。

为准确讨论风险态度的概念，我们记 $G(a,b;\alpha)$ 为一个博弈，它表示以概率 α 获得财产 a，以概率 $1-\alpha$ 获得财产 b。例如，$G(10,60;0.8)$ 表示以概率 0.8 获得 10 单位财产，以概率 0.2 获得 60 单位财产的博弈。

定义 5.1.3

设 $G(a,b;\alpha)$ 为一个博弈，一个投资者的效用函数为 $U(G)$。如果：

(1) $U\{E[G(a,b;\alpha)]\} > E[U(G)]$，则称他为风险厌恶者；

(2) $U\{E[G(a,b;\alpha)]\} < E[U(G)]$，则称他为风险偏好者；

(3) $U\{E[G(a,b;\alpha)]\} = E[U(G)]$，则称他为风险中性者。

上述定义表明，投资者对风险的态度与其效用函数的形态有关。事实上，如果一个投资者在某个范围内为风险厌恶者，则在此范围内，其效用函数曲线任意两者间的连线一定位于函数曲线的下方。这等价于凹函数的数学定义。因此，期望效用函数的凹性与风险厌恶是同义的。考虑凹性效用函数 $U(x)$，即 $U'(x) > 0$，$U''(x) < 0$，图 5.1.1 为风险厌恶者的效用函数曲线。

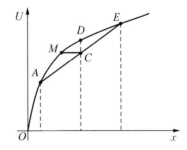

图 5.1.1 风险厌恶者的效用函数曲线

如图 5.1.1 所示，在图中 D 点的效用 $U(D)$ 大于 A 点和 E 点的不确定性组合，假定不确定性的概率为 α，即

$$U(D) > \alpha U(A) + (1-\alpha)U(E) = U(C)$$

风险厌恶者会选择 D 点带来的确定性效用,而不会选择由 A 点和 E 点带来的不确定性效用。

例 5.1.1

设投资者的效用函数为 $U(W)=1n(W)$,对于博弈 $G(10,60;0.8)$,试确定投资者的风险态度。

解:

对于博弈 $G(10,60;0.8)$,可求得

$E[G(10,60;0.8)]=0.8\times10+0.2\times60=20$

$U\{E[G(10,60;0.8)]\}=\ln(20)=2.9957$

$E\{U[G(10,60;0.8)]\}=0.8\times\ln(10)+0.2\times\ln(60)=2.661$

因为 $U\{E[G(10,60;0.8)]\}>E\{U[G(10,60;0.8)]\}$,所以该投资者是风险厌恶型的。

更进一步,设 $\ln(x)=2.661$,计算得出 $x=14.31$,计算结果表明确定性收益14.31的效用与博弈 $G(10,60;0.8)$ 的期望效用相同,那么我们定义博弈 $G(10,60;0.8)$ 的期望收益20与确定性收益14.31之差为风险厌恶型投资者选择博弈 $G(10,60;0.8)$ 的风险报酬(也可称为风险溢价),也就是图5.1.1中点 C 与点 M 相对应的横坐标(表示财产 x)数值之差。

由于所有投资者都是希望财富越多越好,因此所有风险类型投资者的效用函数的斜率都为正数,即 $U'(x)>0$,而效用函数二阶导数的方向决定投资者的风险态度,也就是效用函数曲线的凹凸性。一条效用函数的曲线凹度越大,则表示投资者越是规避风险,风险厌恶倾向性越强。用效用函数的二阶导数除以一阶导数,使之标准化,得到一个合理的衡量投资者风险厌恶程度的度量,称之为阿罗-普拉特(Arrow-Pratt)绝对风险厌恶度量

$$A(x)=-\frac{U''(x)}{U'(x)}$$

对于风险厌恶者而言,其二阶导数 $U''(x)<0$,则 $A(x)>0$。例如,在投资学中常用的一个效用函数是

$$U=E(r)-0.005A\sigma^2$$

式中,$E(r)$ 为资产组合的预期收益;σ^2 为收益方差;A 为投资者的风险厌恶指数。

综上所述,在 VNM 期望效用函数基础上发展起来的期望效用(Expected Utility,EU)函数理论描述了理性经济人在风险条件下的决策行为,但实际上,消费者和投资者并非完全纯粹理性,真实决策还受到复杂心理机制的影响。因此,期望效用函数理论不能完全解释偏好的不一致性、非传递性、不可代换性、"偏好反转现象"、观察到的保险和赌博行为等,也无法解释在现实生活中对理性选择的优势原则和无差异原则的种种背离的经济现象(如选择困境)。

随着实验经济学的发展，一系列选择实验（如彩票选择实验，Lottery-Choice Experiments）也使得期望效用函数理论受到各种各样"悖论"的挑战。这些悖论表现为同结果效应、同比率效应、反射效应、概率性保险、孤立效应、偏好反转等。这些悖论的提出也使得期望效用函数理论不断改进，如广义的效用函数（Generalized Utility Function）和在期望效用函数中引入后悔函数等，本书不再做介绍。

第二节 现代资产组合理论

现代资产组合理论是以金融资产作为研究对象的理论。在一般情况下，资产可分为实物资产和金融资产两大类。这两种资产都可作为投资的对象，但这两种资产的性质（安全性、流动性和盈利性）差别较大，因此通常的做法是将实物资产投资和金融资产投资区分开来，并按照它们各自的特征分别加以研究。在本章中，如果不加特别说明，那么文中所涉及的"资产"都是指"金融资产"。现代资产组合理论有狭义和广义之分。

一、狭义的现代资产组合理论

狭义的现代资产组合理论是指 20 世纪 50 年代由马科维茨提出的资产组合理论。它研究的是投资者如何从一些备选证券中挑选出若干种证券，以及每一种证券应该占总投资额的比重。通常说来，由于风险和收益是成正比的，也就是高风险伴随着高收益，低风险伴随着低收益，因此马科维茨的理论试图解决的问题是：在一定的风险水平下，投资者所能实现的最高收益是多少；在一定的收益水平下，投资者所能承担的最低风险暴露是多少。马科维茨的主要贡献在于应用数学的线性规划理论建立了一套模式，并以此系统地阐明了如何通过有效的分散化来构建资产组合。

由于马科维茨模型计算复杂，后来又有一些学者对其进行了改进。其中，最有代表性的是威廉·夏普（William F. Sharpe）提出的单指数模型。该模型假设由某一种原因影响着每种证券的收益，并且只有通过该种原因，此种证券的收益才与其他证券的收益相关，而且每种证券收益的变动与整个市场的变动有关。

二、广义的现代资产组合理论

广义的现代资产组合理论建立在狭义的现代资产组合理论基础之上，并包括一些与狭义的现代资产组合理论密切相关的理论。

（一）资本资产定价理论

资本资产定价理论主要包括资本资产定价模型和套利定价模型。资本资产定价模型主要研究的是：如果市场上的每个投资者都按照马科维茨模型持有有效的证券组合,那么在市场上存在无风险债券的条件下,他们如何选择投资资产组合,其资产(或资产组合)的期望收益率如何确定,其期望收益和风险之间应该存在怎样的关系,最后又如何给该资产定价。由此可见,资本资产定价模型与狭义的现代资产组合理论(马科维茨模型)有着密切的关系。由于资本资产定价模型有着许多严格的假设条件,同时许多检验结果表明存在着一个以上的因子影响资产的价格,于是产生了新的资本市场定价模型——套利定价模型。与资本资产定价模型相比,套利定价模型从更一般的角度来考虑问题,它认为风险资产的均衡价格除了风险因素之外,还受其他多个因素的影响,从而大大简化了资本资产定价模型的假设,成为更一般的、更现实的资本市场定价模型。

(二)有效市场理论

有效市场理论是狭义的现代资产组合理论和资本资产定价模型成立的前提。这是因为如果市场效率水平较低,那么资产价格反映的信息不充分,投资者完全可以凭借基础分析和技术分析挖掘未被市场反映的信息,并采取积极的投资策略,以获得高于风险调整收益的超额收益。也就是说,投资者没有必要按照马科维茨提供的方法建立投资组合。如果不是所有投资者均按照马科维茨模型持有有效的证券组合,那么以此为基础的资本资产定价模型的效率也将大打折扣。

后文将依次介绍马科维茨的资产组合理论、资本资产定价模型、套利定价模型以及有效市场理论。

第三节　马科维茨的资产组合理论

随着数理统计方法被引入经济研究领域,人们对证券投资的研究越来越量化。虽然证券投资行为从职业化阶段到科学化阶段并没有一个明显的界限,但人们习惯以哈里·马科维茨(Harry M. Markowitz)在1952年发表的博士学位论文——《资产选择》(*Portfolio Selection*)作为标志。

资产组合理论也称均值—方差证券组合模型,通常被认为是现代金融学的发端,它使金融学开始摆脱纯粹描述性的定性研究模式,数量化方法开始进入金融领域。马科维茨对充满风险的证券市场的最优投资问题进行了开创性研究,并第一次从规范的角度揭示了如何通过对风险资产进行组合从而确立有效集,如何从自身的效用偏好角度出发在有效集上选择最佳投资决策,以及如何通过分散投资来降低风险,从而促进了现代资产组合理论的产生。

一、马科维茨资产组合理论的基本假设

马科维茨的资产组合理论有很多假设,但这些假设基本上可以归为两大类:一类

是关于投资者的假设;另一类是关于资本市场的假设。

(一) 关于投资者的假设

(1) 投资者在投资决策中只关注投资收益这个随机变量的两个数字特征:投资的期望收益和方差,期望收益反映了投资者对未来收益水平的衡量,而收益的方差则反映了投资者对风险的估计。

(2) 投资者是理性的,也是风险厌恶的。也就是说,在任一给定的风险程度下,投资者愿意选择期望收益较高的有价证券;或者在期望收益一定时,投资者愿意选择风险程度较低的有价证券。

(3) 投资者的目标是使其期望效用函数 $E(U) = f[E(R), \sigma^2]$ 最大化,其中 $E(R)$ 和 σ^2 分别为投资的期望收益和方差。对于一个风险厌恶的投资者来说,其期望效用函数 $E(U)$ 是凹函数。

(二) 关于资本市场的假设

(1) 资本市场是有效的。证券的价格反映了其内在价值,证券的任何信息都能够迅速地被市场上每个投资者所了解,不存在税收和交易成本。

(2) 资本市场上的证券是有风险的,也就是收益具有不确定性,证券的收益都服从正态分布,不同证券的收益之间有一定的相关关系。

(3) 资本市场上的每种证券都是无限可分的,这意味着只要投资者愿意,他就可以购买少于一股的股票。

(4) 资本市场的供给具有无限弹性,也就是说,资产组合中任何证券的购买和销售都不会影响到市场的价格。

(5) 市场允许卖空(市场不允许卖空的情况在此不做讨论)。

在所有的假设中,最值得我们注意的是马科维茨独创性地用期望效用最大化准则代替了期望收益最大化准则。在现代资产组合理论诞生之前,人们在研究不确定条件下的投资时,关于投资者的目标是假定他追求期望收益的最大化,但是这种假设却存在这样的问题:如果资本市场上仅存在一种具有最高收益的资产,投资者只需要将全部资金投资于该种资产即可实现期望收益最大化;如果同时有几种资产具有相同的最大收益,那么对投资者而言,在这些资产中进行组合投资与只投资于一种资产将毫无区别。因此,当资本市场上存在大量资产时,期望收益最大化准则就无法解释为什么要进行多元化的投资,也无法解释组合投资的效应。

针对这一问题,马科维茨假定投资者是追求期望效用最大化的。也就是说,理性的投资者不光追求高的期望收益,还要考虑风险问题,要在风险和收益之间做出权衡,选择能带来最大效用的风险和收益组合。因此,用期望效用最大化原则代替期望收益最大化原则是更符合实际的。

二、资产组合的方差和协方差矩阵

资产组合理论假设投资者完全根据一段时期内资产组合的预期收益率和标准差

来评价组合的优劣。当面临其他条件相同的两种选择时,投资者会选择具有较高预期收益率的组合;当面临其他条件相同的两种选择时,投资者会选择具有较低风险(即较小标准差)的组合。测度资产组合的风险时,假定所有资产服从正态分布,由于有价证券组合是正态分布变量的线性组合,因此它也服从正态分布,其方差可用矩阵表示

$$\sigma_P^2 = \boldsymbol{W}' \sum \boldsymbol{W}$$

式中,$\boldsymbol{W}$ 为资产收益权重;$\sum$ 为资产收益的协方差矩阵。

资产组合就是对一定数量的风险资产持有量的组合。当将其进行分解后,资产组合的收益就是各种基础资产收益的线性组合,每种资产的权重 ω_i 由最初对该资产的投资金额决定,则资产组合的收益为

$$R_P = \sum_{t=1}^{N} \omega_i R_i \quad \left(\sum_{i=1}^{N} \omega_i = 1 \right) \tag{5.3.1}$$

式中,R_i 是每种资产的收益。

式(5.3.1)也可写成矩阵形式

$$R_P = (\omega_1 \quad \omega_2 \quad \cdots \quad \omega_N) \begin{pmatrix} R_1 \\ R_2 \\ \vdots \\ R_N \end{pmatrix} = \boldsymbol{W}'\boldsymbol{R} \tag{5.3.2}$$

根据概率知识,可写出资产组合的收益期望值

$$E(R_P) = \mu_P = \sum_{i=1}^{N} \omega_i \mu_i \tag{5.3.3}$$

式中,$\mu_i = E(R_i)$。

方差为

$$\text{Var}(R_P) = \sigma_P^2 = \sum_{i=1}^{N} \omega_i^2 \sigma_i^2 + \sum_{i=1}^{N} \sum_{j=1, j \neq i}^{N} \omega_i \omega_j \sigma_{ij} \tag{5.3.4}$$

将式(5.3.4)写成矩阵形式

$$\sigma_P^2 = (\omega_1 \quad \omega_2 \quad \cdots \quad \omega_N) \begin{pmatrix} \sigma_1^2 & \sigma_{12} & \cdots & \sigma_{1N} \\ \sigma_{21} & \sigma_2^2 & \cdots & \sigma_{2N} \\ \vdots & \vdots & & \vdots \\ \sigma_{N1} & \sigma_{N2} & \cdots & \sigma_N^2 \end{pmatrix} \begin{pmatrix} \omega_1 \\ \omega_2 \\ \vdots \\ \omega_N \end{pmatrix} \tag{5.3.5}$$

可用 $\sum$ 来代替上述协方差矩阵,资产组合的方差简写为

$$\sigma_P^2 = \boldsymbol{W}' \sum \boldsymbol{W} \tag{5.3.6}$$

例 5.3.1

假设将 100 万美元投资于两种资产,风险经理要计算该资产组合的标准差。
表 5.3.1 给出了该资产组合的相关数据。

表 5.3.1　资产组合的相关数据

	资产 1	资产 2
标准差	25%	16%
投资比例	30%	70%
相关系数	0.7	

解:

首先求出组合的方差—协方差矩阵

$$\boldsymbol{V} = \begin{pmatrix} \sigma_1 & 0 \\ 0 & \sigma_2 \end{pmatrix} = \begin{pmatrix} 25\% & 0 \\ 0 & 16\% \end{pmatrix}$$

$$\boldsymbol{C} = \begin{pmatrix} 1 & \rho_{12} \\ \rho_{21} & 1 \end{pmatrix} = \begin{pmatrix} 1 & 0.7 \\ 0.7 & 1 \end{pmatrix}$$

$$\sum = \begin{pmatrix} \sigma_1^2 & \rho_{12}\sigma_1\sigma_2 \\ \rho_{21}\sigma_1\sigma_2 & \sigma_2^2 \end{pmatrix} = \boldsymbol{VCV} = \begin{pmatrix} 6.25\% & 2.8\% \\ 2.8\% & 2.56\% \end{pmatrix}$$

那么资产组合的方差为

$$\sigma_P^2 = \boldsymbol{W}' \sum \boldsymbol{W} = \begin{pmatrix} 30\% & 70\% \end{pmatrix} \begin{pmatrix} 6.25\% & 2.8\% \\ 2.8\% & 2.56\% \end{pmatrix} \begin{pmatrix} 30\% \\ 70\% \end{pmatrix} = 2.99\%$$

$$\sigma_P = 17.29\%$$

三、数学模型的建立

假设有 n 种证券,它们的收益分别用 $x_1, x_2, \cdots, x_n$ 来表示,这些 x_i 都是随机变量,并且假定 x_i 的期望值和它们的协方差矩阵都是已知的,用符号来表示,记为

$$\boldsymbol{X} = \begin{pmatrix} x_1 \\ \vdots \\ x_n \end{pmatrix}, \quad \boldsymbol{EX} = \begin{pmatrix} Ex_1 \\ \vdots \\ Ex_n \end{pmatrix} = \begin{pmatrix} \mu_1 \\ \vdots \\ \mu_n \end{pmatrix} = \boldsymbol{\mu}$$

$$\mathrm{Var}(\boldsymbol{X}) = E\left[(\boldsymbol{X}-\boldsymbol{\mu})(\boldsymbol{X}-\boldsymbol{\mu})'\right] = \sum = (\sigma_{ij})_{n \times n} \tag{5.3.7}$$

式中, $\boldsymbol{\mu}$ 和 $\sum$ 是已知的,考虑投资的分配,实际上就是考虑在 $x_1, x_2, \cdots, x_n$ 上的分配比例,用 $\boldsymbol{W} = (\omega_1, \cdots, \omega_n)'$ 表示这种分配,自然有 $\omega_i \geqslant 0 (i=1, \cdots, n)$,且 $\sum_{i=1}^{n} \omega_i = 1$,即 $\boldsymbol{W}$ 有约束条件

$$W \geqslant 0, \sum_{i=1}^{n} \omega_i = (1,1,\cdots,1)\begin{pmatrix} \omega_1 \\ \omega_2 \\ \vdots \\ \omega_n \end{pmatrix} = \prod{}'W = 1 \quad \prod{}' = (1,1,\cdots,1) \qquad (5.3.8)$$

根据资产组合理论的假定,建立模型的出发点,可以有以下两种不同的考虑:

(1) 指定收益率,即要求 $W'\boldsymbol{\mu} = a$,求 W 使风险达到最小,即 $\mathrm{Var}(W'X) = W'\sum W$ 最小。

这里

$$\begin{aligned} \sigma^2(W'X) = \mathrm{Var}(W'X) &= E\big[(W'X - E(W'X))(W'X - E(W'X))'\big] \\ &= E\big[W'(X - E(X))(X - E(X))'W\big] \\ &= W'E\big[(X - E(X))(X - E(X))'\big]W \\ &= W'\sum W \end{aligned}$$

(2) 指定风险的值,即 $\mathrm{Var}(W'X) = W'\sum W = \sigma_0^2$,求 W 使收益最大,即 $W'\boldsymbol{\mu}$ 达到最大。

这两种考虑实际上是等价的,用数学形式表示如下:

在 W 满足 $W \geqslant 0, \sum_{i=1}^{n} \omega_i = \prod{}'W = 1, W'\boldsymbol{\mu} = a$ 的条件下,求使 $W'\sum W$ 达到最小值的解。

用拉格朗日函数求解 $f(x)$ 在 $Q_1(x) = 0, Q_2(x) = 0$ 条件下的极值。

(1) 建立拉格朗日函数

$$F(x) = f(x) + \lambda_1 Q_1(x) + \lambda_2 Q_2(x)$$

(2) 求解拉格朗日方程组

$$\begin{cases} \dfrac{\partial F}{\partial x} = 0 \\[2mm] Q_1(x) = 0 \\[2mm] Q_2(x) = 0 \end{cases}$$

由拉格朗日乘数法,令

$$F(W) = W'\sum W - 2\lambda_1\left(\prod{}'W - 1\right) - 2\lambda_2(W'\boldsymbol{\mu} - a)$$

于是

$$\frac{\partial F}{\partial W} = 2\sum W - 2\lambda_1 \prod - 2\lambda_2\boldsymbol{\mu} = 0$$

$$\sum W = \lambda_1 \prod + \lambda_2\boldsymbol{\mu}$$

$$\sum{}^{-1}\sum W = \sum{}^{-1}(\lambda_1 \prod + \lambda_2 \boldsymbol{\mu})$$

$$W = \sum{}^{-1}(\lambda_1 \prod + \lambda_2 \boldsymbol{\mu}) = W_a \qquad (5.3.9)$$

代入约束条件解得

$$\begin{cases} \lambda_1 = \dfrac{C - aB}{\Delta}, \lambda_2 = \dfrac{aA - B}{\Delta} \\[2mm] A = \prod{}' \sum{}^{-1} \prod, B = \prod{}' \sum{}^{-1} \boldsymbol{\mu}, C = \boldsymbol{\mu}' \sum{}^{-1} \boldsymbol{\mu} \\[2mm] \Delta = AC - B^2 \end{cases}$$

这是因为对式(5.3.9)两边同乘 $\prod{}'$，得

$$\prod{}' W = \prod{}' \sum{}^{-1}(\lambda_1 \prod + \lambda_2 \boldsymbol{\mu})$$

由约束条件可得

$$1 = \lambda_1 \prod{}' \sum{}^{-1} \prod + \lambda_2 \prod{}' \sum{}^{-1} \boldsymbol{\mu} \qquad (5.3.10)$$

式(5.3.9)两边同乘 $\boldsymbol{\mu}'$，得

$$\boldsymbol{\mu}' W = \boldsymbol{\mu}' \sum{}^{-1}(\lambda_1 \prod + \lambda_2 \boldsymbol{\mu}) = \lambda_1 \boldsymbol{\mu}' \sum{}^{-1} \prod + \lambda_2 \boldsymbol{\mu}' \sum{}^{-1} \boldsymbol{\mu}$$

由约束条件可得

$$a = \lambda_1 \boldsymbol{\mu}' \sum{}^{-1} \prod + \lambda_2 \boldsymbol{\mu}' \sum{}^{-1} \boldsymbol{\mu} \qquad (5.3.11)$$

令

$$A = \prod{}' \sum{}^{-1} \prod$$
$$B = \prod{}' \sum{}^{-1} \boldsymbol{\mu}$$
$$C = \boldsymbol{\mu}' \sum{}^{-1} \boldsymbol{\mu}$$

连立式(5.3.10)和式(5.3.11)可得方程组

$$\begin{cases} \lambda_1 A + \lambda_2 B = 1 \\ \lambda_1 B + \lambda_2 C = a \end{cases}$$

解方程组，得

$$\begin{cases} \lambda_1 = \dfrac{\begin{vmatrix} 1 & B \\ a & C \end{vmatrix}}{\Delta} = \dfrac{C - aB}{\Delta} \\[6mm] \lambda_2 = \dfrac{\begin{vmatrix} A & 1 \\ B & a \end{vmatrix}}{\Delta} = \dfrac{aA - B}{\Delta} \end{cases}$$

式中，$\Delta = AC - B^2$。

将得到的解 W_a 代入 $W'\sum W$,可以求出 $W_a'X$ 相应的方差,记为 $\sigma^2(W_a)$,有

$$\begin{aligned}
\sigma^2(W_a) &= W_a'\sum W_a \\
&= W_a'\sum\sum^{-1}(\lambda_1\prod+\lambda_2\boldsymbol{\mu}) \\
&= W_a'(\lambda_1\prod+\lambda_2\boldsymbol{\mu}) \\
&= \lambda_1+\lambda_2 a \\
&= \frac{1}{\Delta}(Aa^2-2Ba+C)
\end{aligned}$$

经过化简,上式也可以写成

$$\sigma^2(W_a) = \frac{A}{\Delta}\left(a-\frac{B}{A}\right)^2 + \frac{1}{A} \qquad (5.3.12)$$

变形可得

$$\frac{\sigma^2}{\frac{1}{A}} - \frac{\left(a-\frac{B}{A}\right)^2}{\frac{\Delta}{A^2}} = 1 \qquad (5.3.13)$$

很明显 W_a 是由 a 决定的解,于是对不同的 a 就有相应的 W_a,它就是满足 $\prod'W=1, W'\mu=a$,且使风险 $W'\sum W$ 达到最小的解,相应的风险为 $\sigma^2(W_a)$。用 σ 的取值表示横坐标,a 的取值表示纵坐标,由式(5.3.12)可知,由 (σ, a) 所有取值构成的曲线是一条双曲线,如图 5.3.1 所示。

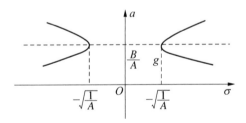

图 5.3.1 最小方差资产组合在 (σ, a) 平面上的图形(只取第一象限)

在 (σ, a) 平面上,式(5.3.13)为双曲线的标准型,中心在 $\left(0, \frac{B}{A}\right)$,对称轴为 $\sigma=0$ 和 $a=\frac{B}{A}$。由于 $\sigma>0$,故只取双曲线在第一象限的那一支。

在图 5.3.1 中 g 点是一个特殊的点,它是双曲线在第一象限中图形的顶点。由图可知,g 点所代表的组合是所有可行组合中方差最小的,我们将其称为"全局最小方差组合"。由式(5.3.13)及图 5.3.1 可知,g 点的组合是

$$a_g = \frac{B}{A} \qquad \sigma_g^2 = \frac{1}{A} \qquad \boldsymbol{W}_g = \frac{\boldsymbol{\Sigma}^{-1} \boldsymbol{\Pi}}{\boldsymbol{\Pi}' \boldsymbol{\Sigma}^{-1} \boldsymbol{\Pi}} \tag{5.3.14}$$

显然,根据资产组合理论的假定,以 g 点为拐点的下半支双曲线上所代表的组合是所有可行组合中方差相同而期望收益较小的组合,任何一个理性的投资者都不会选择这样的组合。g 点以上的上半支双曲线上所代表的组合是所有可行组合中方差相同而期望收益较大的组合,我们将这些组合称为有效组合,也就是投资者实际可以选择的组合。进而,我们把双曲线 $\sigma^2 = \frac{A}{\Delta} \left(a - \frac{B}{A} \right)^2 + \frac{1}{A}$ 上半支所有有效组合的点集称为有效点集,简称为有效集。

进一步分析,投资者在有效集上具体选择哪一个投资组合,主要取决于他的期望效用函数 $E(U) = f\left[E(R), \sigma^2 \right]$。期望效用函数在图形上可表示为一系列无差异曲线。同一条无差异曲线上的每一个组合对该投资者来说效用都是一样的,但不同无差异曲线所代表的效用是有差别的,位置越靠近左上的曲线代表的效用水平越高。一旦确定了投资者的无差异曲线,则投资者的最优投资组合就是无差异曲线和有效集的切点,该切点是所有可行组合中能给投资者带来最大效用的组合。例如,图 5.3.2 中的 M 点就是这样一个最优组合。

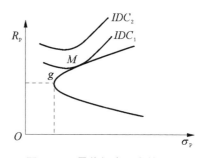

图 5.3.2 最优投资组合的确定

说明:σ_P 表示证券组合 p 收益的标准差,R_P 表示证券组合的收益,IDC_1 和 IDC_2 分别表示两条无差异曲线。

四、两基金分离定理

命题 5.3.1

由式(5.3.14)可知全局最小方差组合为

$$\boldsymbol{W}_g = \frac{\boldsymbol{\Sigma}^{-1} \boldsymbol{\Pi}}{\boldsymbol{\Pi}' \boldsymbol{\Sigma}^{-1} \boldsymbol{\Pi}}$$

同时,令

$$d = \frac{\boldsymbol{\mu}' \boldsymbol{\Sigma}^{-1} \boldsymbol{\mu}}{\boldsymbol{\Pi}' \boldsymbol{\Sigma}^{-1} \boldsymbol{\mu}} = \frac{C}{B} \quad (B \neq 0)$$

有

$$\boldsymbol{W}_d = \frac{\boldsymbol{\Sigma}^{-1} \boldsymbol{\mu}}{\boldsymbol{\Pi}' \boldsymbol{\Sigma}^{-1} \boldsymbol{\mu}}$$

则

$$W_a = \lambda_1 A W_g + \lambda_2 B W_d$$

式中,$\lambda_1 = \dfrac{C - aB}{\Delta}$;$\lambda_2 = \dfrac{aA - B}{\Delta}$($\lambda_1$、$\lambda_2$ 都是由期望收益 a 确定的)。

证明略。

因此,W_a 是 W_g 和 W_d 的一个线性组合,并且 W_g 和 W_d 在代数意义下线性无关。

命题 5.3.2

给定 W_a 可以由任意两个线性无关的证券组合线性表示出来。

证明:

设 W_l 和 W_k 为两个线性无关的最小方差的证券组合,则

$$\begin{cases} W_l = (1-l)W_g + l W_d \\ W_k = (1-k)W_g + k W_d \end{cases}$$

由此

$$\begin{cases} W_g = \dfrac{k W_l - l W_k}{k - l} \\ W_d = \dfrac{(1-k)W_l - (1-l)W_k}{l - k} \end{cases}$$

代入

$$\begin{aligned} W_a &= \lambda_1 A W_g + \lambda_2 B W_d \\ &= \frac{\lambda_2 B(1-l) - \lambda_1 Al}{k - l} W_k + \frac{\lambda_1 Ak + \lambda_2 B(k-1)}{k - l} W_l \end{aligned}$$

命题证毕。

由该命题可知,W_a 构成的空间的维数为 2。这就告诉我们,如果找到一个有效集的投资组合 W_M,再找到一个与它不相关(代数意义上)的有效组合 W_{aM},就可以表示出所有有效集的投资组合 W_p。也就是说,在有效集上的任意一个投资组合都可以由有效集上两个线性无关的投资组合线性表示出来。这就是著名的"两基金分离定理"。

两基金分离定理对于证券投资策略的制定具有重要的意义。假设现在有两只共同基金,它们的经营都很好。在这里,"经营良好"意味着它们的风险—收益关系都处于有效集上。再假设有一个投资者,这两只基金的风险—收益关系都不符合这个投资者的要求。也就是说,这两只基金所代表的有效组合都不是这个投资者的期望效用函数与有效集的切点。那么,这名投资者是否需要重新构建自己的有效投资组合呢? 两基金分离定理告诉我们,这是不需要的。投资者只需要将自己的资金按一定的比例分配于这两只基金,就可以获得让自己满意的风险—收益关系。

第四节　资本资产定价模型

资本资产定价模型(Capital Asset Pricing model,CAPM)是由马科维茨的学生威廉·夏普对投资组合理论做了进一步改进的结果,是现代金融学研究中具有里程碑意义的成果,具有极大的理论价值和实践意义。

一、资本资产定价模型的主要假设

与资产组合理论一样,资本资产定价模型也是对现实世界的抽象研究,因而它也是建立在一系列严格的假设条件之上。由于 CAPM 是以资产组合理论为基础,因此它除了接受马科维茨的全部假设条件以外,还附加了一些自己的假设条件,主要有以下两个:

(1) 投资者具有同质预期,即市场上的所有投资者对资产的评价和对经济形势的看法都是一致的,他们对资产收益和收益概率分布的看法也是一致的。

(2) 存在无风险资产[①],投资者可以无风险利率、无限制地借入或者贷出资金。

二、无风险资产的引入

假设无风险资产的收益为 R_0;有 n 种风险资产,投资收益仍然用 $x_1,x_2,\cdots,x_n$ 表示

$$\boldsymbol{X}=\begin{bmatrix}x_1\\\vdots\\x_n\end{bmatrix},\quad \boldsymbol{EX}=\begin{bmatrix}Ex_1\\\vdots\\Ex_n\end{bmatrix}=\begin{bmatrix}\mu_1\\\vdots\\\mu_n\end{bmatrix}=\boldsymbol{\mu}$$

$$\mathrm{Var}(\boldsymbol{X})=E[(\boldsymbol{X}-\boldsymbol{\mu})(\boldsymbol{X}-\boldsymbol{\mu})']=\sum=(\sigma_{ij})_{n\times n}$$

这时自然可以假定 $\mu_i\geqslant R_0(i=1,2,\cdots,n)$ 是成立的,因为当 $\mu_i<R_0$ 时,没有人愿意投资第 i 种证券,投资结构改为 $(W_0,W_1,\cdots,W_n)=(W_0,\boldsymbol{W}')$,$W_0$ 是在无风险收益上的投资份额,很明显:$W_0=1-\boldsymbol{W}'\prod,\boldsymbol{W}'\prod\leqslant1$ 是合理的约束条件,这时资产组合的收益为

$$(W_0,\boldsymbol{W}')\begin{bmatrix}R_0\\\boldsymbol{\mu}\end{bmatrix}=W_0R_0+\boldsymbol{W}'\boldsymbol{\mu}=R_0(1-\boldsymbol{W}'\prod)+\boldsymbol{W}'\boldsymbol{\mu}$$
$$=R_0+\boldsymbol{W}'(\boldsymbol{\mu}-R_0\prod)\tag{5.4.1}$$

因此,指定收益为 a 时,上式变为

---

① 在通货膨胀率和市场利率水平不变的情况下,国债可以被近似地看作一种无风险资产。

$$W'(\boldsymbol{\mu} - R_0 \boldsymbol{\prod}) = a - R_0$$

相应的风险用方差表示，仍为①

$$\sigma^2(\boldsymbol{W'X}) = \mathrm{Var}(\boldsymbol{W'X}) = \boldsymbol{W'} \sum \boldsymbol{W}$$

用前面介绍的拉氏乘子法求解，得到 a 相应的解

$$W_a = \frac{(a - R_0) \sum^{-1} (\boldsymbol{\mu} - R_0 \boldsymbol{\prod})}{C - 2R_0 B + R_0^2 A}$$

相应的风险为

$$\sigma^2(\boldsymbol{W_a}) = \frac{(a - R_0)^2}{C - 2R_0 B + R_0^2 A} \tag{5.4.2}$$

在 (σ, a) 平面上，式 (5.4.2) 可以表示为两条直线，如图 5.4.1 所示。但是，显然向下倾斜的那条直线是无效的，因为理性的投资者不可能选择在同等风险条件下收益较小的组合。

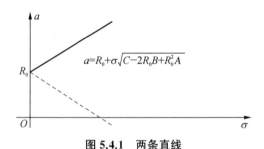

图 5.4.1　两条直线

式 (5.4.2) 可写成直线

$$a = R_0 + \sigma \sqrt{C - 2R_0 B + R_0^2 A} \tag{5.4.3}$$

上式说明，如果金融市场存在无风险资产，那么在资产组合投资收益为 a 的条件下，若风险最小的投资组合的风险为 σ，则 (σ, a) 满足式 (5.4.3)，其直线如图 5.4.1 所示。由于在这个条件下存在最小方差资产组合，因而，如果 (σ, a) 满足式 (5.4.3)，则它对应的资产组合就是最小方差资产组合。

三、资本市场线

现在考虑 $W_0 = 0$ 的投资，它正好是直线 $a = R_0 + \sigma \sqrt{C - 2R_0 B + R_0^2 A}$ 和相应双曲线 $\sigma^2 = \frac{A}{\Delta} \left(a - \frac{B}{A} \right)^2 + \frac{1}{A}$ 的切点。其中，$a \in [\mu_*, \mu^*]$，$\mu_* = \min\limits_{1 \leqslant i \leqslant n} \mu_i$，$\mu^* = \max\limits_{1 \leqslant i \leqslant n} \mu_i$。

---

① 加入无风险资产以后对资产组合的方差并没有影响，因此其方差仍然等于第三节中介绍的风险资产组合的方差。

如图 5.4.2 中的 t 点所示，它的坐标用 (σ_t, a_t) 表示，由于 $W_0 = 0$，t 点相应的坐标为

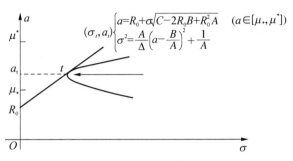

图 5.4.2 资本市场线

$$a_t = \frac{C - R_0 B}{B - AR_0} \qquad \sigma_t^2 = \frac{C - 2R_0 B + R_0^2 A}{(B - AR_0)^2}$$

它相应的解 W_{a_t} 记为 W_t，就有

$$W_t = \frac{\boldsymbol{\Sigma}^{-1}(\boldsymbol{\mu} - R_0 \boldsymbol{\Pi})}{B - AR_0} \tag{5.4.4}$$

很明显，$a - R_0$ 是承担风险所得的收益，它相应的风险用标准差来衡量，正好是 $\sigma_a = \sigma(W_a)$，因此，$\dfrac{a - R_0}{\sigma(W_a)}$ 就是单位风险所得的收益，称为夏普比率（Sharpe Ratio），记为 S. R.。

S. R.表示承担每一单位的风险所得到的超额回报，反映了风险的效益，它是点 $(0, R_0)$ 与双曲线 $\sigma^2 = \dfrac{A}{\Delta}\left(a - \dfrac{B}{A}\right)^2 + \dfrac{1}{A}$ 上的点 (σ, a) 连线的斜率 $\dfrac{a - R_0}{\sigma}$，这个值越大越有效，最大值就在切点 t 上达到。理性的投资者必然会选择单位风险回报最大的投资组合。因此，理性的人选择投资时，一部分资金放在无风险的 R_0 上，一部分资金放在过点 $(0, R_0)$ 并与有效集曲线相切的直线所代表的资产组合上，也就是点 $(0, R_0)$ 与点 (σ_t, a_t) 的连线上，所以这一条线称为资本市场线（Capital Market Line, CML）。此时资本市场线成为引入无风险资产后的有效集。

从而，证券市场中资本市场线的直线方程为 $a = R_0 + \sigma\sqrt{C - 2R_0 B + R_0^2 A}$。在任意给定证券收益 a 的情况下，其最优（方差最小）证券组合是无风险证券与 (σ_t, a_t) 的线性组合。

由于资本市场线同时过点 $(0, R_0)$ 与点 (σ_t, a_t)，因此其方程又可表示为

$$a = R_0 + \frac{a_t - R_0}{\sigma_t} \times \sigma \tag{5.4.5}$$

$(0, R_0)$ 表示投资者将全部资金投资于无风险资产；点 (σ_t, a_t) 表示投资者将全

部资金投资于风险资产组合;点$(0,R_0)$和点(σ_t,a_t)之间的线段表示投资者在无风险资产和风险资产之间进行了适当的资金配置;点(σ_t,a_t)之后的射线部分表示投资者卖空无风险资产之后全部投资于风险资产①。从理论上讲,投资者可以投资于资本市场线上的任意一个组合,不过在实际中如何具体选择则取决于投资者的风险偏好:风险厌恶的投资者可以选择接近点$(0,R_0)$的组合;风险偏好的投资者可以在直线上选择点(σ_t,a_t)右上方的组合。

四、市场组合

由于前面已经假设所有的投资者都具有相同的预期,因此当市场上的所有投资者都采用马科维茨的组合理论构建风险资产的组合时,他们必定会选择同一个风险资产组合,也就是图5.4.2中的点(σ_t,a_t),从而最终保证其风险资产和无风险资产的组合最优(方差最小)。此时,投资者对风险资产组合的选择和他们对待风险的态度是无关的。

当资本市场处于均衡的时候,市场上总供给和总需求是相等的,而且每种资产都会有一个均衡价格,也就是市场出清价格。由于我们已经知道同质预期下的投资者都将选择市场组合(σ_t,a_t),因此市场处于均衡的必要条件就是(σ_t,a_t)必须包括市场上所有的风险资产。如果市场上存在没有需求的风险资产,那么该市场就没有处于均衡状态。

我们称包含市场上所有风险资产的组合为市场组合,点(σ_t,a_t)就是这样的市场组合,我们一般记为M。相应地,市场组合的期望收益和方差分别为a_M和σ_M,因而式(5.4.5)可以改写为

$$a = R_0 + \frac{a_M - R_0}{\sigma_M} \times \sigma \tag{5.4.6}$$

式(5.4.6)是市场均衡情况下资本市场线的表达式,它反映了无风险资产和市场组合进行再组合后产生的新最优资产组合的收益和风险之间的关系。

五、证券市场线

资本资产定价模型所要回答的问题是在市场均衡状态下,某风险资产的收益和风险之间的关系,也就是如何给风险资产进行定价。在前面所介绍内容的基础上,下面我们将导出证券市场线,并由证券市场线来解释如何给风险资产定价。

考虑风险资产组合$\boldsymbol{X}$与点(σ_t,a_t)相对应的证券组合$\boldsymbol{W}_t$的协方差为

$$\mathrm{Cov}(\boldsymbol{X},\boldsymbol{W}_t{'}\boldsymbol{X}) = E[(\boldsymbol{X}-\boldsymbol{E}(\boldsymbol{X}))(\boldsymbol{W}_t{'}\boldsymbol{X}-\boldsymbol{E}(\boldsymbol{W}_t{'}\boldsymbol{X}))'] = \sum \boldsymbol{W}_t$$

由式(5.4.4),得

$$\mathrm{Cov}(\boldsymbol{X},\boldsymbol{W}_t{'}\boldsymbol{X}) = \frac{\sum \sum^{-1}(\boldsymbol{\mu}-R_0\boldsymbol{\prod})}{B-AR_0} = \frac{\boldsymbol{\mu}-R_0\boldsymbol{\prod}}{B-AR_0} \tag{5.4.7}$$

---

① 由于卖空是没有限制的,因此该射线无限延长。

另外，由于

$$\mathrm{Var}(\boldsymbol{W}_t{}'\boldsymbol{X}) = \boldsymbol{W}_t{}'\sum \boldsymbol{W}_t = \boldsymbol{W}_t{}'\frac{\boldsymbol{\mu}-R_0}{B-AR_0}\prod$$

且

$$\boldsymbol{W}_t{}'(\boldsymbol{\mu}-R_0\prod) = a_t - R_0$$

所以

$$\mathrm{Var}(\boldsymbol{W}_t{}'\boldsymbol{X}) = \frac{a_t-R_0}{B-AR_0} \tag{5.4.8}$$

将式(5.4.7)和式(5.4.8)相除，得

$$\boldsymbol{\mu}-R_0\prod = \frac{\mathrm{Cov}(\boldsymbol{X},\boldsymbol{W}_t{}'\boldsymbol{X})}{\mathrm{Var}(\boldsymbol{W}_t{}'\boldsymbol{X})}(a_t-R_0) \tag{5.4.9}$$

式(5.4.9)反映了风险资产组合 X 的平均超额效益与 a_t-R_0 成比例，在计量经济学中，$\dfrac{\mathrm{Cov}(\boldsymbol{X},\boldsymbol{W}_t{}'\boldsymbol{X})}{\mathrm{Var}(\boldsymbol{W}_t{}'\boldsymbol{X})}$ 被称为回归系数。令

$$\beta = \frac{\mathrm{Cov}(\boldsymbol{X},\boldsymbol{W}_t{}'\boldsymbol{X})}{\mathrm{Var}(\boldsymbol{W}_t{}'\boldsymbol{X})}$$

则式(5.4.9)可改写成

$$\boldsymbol{\mu}-R_0\prod = \beta(a_t-R_0)$$

即
$$\boldsymbol{\mu} = R_0\prod + \beta(a_t-R_0) \tag{5.4.10}$$

进一步，我们引进上述市场组合的概念，并用 a_M 代替 a_t[①]，用 β_M 代替 β，以表示风险资产 X 与市场组合 M 之间的关系，则式(5.4.10)可变为

$$\boldsymbol{\mu} = R_0\prod + \beta_M(a_M-R_0) \tag{5.4.11}$$

式(5.4.11)就是著名的证券市场线（Security Market Line, SML），也就是传统 CAPM 模型的公式表示。由证券市场线可以看出，风险资产的收益由两部分组成：一部分是无风险资产的收益；另一部分是市场风险补偿额。运用证券市场线，我们就可以确定风险资产自身的风险和收益关系。也就是说，我们可以对其进行定价。

六、对证券市场线的进一步说明

对于任意的风险资产 x_i，根据式(5.4.11)，我们可以得到

---

① 在市场均衡的条件下，$a_M = a_t$。

$$\mu_i = R_0 + \beta_{Mi}(a_M - R_0) \qquad (5.4.12)$$

式中，β_{Mi} 表示风险资产 x_i 与市场组合 M 之间的关系[①]。

$$\beta_{Mi} = \frac{\mathrm{Cov}(x_i, \boldsymbol{W'}_M \boldsymbol{X})}{\mathrm{Var}(\boldsymbol{W'}_M \boldsymbol{X})}$$

威廉·夏普将 $a_M - R_0$ 看作市场对投资者承担的风险所给予的报酬，β_{Mi} 代表风险资产 x_i 的风险大小，因而 $\beta_{Mi}(a_M - R_0)$ 可以看作是风险资产 x_i 的风险溢价。值得注意的是，衡量风险的标准并不是风险资产的方差，而是 β_{Mi}。

(1) 当 $\beta_{Mi} > 1$ 时，我们称风险资产 x_i 为进攻性的，即当市场价格上涨时，它的价格上涨得更快。

(2) 当 $\beta_{Mi} < 1$ 时，我们称风险资产 x_i 为防御性的，即当市场价格下跌时，它的价格下跌得较慢。

(3) 当 $\beta_{Mi} = 1$ 时，我们称风险资产 x_i 为中性的，即它的价格与市场价格同步变化，而且变化幅度一致。

β_{Mi} 还有一个很有意思的性质，它正好是风险资产 x_i 的一元线性回归方程的回归系数。我们由式(5.4.11)可以得到线性回归方程

$$x_i = a_i + b_i x_M + \varepsilon_i$$

这实际上就是夏普提出的市场模型。

由式(5.4.12)可知，我们通过 β_{Mi} 可以确定 μ_i。若 P_{1i} 表示第 i 种股票现在的价格，P_{0i} 表示该股票的初始价格，则我们可以用 $\dfrac{P_{1i} - P_{0i}}{P_{0i}}$ 表示第 i 种股票的平均收益率。将其与式(5.4.12)所确定的 μ_i 比较，就可判断出股票价格的高低。如果 $\mu_i > \dfrac{P_{1i} - P_{0i}}{P_{0i}}$，说明资产 x_i 的价格被低估，应该买进；如果 $\mu_i < \dfrac{P_{1i} - P_{0i}}{P_{0i}}$ 说明资产 x_i 的价格被高估，应该卖出。

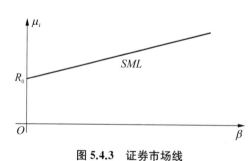

图 5.4.3　证券市场线

如图 5.4.3 所示，证券市场线描述了预期收益率与系统风险系数 β 之间的线性关系，其中纵截距为无风险收益率 R_0，说明放弃当期消费的机会成本为无风险收益，证券市场线的斜率为正说明投资者因为承担更多的系统风险而获得更大的平均收益。同时显示出，CAPM 与均值—方差模型的重要区别在于将风险区分为系统风险和非系统

[①]　由于 R_0 和 a_M 是确定的，因而 μ_i 的值就依赖于 β_i，我们将 β_i 称为"贝塔系数"，它反映了某种风险资产的收益对市场的依赖程度。

风险,并且证明了非系统风险的可分散性,进而说明资产收益率取决于系统风险。

进而,根据上面对图 5.4.3 证券市场线的分析,系统风险系数 β 还可以表示为

$$\beta_{Mi} = \frac{\text{Cov}(R_i, R_M)}{\text{Var}(R_M)} = \frac{\text{Cov}(R_i, R_M)}{\sigma_M^2}$$

七、β 系数的估计与 CAPM 的应用

要运用 CAPM 公式,就需要了解并估计公式中的 3 个参数,它们分别是资产的 β 系数、无风险利率 R_0 和市场风险溢价 $a_M - R_0$。在得到这 3 个参数的估计值之后,问题往往就会变得非常简单。在实际中,运用 CAPM 的难点就在于如何计算或估计这 3 个参数。

(一) β 系数的估计

在证券市场中,由于受到各种证券的收益及其相互关系的多种因素影响,所以它处于变动之中,因而没有理由认为证券或证券组合的 β 系数恒定不变。事实上,整个证券市场是一个面向未来的市场,所以形成投资决策的依据是"未来情况如何",因而我们需要真正了解的 β 系数的取值是未来某一相关时期的 β 系数。只有在认为未来的情况不会有大的差别时,我们才将现在的 β 系数代替未来的 β 系数,这就形成了解决这类问题的基本思路:先看过去和现在 β 系数的变化情况,再预期将来 β 系数会发生什么变化。

对 β 系数进行预测的方法有很多,而且新的预测方法也在不断涌现。对于不同的市场、不同的时期,有不同的方法与之相适应。几种最基本的方法是:① 用过去历史数据估计出的 β 值作为 β 系数的预测值;② 用根据历史 β 值调整后得到的值作为 β 系数的预测值;③ 用最近一段时间的事后 β 系数估计值作为未来某个时间段的 β 系数的预测值。

(二) 对 R_0 和 $a_M - R_0$ 的估计

无风险资产的最大特点是没有风险,即收益是确定的。由于需要强调无风险的特性,我们需要寻找无风险的对象。在实际的投资对象中,"最无风险"的投资工具是国债。因此,用债券收益率作为 R_0 的替代物,应该是可以接受的。

对风险溢价的估计主要是对 a_M 的估计,也就是对市场组合收益率的估计。如果按照市场组合的准确定义进行计算,真正的市场组合应该包括所有资产。如果严格遵循这样的定义,基本上这是不可能完成的任务,因为它的定义是"理想化的"。这些资产中的某些资产(如公司自己持有的不进行交易的债券、无形资产、不动产等)的收益率是不确定的(或者说得不到相应的数据),故难以得到真正的市场组合 M,即市场组合的收益率是不可测的。

一般来说,可以考虑用市场价格指数作为市场组合 M 的替代物。如果组合中所含的资产仅仅包含股票,一般做法是用股票价格指数作为市场组合的替代物。如果

组合中还含有债券,就可以用股票价格指数和债券指数一起构造一个综合的指标作为市场组合的替代物。按照同样的思路,如果组合中含有多种类型的资产,还可以用反映每种类型资产的指数构造一个综合指标。

当然,用指数作为市场组合的替代物也存在使用上的难点。价格指数的种类繁多,选用哪个指数本身就是一个问题。以股票价格指数为例,中国就有成分股指数和综合指数等多种。因此,选择股票价格指数有一定的灵活性。美国股市通常选用标准普尔 500 指数作为市场组合的替代物。而我国在这方面的研究历史短,关于选择哪个指数会更好的问题还有待进一步观察和了解。

估计 a_M 需要考虑历史的风险溢价,以历史的风险溢价作为分析的基础。需要注意的是,无论采用哪种方法,市场风险溢价都是变化的,而且极不稳定。

由于 CAPM 关于完备市场的假设过于苛刻,所以此后的研究中不断放宽其假设条件以求更贴近市场实际,在同一框架内获得一系列 CAPM 修正模型。其中,Brennan 引入税收因素后,研究发现这并没有改变 CAPM 的基本结构。Black 证明,在不存在无风险资产的前提下,CAPM 仍然成立,但是需要用零 β 组合的预期收益率代替无风险利率。Mayers(1972)的研究表明,即使存在不可交易的资产,CAPM 的基本形式也不会有根本性的改变。

第五节　套利定价模型

一、背景

在金融学中,研究资产价值的基本方法有两种:一种是基于一般均衡分析的资本资产定价模型;另一种是基于套利理论的定价模型。从二者关系上看,前者是无套利定价,而后者则不一定是一般均衡的价格。也可以形象地说,一种是市场出清的资产定价;一种是市场不出清的资产定价。当然,在金融学中,市场出清的概念不是针对商品和价格,而是针对风险和收益。

建立在均值—方差分析基础上的资本资产定价模型,在理论上是十分完美的模型,它解释了为什么不同的证券会有不同的期望收益率。资本资产定价模型自创立以来,得到了十分广泛的应用。

CAPM 模型的核心是市场投资组合,市场上风险资产的超额收益率由市场组合的超额收益率和 β 系数确定,而 β 系数也源自市场投资组合。CAPM 模型实际上在已知各种风险资产收益率分布和市场组合的情况下,如果市场满足 CAPM 模型的基本假设,则风险资产的定价问题就得以解决。但是,一方面 CAPM 模型是建立在一系列十分严格的假设之下,在市场处于竞争均衡的状态之下得到;另一方面在计算 β 系数时,要计算 σ_{ij},计算量之大,即使使用现代最新的计算技术也难以完成。况且金融市场的实际情况很难满足 CAPM 模型对于市场的假设。因此,CAPM 模型不仅在理论上受到人们的质疑,而且在应用过程中遇到很大的困难。

Ross(1976) 提出了一种新的资产定价理论,称为套利定价理论(Arbitrage Pricing Theory,APT)。APT 模型和 CAPM 模型显著的不同点是:APT 模型认为,除了市场因素之外,资产价格受一些外部因素影响,利用无套利定价原理得出风险资产期望收益率的一般表达式,而且套利定价模型的假设大大少于 CAPM 模型的假设,比 CAPM 模型更接近资本市场的实际情况。在这种意义下,APT 模型是 CAPM 模型的完善和发展。

APT 模型和 CAPM 模型都认为,资产预期收益和其他随机变量的协方差之间存在着线性关系。在 CAPM 模型中,协方差是指资产预期收益与市场资产组合收益的关系。这些协方差被解释为当投资者进行证券多样化选择时所不能避免的风险度量。APT 模型是单周期模型,在模型中,每个投资者都相信,资本资产收益的随机性与市场的 APT 结构相一致,如果均衡价格不提供套利机会,那么这些资本资产的预期收益与资产的风险报酬就是线性相关的。APT 模型的这些思想和原理被广泛地用在市场结构与市场有效性研究中。

APT 模型除了具有与 CAPM 模型互补的特性和优点以外,其最本质的特性就是不要求市场出清。这是 APT 模型和套利理论的最大价值所在。换句话说,资本资产定价是在一般均衡市场上进行研究的,而现实中没有具备一般均衡条件的市场,因此,从这个角度说,APT 模型的套利定价不仅是 CAPM 模型的互补,也是更有现实价值的模型。

二、套利的基本形式

套利是指利用一个或多个市场存在的各种价格差异,在不冒风险或冒较小风险的情况下赚取较高收益率的交易活动。换句话说,套利是利用资产定价的错误、价格联系的失常,以及市场缺乏有效性的其他机会,通过买进价格被低估的资产,同时卖出价格被高估的资产来获取无风险利润的行为。套利是市场无效率的产物,而套利的结果则促使市场效率提高,因此套利对社会的正面效应远超过负面效应,应予以充分鼓励和肯定。套利有以下五种基本形式:

(1) 空间套利。空间套利(或称地理套利),是指在一个市场上低价买进某种商品,而在另一市场上高价卖出同种商品,从而赚取两个市场间差价的交易行为。空间套利是最简单的套利形式之一。

(2) 时间套利。时间套利是指同时买卖在不同时点交割的同种资产,包括现在对未来的套利和未来对未来的套利。

(3) 工具套利。工具套利就是利用同一标的资产的现货及各种衍生证券的价格差异,通过低买高卖来赚取无风险利润的行为。在这种套利形式中,多种资产或金融工具组合在一起,形成一种或多种与原来有着截然不同性质的金融工具,这就是创造复合金融工具的过程。反之,一项金融工具可以分解成一系列的金融工具,且每一个都有着与原来金融工具不同的特性,金融工具的组合和分解正是金融工程的主要运用。

(4)风险套利。风险套利是指利用风险定价上的差异,通过低买高卖赚取无风险利润的交易行为。根据高风险、高收益原则,风险越高,所要求的风险补偿就越多,保险是风险套利的典型例子。

(5)税收套利。税收套利是指利用不同投资主体、不同证券、不同收入来源在税收待遇上存在的差异所进行的套利交易。

三、套利定价(多因素)模型(APT/MPM)

套利定价模型(Arbitrage Pricing Theory Model),又称为多因素定价模型(Multifactor Pricing Model)。它与计量经济学中的多元线性回归模型相联系,在统计学中称为线性模型。

(一)模型的假设

套利定价模型与资本资产定价模型相同的假设有:① 资本市场是完全竞争和有效的,不存在交易成本;② 投资者的目标是实现期望效用最大化;③ 所有投资者对于资产的收益分布具有一致的预期。

但与资本资产定价模型不同的是,套利定价模型并不要求投资者能以无风险的利率借入和贷出资金,也不要求投资者以资产组合的收益和方差为基础进行投资决策。套利定价模型最重要的一点是假设风险资产的收益受到市场上几种不同风险因子的影响,而到底是哪几种风险、这些风险具体是什么则无关紧要。

(二)APT 模型

此模型的金融经济学思想是,假设证券 i 的收益率 r_i 依赖于 k 个因素 F_j,r_i 和 F_j 有下列关系

$$r_i = E(r_i) + b_{i1}F_1 + b_{i2}F_2 + \cdots + b_{ik}F_k + \varepsilon_i \quad (i=1,2,\cdots,n) \quad (5.5.1)$$

假定各 F_j 的期望值为 0,b_{ij} 反映了证券 i 对因素 F_j 的依赖程度,称为因素 F_j 的边际效应(或载荷)。

现在考虑对这些证券组合进行投资,用 ω_i 表示在证券 i 上投资的比例,$\omega_i>0$ 表示买进,$\omega_i<0$ 表示卖出。如果 $\sum_{i=1}^{n}\omega_i=0$,表示在原有的投资上做调整,无须增加新的投资,ω_i 反映了调整的比例,调整后的收益为

$$\sum_{i=1}^{n}\omega_i r_i = \sum_{i=1}^{n}\omega_i [E(r_i) + b_{i1}F_1 + \cdots + b_{ik}F_k + \varepsilon_i] \quad (5.5.2)$$

记

$$\boldsymbol{b}_\alpha = (b_{1\alpha}, b_{2\alpha}, \cdots, b_{n\alpha})' = \begin{pmatrix} b_{1\alpha} \\ b_{2\alpha} \\ \vdots \\ b_{n\alpha} \end{pmatrix} \quad (\alpha = 1, 2, \cdots, k)$$

式中,向量 $\boldsymbol{b}_\alpha$ 反映了因素 F_α 对各证券的影响情况,如果

$$\sum_{i=1}^{n} \omega_i b_{i\alpha} = 0 \tag{5.5.3}$$

则表明新的组合 $(\omega_1, \omega_2, \cdots, \omega_n)$ 的收益 $\sum_{i=1}^{n} \omega_i r_i$ 不受 F_α 的影响。于是可以看出,只要 k 较小,n 相当大,由于 $\boldsymbol{W} = (\omega_1, \omega_2, \cdots, \omega_n)'$ 是 n 维空间的向量,$\boldsymbol{b}_1, \boldsymbol{b}_2, \cdots, \boldsymbol{b}_k$ 是 k 个 n 维向量,所以它们至多构成一个 k 维的子空间,式(5.5.3)表示 $\boldsymbol{W}$ 与 $(\boldsymbol{b}_1, \boldsymbol{b}_2, \cdots, \boldsymbol{b}_k)$ 正交。因此,只要我们选取的 $\boldsymbol{W}$ 与 $(\boldsymbol{b}_1, \boldsymbol{b}_2, \cdots, \boldsymbol{b}_k)$ 正交,则 $\boldsymbol{W}$ 的收益就不受 F_1, $F_2, \cdots, F_k$ 的影响。所以当 $n \gg k$ 时(实际上只需大于 $k+1$ 即可),这是可以做到的。

选 $\boldsymbol{W}$ 与 $\prod, \boldsymbol{b}_1, \boldsymbol{b}_2, \cdots, \boldsymbol{b}_k$ 都正交(其中 $\prod$ 是坐标全为 1 的向量),这是因为 $\boldsymbol{W}' \prod = \sum_{i=1}^{n} \omega_i = 0$,就是 $\boldsymbol{W}$ 与 $\prod$ 也正交,这样的 $\boldsymbol{W}$ 是存在的。选出 $\boldsymbol{W}$ 后,由于式(5.5.3)对 $\alpha = 1, 2, \cdots, k$ 都成立,则 $\boldsymbol{W}$ 的收益为

$$\begin{aligned} \sum_{i=1}^{n} \omega_i r_i &= \sum_{i=1}^{n} \omega_i E(r_i) + \sum_{i=1}^{n} \omega_i \sum_{j=1}^{k} b_{ij} F_j + \sum_{i=1}^{n} \omega_i \varepsilon_i \\ &= \sum_{i=1}^{n} \omega_i E(r_i) + \sum_{j=1}^{k} \left(\sum_{i=1}^{n} \omega_i b_{ij} \right) F_j + \sum_{i=1}^{n} \omega_i \varepsilon_i \\ &= \sum_{i=1}^{n} \omega_i E(r_i) + \sum_{i=1}^{n} \omega_i \varepsilon_i \end{aligned} \tag{5.5.4}$$

式中,$\varepsilon_i (i = 1, 2, \cdots, n)$ 是相互独立的,且

$$E(\varepsilon_i) = 0$$
$$D(\varepsilon_i) = \sigma^2$$
$$D\left(\sum_{i=1}^{n} \omega_i \varepsilon_i \right) = \sum_{i=1}^{n} \sigma^2 \omega_i^2 = \sigma^2 \sum_{i=1}^{n} \omega_i^2$$

由切比雪夫不等式可知,对任意的 $\delta > 0$,有

$$P\left(\Big| \sum_{i=1}^{n} \omega_i \varepsilon_i \Big| \geqslant \delta \right) = P\left(\Big| \sum_{i=1}^{n} \omega_i \varepsilon_i - \sum_{i=1}^{n} \omega_i E(\varepsilon_i) \Big| \geqslant \delta \right)$$
$$= P\left(\Big| \sum_{i=1}^{n} \omega_i \varepsilon_i - E \sum_{i=1}^{n} (\omega_i \varepsilon_i) \Big| \geqslant \delta \right) \leqslant \frac{\sigma^2}{\delta^2} \sum_{i=1}^{n} \omega_i^2$$

只要当 $n \to \infty$,有 $\sum_{i=1}^{n} \omega_i^2 \to 0 \left(\text{如 } |\omega_i| = \frac{1}{n} \right)$,则式(5.5.4)就可以写成

$$\sum_{i=1}^{n} \omega_i r_i = \sum_{i=1}^{n} \omega_i E(r_i)$$

其结果是一个常数。事实上，随机变量 $\sum_{i=1}^{n} \omega_i \varepsilon_i$ 的方差渐近趋于 0。当一个随机变量的方差为 0 时，则它依赖概率 1 取常数，而这个常数就是该随机变量的期望值。

如果 $\sum_{i=1}^{n} \omega_i E(r_i) > 0$，则表示无须投资，只要适当调整就可以套利，无风险地增加收益。而从市场运行规律来看，这是不可能实现的。合理的结果是 $\sum_{i=1}^{n} \omega_i E(r_i) = 0$（无套利原则），这说明 $E(r)$ 这个向量是与 $\boldsymbol{W}$ 正交的。

$$\boldsymbol{W} \perp \boldsymbol{E}(r) = \begin{bmatrix} E(r_1) \\ E(r_2) \\ \vdots \\ E(r_n) \end{bmatrix}$$

又因为 $\boldsymbol{W}$ 与 $\prod, \boldsymbol{b}_1, \boldsymbol{b}_2, \cdots, \boldsymbol{b}_k$ 正交，因此向量 $\boldsymbol{E}(r)$ 与 $\prod, \boldsymbol{b}_1, \boldsymbol{b}_2, \cdots, \boldsymbol{b}_k$ 有线性相关的部分，即

$$\boldsymbol{E}(r) = \lambda_0 \prod + \lambda_1 \boldsymbol{b}_1 + \cdots + \lambda_k \boldsymbol{b}_k + \boldsymbol{d}$$

式中，$\boldsymbol{d}$ 反映了不能被 $\prod, \boldsymbol{b}_1, \boldsymbol{b}_2, \cdots, \boldsymbol{b}_k$ 线性表示的部分。

当 $\boldsymbol{d}$ 很小时，有

$$\boldsymbol{E}(r) = \lambda_0 \prod + \lambda_1 \boldsymbol{b}_1 + \cdots + \lambda_k \boldsymbol{b}_k \tag{5.5.5}$$

这就是由 APT 或 MPM 导出的证券定价公式。其中 λ_i 反映了证券对于各因子的敏感性，λ_0 反映无风险因素，通常被认为是无风险收益率 r_0，写成溢价收益的形式就是

$$\boldsymbol{E}(r - r_0 \prod) = \sum_{\alpha=1}^{k} \lambda_\alpha \boldsymbol{b}_\alpha$$

（三）标准的 APT 和推导

不失一般性，现在以两种资产 i 和 j 来讨论套利定价模型，则有 $\omega_i + \omega_j = 1$。假定在单因子模型下，资产 i 和 j 的收益率受到因素 F_1 的影响，因子载荷分别为 b_{i1} 和 b_{j1}，那么投资组合的收益为

$$\begin{aligned} \omega_i r_i + \omega_j r_j &= \omega_i [E(r_i) + b_{i1} F_1] + \omega_j [E(r_j) + b_{j1} F_1] \\ &= [\omega_i E(r_i) + \omega_j E(r_j)] + (\omega_i b_{i1} + \omega_j b_{j1}) F_1 \end{aligned} \tag{5.5.6}$$

在式（5.5.6）中，如果 $(\omega_i b_{i1} + \omega_j b_{j1}) F_1 = 0$，那么该投资组合就是无风险投资，其

收益率应该等于无风险收益率，否则市场上就存在套利机会。因为由$(\omega_i b_{i1} + \omega_j b_{j1})F_1 = 0$可以得出$F_1 = 0$或者$\omega_i b_{i1} + \omega_j b_{j1} = 0$。如果$F_1 = 0$，那么说明不存在随机变量；如果$\omega_i b_{i1} + \omega_j b_{j1} = 0$，那么意味着两种资产$i$和$j$的风险相互抵消了。因此，当市场存在影响收益的风险因素F_1时，投资者要使构造的资产组合无风险，就必须使

$$\omega_i b_{i1} + \omega_j b_{j1} = (1 - \omega_j)b_{i1} + \omega_j b_{j1} = 0$$

从而得到

$$\omega_j = \frac{b_{i1}}{b_{i1} - b_{j1}} \tag{5.5.7}$$

由于当$(\omega_i b_{i1} + \omega_j b_{j1})F_1 = 0$时，投资组合是无风险组合，其收益为$\omega_i E(r_i) + \omega_j E(r_j)$。若无风险收益率为$r_0$，则有

$$\omega_i E(r_i) + \omega_j E(r_j) = (1 - \omega_j)E(r_i) + \omega_j E(r_j) = r_0$$

从而得到

$$\omega_j = \frac{E(r_i) - r_0}{E(r_i) - E(r_j)} \tag{5.5.8}$$

联立式(5.5.7)和式(5.5.8)，得到

$$\frac{E(r_i) - r_0}{b_{i1}} = \frac{E(r_i) - E(r_j)}{b_{i1} - b_{j1}} \tag{5.5.9}$$

同理，把$\omega_j = 1 - \omega_i$代入上述计算过程，可以得到

$$\frac{E(r_j) - r_0}{b_{j1}} = \frac{E(r_i) - E(r_j)}{b_{i1} - b_{j1}} \tag{5.5.10}$$

令$\lambda_1 = \frac{E(r_i) - E(r_j)}{b_{i1} - b_{j1}}$，那么由式(5.5.9)和式(5.5.10)，得到

$$\frac{E(r_i) - r_0}{b_{i1}} = \frac{E(r_j) - r_0}{b_{j1}} = \lambda_1 \tag{5.5.11}$$

式(5.5.10)和式(5.5.11)其实是资产的市场平均收益率分析，其本质作用相当于均值。

式(5.5.11)的结果表明，对于任意的i和j都有

$$E(r_q) = r_0 + \lambda_1 b_{q1} \quad (q = i, j) \tag{5.5.12}$$

式(5.5.12)就是单因子模型下套利定价理论的结果，也就是著名的线性定价原则。它的含义是，任何资产的预期收益率都是无风险收益率与风险报酬的线性结果，其中风险报酬由资产对风险因素的反应灵敏度b_{q1}和市场平均收益率λ_1共同决定。

当然,式(5.5.12)可以扩展到多因子模型,即

$$E(r) = r_0 + \lambda_1 b_1 + \lambda_2 b_2 + \cdots + \lambda_k b_k$$

现在总结一下 APT 的步骤和要点:

(1) 从式(5.5.6)到式(5.5.8)的过程是找到无风险资产 r_0,这个过程的关键是通过无风险条件 $\omega_i b_{i1} + \omega_j b_{j1} = 0$,得到了 $\omega_i E(r_i) + \omega_j E(r_j) = r_0$。

(2) 从式(5.5.9)到式(5.5.11)的过程是找到市场平均收益率 λ_1。它其实就是均值的转化。这个过程的关键是通过式(5.5.9)和式(5.5.10)得到了 λ_1 的计算公式(5.5.11)。

应该指出,式(5.5.12)中由 (b_{jk}) 组成的 $J \times K$ 矩阵对于研究套利问题极为重要,继续下去就会发现,矩阵 (b_{jk}) 与 (σ_{jk}) 协方差矩阵之间的关系非常密切。

(四) 套利定价理论与资本资产定价模型的区别

把套利定价公式(5.5.5)和资本资产定价公式(5.4.11)进行比较,就可以发现它们之间的联系和区别。

$$\boldsymbol{E(r)} = R_0 \prod + \lambda_1 \boldsymbol{b}_1 + \cdots + \lambda_k \boldsymbol{b}_k$$
$$\boldsymbol{\mu} = R_0 \prod + \beta_M (a_M - R_0)$$

如果从形式上观察,它们的共同点是:都要考察灵敏度(分别为 b 和 β)。但仔细分析就会发现两个重要区别:① 资本资产定价分析是找到一种无风险的资产(R_0)和另一种市场共同基(R_M)作为风险资产的定价参照,而套利定价分析是找到一种无风险的资产(R_0)和市场平均收益率作为定价参照;② 资本资产定价分析是在一般均衡的市场上进行的,而套利定价分析是在无套利条件下得到的。市场均衡时无套利,但是无套利并不一定是均衡市场。只有在市场组合是完全可分散化的假设之下,才有一致的结论。

第一个区别使得二者各有其优点。资本资产定价模型把风险资产的价值分析落实到市场共同基金上,这也为金融实务和金融中介提供了指导。而套利定价理论把风险资产的价值分析落实到平均收益率上,这为风险资产的价格计算提供了依据。

第二个区别应该说更有意义。因为没有市场出清和一般均衡的要求,减少了很多(人为的和理想的)约束。那么,在没有这些约束条件的情况下,套利定价理论是怎么解决风险资产的价格和收益分析的呢? 其中市场平均收益率起最关键的作用。这个思路其实是借鉴了均值的思想。

由此可以看到,资本资产定价模型是用市场共同基金化解的风险,套利定价理论则是用均值化解的风险。

更具体细致地分析观察,套利定价理论关键是应用了无套利的假定,通过许多因子来确定证券的价格,其核心是要求出 b_{ij},然后利用 b_{ij} 去解释市场的变化,并度量每个因子的风险大小。它使我们扩大了考虑因素的范围,可以从证券市场以外的因素

去选择,而不像资本资产定价模型只从证券市场本身的历史来研究。这样就可以把证券的价格与国家经济发展状况、企业效益状况、外汇市场等其他经济因素相联系,从而使模型能更好地反映现实状况。套利定价理论与资本资产定价模型的区别具体有如下几点:

(1) 套利定价理论对分布不做要求;

(2) 套利定价理论对个人收益没有直接假定条件,而资本资产定价模型则假定在收益一定的条件选择风险小的组合,同时在风险一定的条件下选择收益大的组合;

(3) 套利定价理论允许非证券市场因素参与定价,而资本资产定价模型只与证券市场本身因素有关;

(4) 套利定价理论可以对证券市场中一部分证券的组合定价,无须涉及全体,而资本资产定价模型必须从证券市场整体考虑;

(5) 套利定价理论较容易推广到多期的情形。

套利定价理论的局限性主要表现在两个方面:① 套利定价理论没有说明决定资产定价的风险因子的数目和类型,也没有说明各个因子风险溢价的符号和大小,这就使得套利定价理论在实际应用中有一定的困难;② 由于套利定价理论中包含了残差风险,而残差风险只有在组合中存在大量的分散化资产时才能被忽略,因此套利定价理论实际上是一种极限意义上的资产定价理论,对于实际生活中资产数目有限的资产组合而言,其指导意义受到一定的限制。为解决第一个问题,在实证研究中,学者们一般通过运用经济学直觉和实证分析相结合的方式来寻找那些对资产收益率有显著影响的因素,其中最有影响的当属 Fama and French(1993)建立的三因素模型。它用市场风险溢价、规模因素和账面市值比因素来解释股票收益率的变化,得到很有说服力的结果。

第六节 金融市场结构与套利行为

本节应用资产套利定价理论从另外一个角度认识金融市场结构和效率性。特别是,套利定价理论可以从微观层面和金融行为方面来认识金融市场的有效性问题。

一、APT 与有效市场理论

(一) 有效市场理论概述

对金融市场有效性的研究始于 20 世纪初。法国数学家 Bachelier 早在 1900 年就开始研究热传导及布朗运动,首先提出了金融资产价格服从对数正态分布的假设,并用布朗运动来描述金融资产的收益,开始对市场的有效性进行研究。但是,他的研究成果直到期权定价公式的研究才引起人们的重视。现代金融市场有效性研究的奠基性工作是 Samnelson 于 1965 年的论文以及 20 世纪 70 年代 Fama 的研究成果。

1965 年，Samnelson 提出的信息有效市场，不是微观经济中的资源配置的帕累托 (Pareto)有效市场。在此有效市场中，证券的价格已完全反映了目前市场参与者全体所拥有的信息和对市场的预期。在有效市场中，资产价格的变化是不可预测的，对一个理想的"无摩擦"又没有交易成本的市场，价格完全反映了可得到的信息。

同时，金融市场有效程度用价格对信息的反映程度来衡量。1967 年，Robert 把有效市场假设分为 3 类：

（1）弱有效市场(Weak Form)。所采用的信息只包含市场过去的历史价格和收益。

（2）半强有效市场(Semistrong Form)。所采用的信息包含市场所有参与者都知道的信息。

（3）强有效市场(Strong Form)。所采用的信息不仅包含市场所有参与者都知道的信息，还包括私有信息。

近几十年来，金融市场有效性的研究方法是把市场的有效性和市场对信息的反应结合起来。1992 年，Malkiel 认为市场有效性内容应当包括以下 3 个方面的内容：

（1）有效的市场就是能在资产价格中完全反映证券价格相关信息的市场。

（2）市场对每个给定的信息集合都是有效的，把这一信息集合中的所有信息公开后，不会对资产的价格产生影响。

（3）市场对某个信息集合是有效的，投资者使用这一信息进行交易不可能获得任何利益。

在金融领域中，有效市场的概念非常重要。在一个有效市场中，信息的传递是以有效和合理的方法进行的，每一个投资者关于证券回报的期望都是建立在他们所能得到的全部信息基础之上。在有效市场中，(均衡)价格反映了投资者所能得到的全部信息。

有效市场理论的重要性还在于它对隐含在均衡价格中的信息总量和相关性的预见。也就是说，在有效市场中，投资者可以知道他们在观察资产价格时得不到的信息。因此，有效市场的理论和实证分析是以一个时期的价格行为和对均衡价格的调整为基础，并由此产生新的信息。由于这种原因，许多有效市场需要解决的问题，必须等到均衡模型建立之后才能做到。

（二）APT 与有效市场

APT 是排除套利的定价模型，该模型的宏观经济含义非常强，其文章都是围绕着 b_{jk} 做出来的。它指出，当投资的风险只与宏观层面的经济因素有关时，企业高度分散化投资的组合可以排除某些小的风险 b_{jk} 和市场微观干扰(克服 ε_j)。从总量上来说，某些小概率的市场因素或某些特定的资产并不会影响投资，只是投资中的收益在各种资产之间根据各自的风险报酬来进行分配。

上述套利定价模型隐含的意思是，在单周期的投资中，从市场投资的总量来说，并没有什么随机性，但是某些资产可以根据自己对市场因素的反应敏感性，其实也就是信息等方面的优势,通过资产组合来获得更丰厚的报酬,即所谓的套利。但在一个无风险经济中,如果不存在套利机会,那么市场就是有效的。如果市场上缺乏有效性,那么市场上一定存在套利机会。

现代对套利问题的研究是对不能获得套利机会的研究。无套利的最重要意义在于,市场存在线性的定价规则。当经济活动服从大数定律时,对于任何喜欢多数而厌恶少数的个体来说,竞争和均衡使套利的机会不存在,因此在资产定价理论和套利定价理论中,有非常重要的基本结论。

定理 5.6.1

下面的命题是等价的:

(1) 无套利机会;

(2) 经济中存在线性的定价规则;

(3) 所有依据理性选择的消费投资人都实现了最优需求。

在比较深入一些的著作中,把此定理又叙述为如下形式。

定理 5.6.2

下列结论等价:

(1) 市场不存在套利机会;

(2) 存在风险中性概率测度;

(3) 存在状态价格随机过程。

与定理 5.6.1 相比,定理 5.6.2 的结论可能比较抽象。

大多数现代金融研究不是基于无套利理论,就是基于无套利的基本假定。已经有理论证明,莫迪利亚尼－米勒定理、市场有效性假说与无套利的基本命题是一致的。不仅资产定价理论与套利定价理论有内在的共性,而且,期权定价理论其实也是基于套利定价模型。因为在风险中性的经济中,期权价格与资产价格是线性关系。所以,由套利定价理论可知,研究与理解各种金融定价模型,把它们最基本的原理和分析模型搞清楚是非常必要和有帮助的。

二、APT 与均衡市场

(一) 一般均衡市场和完备市场的条件

一般均衡的市场条件就是完备的市场条件。完备市场假设可排除掉许多非本质性因素的影响,有助于人们深入把握金融问题的实质。在一般的金融研究中,都以下述假设作为完备性的具体条件①。

---

① 有些著作中也把完备性条件细化为:a. 有大量的有价证券(即金融资产)在市场中交易;b. 有价证券合约的条款在法律意义上将强制执行;c. 投资者可以自由地进入市场(市场没有准入限制);d. 交易过程是竞争性的;e. 交易时没有摩擦和约束(没有交易成本和其他的交易限制,如没有卖空或融资的限制等);f. 不需要考虑税收问题;g. 市场信息对所有的投资者是对称的。

假设 1：市场是无摩擦的。

在无摩擦的市场中，不存在交易成本，不存在税收，所有的金融资产都是完全可分的。

假设 2：所有的投资者都是价格的接受者。

该假设意味着投资者的行为不影响资产收益的概率分布。

假设 3：不存在套利机会。

假设 4：不存在制度限制和金融管制。

该假设具体地说就是所有的资产都没有卖空的限制，并且可以充分地使用卖空所得的收入。如果存在一种无风险资产，则借款利率就等于贷款利率。

（二）无套利原理

很明显，允许存在套利可能的价格不可能是市场均衡的结果。因为对任意一个具有不满足偏好的参与者来说，如果可能的话，他将进行大额的套利交易以产生额外的财富。价格的变化会使组合的净成本上升为大于 0，从而消除套利机会。因此，可以得出下面的结论。

定理 5.6.3

在均衡的市场中不存在套利机会。

这里需要注意的是：市场均衡时无套利，可是无套利并不一定是均衡市场。

定理 5.6.4

无套利原理：证券市场中不存在套利机会。

从以上过程可以看到，不存在市场套利机会只依赖两个假设：一是市场参与者的不满足性；二是市场无摩擦。偏好不满足公理对参与者来说是一个很弱的假设，因此无套利的假设实际上等同于市场无摩擦的假设。对于一般的市场而言，如商品和劳动力市场，由交易成本和交易限制导致的摩擦往往是非常严重的。相比而言，证券市场中的摩擦要轻得多。证券本身的产生和交易往往成本很低，以至于可以忽略不计。正是在这样的前提下，我们把无套利作为金融学的一个基本原理。

应该指出，基于一般均衡分析的金融研究作为基础是非常必要的，但是，现代金融研究更需要基于如布朗—伊藤随机分析和套利分析的研究。

1. 给定某投资者的效用函数为 $U(W) = \ln W$，某投资收益分布为 $G(50, 200; 0.4)$，计算该投资活动的风险溢价。

2. 给定三种证券的协方差矩阵如下表所示，各证券占组合的权重分别为 $\omega_A = 0.5, \omega_B = 0.3, \omega_C = 0.2$，试用公式和矩阵两种方法计算组合的方差和标准差。

证券名称	证券 A	证券 B	证券 C
证券 A	459	−211	112
证券 B	−211	312	215
证券 C	112	215	179

3. 假设证券的收益率由一个单因素模型生成。任先生拥有一个组合具有如下表所示的特征:

证券名称	证券 A	证券 B	证券 C
期望收益率(%)	20	10	5
因素灵敏度	2.0	3.5	0.5
权重	0.2	0.4	0.4

根据上述特征,任先生发现能够用证券 A、B、C 构造套利组合,于是决定通过"增加原有组合中证券 A 的权重,并相应减少原有组合中证券 B 和 C 的权重"的方法来进行套利。假定任先生将原有证券 A 的权重增加 0.2,试问:在调整后的任先生的投资组合中其他两种证券的权重为多少时,才能达到套利的目的?

4. 现有三种股票组成的套利证券组合,具有如下表所示的特征:

证券名称	证券 1	证券 2	证券 3
期望收益率(%)	20	15	10
因素灵敏度	4.0	2.5	3.0
权重	0.05	0.1	−0.15

假设投资者持有这三种证券的市值分别为 100 万元,那么套利证券组合的市值为 300 万元,可以怎样操作?

5. 假定 4 种股票的系统性风险分别是 $\beta_1 = 0.9$,$\beta_2 = 1.6$,$\beta_3 = 1.0$,$\beta_4 = 0.7$。

(1) 4 种股票在证券组合中的权重相等,计算组合风险 β_p;

(2) 4 种股票在证券组合中的权重分别为 $\omega_1 = 0.3$,$\omega_2 = 0.2$,$\omega_3 = 0.1$,$\omega_4 = 0.4$,计算组合风险 β_p;

(3) 比较(1)和(2)的结果,说明二者的区别。

第六章
随机过程

教学要点

知识要点	掌握程度	相关知识
预备知识	掌握	σ 代数、收敛性、条件期望
随机过程的基本概念和基本类型	掌握	平稳过程、独立增量过程
泊松(Poisson)过程	掌握	Poisson 分布函数、复合 Poisson 过程
马尔科夫(Markov)过程	掌握	转移概率、转移矩阵、$C-K$ 方程
鞅	了解	公平博弈、鞅的停时定理、鞅收敛定理、连续鞅
布朗(Brown)运动	重点掌握	标准 Brown 运动、Brown 运动的鞅性质、几何 Brown 运动

课前导读

1. 随着金融市场的进一步发展,数理金融需要更复杂先进的数学工具和方法,随机过程着重于对随时间或空间变化的随机现象提出不同的动态模型,并研究其内在性质和相互之间的联系。通过学习,我们不仅要熟练掌握随机过程的基本概念、理论、方法及实际的应用,还要培养以随机的观点来看待、思考和解决问题的能力,在实践中提升文化自信、爱国情怀和民族自豪感,领悟随机过程的数学思想,感受其魅力和解决金融问题的创新思想,做到学以致用。比如,彭实戈院士根据其所创立的动态非线性数学期望理论发现我国期权期货交易中存在一些严重的问题,可能会给国家带来巨额损失。彭院士的大胆质疑,让国家避免了可能会遭受的巨额损失。

2. 通过学习马尔科夫过程中由量变到质变的状态转换原理,进一步感受马克思哲学原理的深刻含义,树立坚持不懈的做事基本原则,培养做事的耐心和做事的专注度。同时马尔科夫过程的相关知识还可以解释"富不过三代,穷不过五服"的经济层流动这一社会现象，从而我们应用辩证的思想看待这个问题，不能只依赖父辈留下的财富，不要做"啃老一族"，应该靠自己的努力，靠自己的奋斗去获取财富。

3. 通过随机过程中重要知识鞅和公平博弈的学习，了解如何刻画公平的金融市场、建立新秩序的基本原理和方法，激发学习兴趣和研究动力，培养科学家的创新精神。同时树立正确的价值观，培养爱岗敬业、诚实守信的职业操守，维护我国金融市场的公平、公正、公开、透明。

随机过程理论是概率论的重要分支，是一门应用性很强的学科。从 1930 年起，对于随机过程理论的研究不断发展和丰富，特别是近几十年来，随机过程理论及其应用得到了迅速发展。随机过程理论被广泛地应用到物理学、自动控制、电子工程、通信科学、经济学、管理科学及金融学等领域。本书的一个主要目标就是介绍随机过程在金融领域中的应用。为此，本章内容除了包括随机过程的基本概念、基本理论与基本方法外，还着重介绍了与金融相关的随机过程理论，主要有泊松(Poisson)过程、马尔科夫(Markov)过程、鞅理论以及布朗(Brown)运动等。

第一节　预备知识

随机过程通常被视为概率论的动态部分。在概率论中研究的随机现象都是在概率空间上一个或有限多个随机变量的规律性。在讨论中心极限定理时也不过是对随机变量序列的讨论。但在实际问题中，我们还需要研究一些随机现象的发展和变化过程，即随时间不断变化的随机变量，而且所涉及的随机变量通常是无限多个，这就是随机过程的研究对象。随机过程以概率论作为其主要的基础知识，为此，我们首先对本章中需要用到的概率论知识做简要回顾。

一、σ 代数

定义 6.1.1

设 Ω 是一个样本空间(或任意一个集合)，F 是 Ω 的某些子集组成的集合族。如果满足：

(1) $\Omega \in F$；

(2) 若 $A \in F$，则 $A^c = \Omega \backslash A \in F$；

(3) 若 $A_n \in F(n=1,2,\cdots)$，则 $\bigcup_{n=1}^{\infty} A_n \in F$。

则称 F 为 Ω 上的一个 σ 代数，(Ω, F) 称为可测空间。

如果 F 是 Ω 上的一个 σ 代数，则

(1) $\varnothing \in F$；

(2) 若 $A_n \in F(n=1,2,\cdots)$，则 $\bigcap\limits_{n=1}^{\infty} A_n \in F$。

以 Ω 的某些子集为元素的集合称为（Ω 上的）集类。对于 Ω 上的任一非空集类 L，存在包含 L 的最 σ 代数，即 $\{\bigcap H \mid H$ 为包含 L 的 σ 代数$\}$，称为由 L 生成的 σ 代数，记为 $\sigma(L)$。

二、收敛性

定义 6.1.2

(1) 设 $\{X_n, n \geqslant 1\}$ 是随机变量序列，若存在随机变量 X 使得

$$P\{\omega \in \Omega : X(\omega) = \lim_{n \to \infty} X_n(\omega)\} = 1$$

则称随机变量序列 $\{X_n, n \geqslant 1\}$ 几乎必然收敛（或以概率 1 收敛）于 X，记为 $X_n \to X$, a.s. 或 $X_n \xrightarrow{\text{a.s.}} X$。

(2) 设 $\{X_n, n \geqslant 1\}$ 是随机变量序列，若存在随机变量 X 使得对 $\forall \varepsilon > 0$，有

$$\lim_{n \to \infty} P\{\mid X_n - X \mid \geqslant \varepsilon\} = 0$$

则称随机变量序列 $\{X_n, n \geqslant 1\}$ 依概率收敛于 X，记为 $X_n \xrightarrow{P} X$。

(3) 设随机变量序列 $\{X_n\} \subset L^p, X \in L^p, p \geqslant 1$，若有

$$\lim_{n \to \infty} E(\mid X_n - X \mid^p) = 0$$

则称随机变量序列 $\{X_n, n \geqslant 1\}$ p 次平均收敛于 X，或称 $\{X_n\}$ 在 L^p 中强收敛于 X。当 $p = 2$ 时，称为均方收敛。

(4) 设 $\{F_n(x)\}$ 是分布函数列，如果存在一个单调不减函数 $F(x)$，使得在 $F(x)$ 的所有连续点 x 上均有

$$\lim_{n \to \infty} F_n(x) = F(x)$$

则称 $\{F_n(x)\}$ 弱收敛于 $F(x)$，记为 $F_n(x) \xrightarrow{W} F(x)$。

设随机变量 X_n, X 的分布函数分别为 $F_n(x)$ 及 $F(x)$，若 $F_n(x) \xrightarrow{W} F(x)$，则称 $\{X_n\}$ 依分布收敛于 X，记为 $X_n \xrightarrow{L} X$。

三、条件期望

定理 6.1.1

条件期望有如下基本性质：

(1) $E[E(X \mid G)] = E(X)$

(2) 若 X 是 G 可测，则 $E(X \mid G) = X$, a.s.

(3) 设 $G = \{\varnothing, \Omega\}$，则 $E(X \mid G) = E(X)$, a.s.

(4) $E(X \mid G) = E(X^{+} \mid G) - E(X^{-} \mid G),\mathrm{a.s.}$

(5) 若 $X \leqslant Y,\mathrm{a.s.},$ 则 $E(X \mid G) \leqslant E(Y \mid G),\mathrm{a.s.}$

(6) 若 a,b 为实数，$X,Y,aX+bY$ 的期望存在，则

$$E(aX+bY \mid G) = aE(X \mid G) + bE(Y \mid G),\mathrm{a.s.}$$

(7) $\mid E(X \mid G) \mid \leqslant E(\mid X \mid \mid G),\mathrm{a.s.}$

(8) 设 $0 \leqslant X_n \uparrow X,\mathrm{a.s.},$ 则 $E(X_n \mid G) \uparrow E(X \mid G),\mathrm{a.s.}$

(9) 设 X 及 XY 的期望存在，且 Y 为 G 可测，则

$$E(XY \mid G) = YE(X \mid G),\mathrm{a.s.}$$

(10) 若 X 与 G 相互独立（即 $\sigma(X)$ 与 G 相互独立），则有

$$E(X \mid G) = E(X),\mathrm{a.s.}$$

(11) 若 G_1,G_2 是两个子 σ 代数，使得 $G_1 \subset G_2 \subset F$，则

$$E[E(X \mid G_2) \mid G_1] = E(X \mid G_1),\mathrm{a.s.}$$

(12) 若 X,Y 是两个独立的随机变量，函数 $g(x,y)$ 使得 $E[\mid g(X,Y) \mid] < +\infty$，则有

$$E[g(X,Y) \mid Y] = E[g(X,y)] \mid_{y=Y},\mathrm{a.s.}$$

这里 $E[g(X,y)] \mid_{y=Y}$ 的意义是，先将 y 视为常数，求得数学期望 $E[g(X,y)]$ 后再将随机变量 Y 带入 y 的位置。

第二节 随机过程的基本概念和基本类型

在概率论中学习的随机变量主要涉及有限多个。在极限定理中，虽然涉及无穷多个随机变量，但它们之间是相互独立的。随着科学技术的发展和实际问题的需要，我们必须对一些随机现象的变化过程进行研究，这就必须考虑无穷多个随机变量，而且出发点也不是随机变量的有限个独立样本，而是无穷多个随机变量的一次观测。这里我们将研究的无穷多个（可能不是相互独立的）随机变量，称为随机过程。

随机过程的历史可以追溯到 20 世纪初 Gibbs、Boltzman 和 Poincaré 等人在统计力学中的研究工作，以及后来 Einstein、Wiener、Levy 等人对 Brown 运动的研究。而整个学科的理论基础是由 Kolmogorov 和 Doob 奠定的，并由此开始了随机过程理论与应用研究的蓬勃发展阶段。

一、基本概念

定义 6.2.1

随机过程是概率空间(Ω, F, P)上的一族随机变量$\{X(t), t \in T\}$，其中T称为指标集或参数集。

通常将随机过程$\{X(t), t \in T\}$解释为一个物理、自然或社会的系统，$X(t)$表示系统在时刻t所处的状态。$X(t)$的所有可能状态构成的集合为状态空间，记为S。根据状态空间S的不同，过程可以分为连续状态和离散状态，一般情况下，如果不做说明，都认为状态空间是实数集$\mathbb{R}$或$\mathbb{R}$的子集。参数集T通常代表时间，T可取为实数集$\mathbb{R}$，非负实数集$\mathbb{R}^+$，整数集$\mathbb{Z}$，或非负整数集$\mathbb{Z}^+$等。当T取为$\mathbb{R}$，$\mathbb{R}^+$或$[a, b]$（区间）时，称$\{X(t), t \in T\}$为连续参数的随机过程。当T取为$\mathbb{Z}$或$\mathbb{Z}^+$时，称$\{X(t), t \in T\}$为离散参数的随机过程，当$T = \{0, 1, 2, \cdots\}$时，称之为随机序列或时间序列，随机序列常写成$\{X(n), n \geq 0\}$或$\{X_n, n = 0, 1, \cdots\}$。

有时，从另一个角度来看随机过程是很有益的，即随机过程$\{X(t, \omega), t \in T, \omega \in \Omega\}$可以看成是定义在$T \times \Omega$上的二元函数。对于固定的样本点$\omega \in \Omega$，$X(t, \omega)$就是定义在$T$上的一个函数，称为$X(t)$的一条样本路径或一个样本函数；而对于固定的时刻$t \in T$，$X(t) = X(t, \omega)$是概率空间$(\Omega, F, P)$上的一个随机变量。

下面是常见随机过程的例子。

例 6.2.1

（随机游动）一个醉汉在路上行走，以概率p前进一步，以概率$1 - p$后退一步（假定其步长相同）。以$X(t)$记他t时刻在路上的位置，则$\{X(t)\}$就是直线上的随机游动。

例 6.2.2

（Brown运动）英国植物学家Brown注意到飘浮在液面上的微小粒子不断进行无规则的运动，这种运动后来称为Brown运动。它是分子大量随机碰撞的结果。若以$[X(t), Y(t)]$表示粒子在平面坐标上的位置，则它是平面上的Brown运动。

例 6.2.3

（排队模型）顾客来到服务站要求服务。当服务站中的服务员都忙碌，即服务员都在为别的顾客服务时，来到的顾客就要排队等候。顾客的到来、每个顾客所需的服务时间都是随机的，所以如果用$X(t)$表示t时刻的队长，用$Y(t)$表示t时刻到来的顾客所需的等待时间，则$\{X(t), t \in T\}$，$\{Y(t), t \in T\}$都是随机过程。

二、有限维分布与 Kolmogorov 定理

研究随机现象主要是研究其统计规律性，对于一个或有限个随机变量来说，掌握了分布函数就能完全了解随机变量。类似地，对于随机过程$\{X(t), t \in T\}$，为了描述它的统计特性，自然要知道对于每个$t \in T$，$X(t)$的分布函数$F(t, x) =$

$P\{X(t)\leqslant x\}$（我们称 $F(t,x)$ 为随机过程 $\{X(t),t\in T\}$ 的一维分布），以及它们在任意 n 个时间点的联合分布。它不再是有限个，而是一族联合分布。比如说，我们还需了解随机变量 $X(t_1)$ 和 $X(t_2)$ 的联合分布 $P\{X(t_1)\leqslant x_1,X(t_2)\leqslant x_2\}$，即随机过程在两个不同时刻的二维分布，记为 $F_{t_1,t_2}(x_1,x_2)$。一般，对任意有限个 $t_1,t_2,\cdots,t_n\in T$，我们还需定义随机过程的 n 维分布

$$F_{t_1,t_2,\cdots,t_n}(x_1,x_2,\cdots,x_n)=P\{X(t_1)\leqslant x_1,X(t_2)\leqslant x_2,\cdots,X(t_n)\leqslant x_n\} \quad (6.2.1)$$

随机过程的所有一维分布、二维分布……n 维分布等的全体称为随机过程 $\{X(t),t\in T\}$ 的有限维分布族。

$$\{F_{t_1,t_2,\cdots,t_n}(x_1,x_2,\cdots,x_n),t_1,t_2,\cdots,t_n\in T,n\geqslant 1\}$$

知道了随机过程的有限维分布就知道了 $\{X(t),t\in T\}$ 中任意 n 个随机变量的联合分布，也就掌握了这些随机变量之间的相互依赖关系。

不难看出，一个随机过程的有限维分布族具有下述两个性质。

(1) 对称性：对 $1,2,\cdots,n$ 的任一排列 $j_1,j_2,\cdots,j_n$，有

$$\begin{aligned}F_{t_{j1},t_{j2},\cdots,t_{jn}}(x_{j1},x_{j2},\cdots,x_{jn})&=P\{X(t_{j1})\leqslant x_{j1},X(t_{j2})\leqslant x_{j2},\cdots,X(t_{jn})\leqslant x_{jn}\}\\&=P\{X(t_1)\leqslant x_1,X(t_2)\leqslant x_2,\cdots,X(t_n)\leqslant x_n\}\\&=F_{t_1,t_2,\cdots,t_n}(x_1,x_2,\cdots,x_n)\end{aligned}$$

(2) 相容性：对于 $m<n$，有

$$F_{t_1,t_2,\cdots,t_m,t_{m+1},\cdots,t_n}(x_1,x_2,\cdots,x_m,\infty,\cdots,\infty)=F_{t_1,t_2,\cdots,t_m}(x_1,x_2,\cdots,x_m)$$

一个重要的结论是下面的 Kolmogorov 定理，它是我们研究随机过程理论的基本定理。

定理 6.2.1

设分布函数族 $\{F_{t_1,t_2,\cdots,t_n}(x_1,x_2,\cdots,x_n),t_1,t_2,\cdots,t_n\in T,n\geqslant 1\}$ 满足上述的对称性和相容性，则必存在一个随机过程 $\{X(t),t\in T\}$，使 $\{F_{t_1,t_2,\cdots,t_n}(x_1,x_2,\cdots,x_n),t_1,t_2,\cdots,t_n\in T,n\geqslant 1\}$ 恰好是 $\{X(t),t\in T\}$ 的有限维分布族。

Kolmogorov 定理说明，随机过程的有限维分布族是随机过程概率特征的完整描述，它是证明随机过程存在性的有力工具。但是，在实际问题中，要知道随机过程的全部有限维分布是不可能的。因此，人们想到了用随机过程的某些数字特征来刻画随机过程。我们有如下定义。

定义 6.2.2

设 $\{X(t),t\in T\}$ 是一随机过程。

(1) 称 $X(t)$ 的期望 $\mu_X(t)=E[X(t)]$ 为过程的均值函数（如果存在的话）。

(2) 如果 $\forall t\in T,E[X^2(t)]$ 存在，则称随机过程 $\{X(t),t\in T\}$ 为二阶矩过

程。此时,称函数 $\gamma(t_1,t_2)=E\{[X(t_1)-\mu_X(t_1)][X(t_2)-\mu_X(t_2)]\}(t_1,t_2\in T)$ 为过程的协方差函数;称 $\mathrm{Var}[X(t)]=\gamma(t,t)$ 为过程的方差函数;称 $R_X(s,t)=E[X(s)X(t)](s,t\in T)$ 为自相关函数。

由 Schwartz 不等式知,二阶矩过程的协方差函数和自相关函数存在,且有

$$\gamma_X(s,t)=R_X(s,t)-\mu_X(s)\mu_X(t)$$

三、随机过程的基本类型

(一) 平稳过程

有一类重要的过程,它处于某种平稳状态,其主要性质与变量之间的时间间隔有关,与所考察的起始点无关,这样的过程称为平稳过程。严格定义如下:

定义 6.2.3

如果随机过程 $\{X(t),t\in T\}$ 对任意的 $t_1,t_2,\cdots,t_n\in T$ 和任意的 h(使得 $t_i+h\in T,i=1,2,\cdots,n$)有 $(X(t_1+h),X(t_2+h),\cdots,X(t_n+h))$ 与 $(X(t_1),X(t_2),\cdots,X(t_n))$ 具有相同的联合分布,记为

$$(X(t_1+h),X(t_2+h),\cdots,X(t_n+h))\overset{d}{=}(X(t_1),X(t_2),\cdots,X(t_n)) \quad (6.2.2)$$

则称 $\{X(t),t\in T\}$ 为严平稳的。

式(6.2.2)表明,对于严平稳过程而言,有限维分布关于时间是平移不变的。条件(6.2.2)很强,且不容易验证,所以引入另一种所谓的宽平稳过程或二阶平稳过程。

定义 6.2.4

如果随机过程 $X(t)$ 的所有二阶矩都存在,并且 $E[X(t)]=\mu$,协方差函数 $\gamma(t,s)$ 只与时间差 $t-s$ 有关,则称 $\{X(t),t\in T\}$ 为宽平稳过程或二阶平稳过程。

对于宽平稳过程,因为 $\gamma(t,s)=\gamma(0,t-s)(s,t\in\mathbb{R})$,所以可以记为 $\gamma(t-s)$。显然对所有 t,有 $\gamma(-t)=\gamma(t)$,即 $\gamma(t)$ 的图形是关于纵轴对称的。其在 0 点的值就是 $X(t)$ 的方差,即 $\gamma(0)=\mathrm{Var}[X(t)]$,并且 $|\gamma(t)|\leqslant\gamma(0),\forall t\in T$。此外,$\gamma(t)$ 具有非负定性,即对任意时刻 t_k 和实数 $a_k(k=1,2,\cdots,N)$,有

$$\sum_{i=1}^{N}\sum_{j=1}^{N}a_ia_j\gamma(t_i-t_j)\geqslant 0$$

本书主要涉及这种宽平稳过程,所以平稳过程这名词就是指满足定义 6.2.4 的宽平稳过程。当参数 t 仅取整数 $0,\pm 1,\cdots$ 或 $0,1,\cdots$ 时,称平稳过程为平稳序列。

例 6.2.4

(平稳白噪声序列)设 $\{X_n,n=0,1,\cdots\}$ 为一列两两互不相关的随机变量序列,满足 $E(X_n)=0(n=0,1,\cdots)$,且

$$E(X_mX_n)=\begin{cases}0 & (m\neq n)\\ \sigma^2 & (m=n)\end{cases}$$

则 $\{X_n, n = 0, 1, \cdots\}$ 为平稳序列。这是因为协方差函数 $\mathrm{Cov}(X_n, X_m) = E(X_n X_m)$ 只与 $m - n$ 有关。

考虑如下两个特殊平稳过程：

设 $\{X_n, n \geqslant 0\}$ 为独立同分布随机变量序列，$E(X_n^2) < \infty$，$E(X_n) = \mu$ $(n = 0, 1, \cdots)$。

$\{Y_n = Y, n \geqslant 0\}$，其中 Y 是随机变量，$E(Y^2) < \infty$。

可以用这两个过程来阐述不同平稳过程之间的差异。对于过程 $\{X_n\}$ 而言，由大数定律知

$$\frac{1}{n}(X_0 + X_1 + \cdots + X_{n-1})$$

以概率 1 收敛于常数 μ。但对于过程 $\{Y_n\}$ 而言，有

$$\frac{1}{n}(Y_0 + Y_1 + \cdots + Y_{n-1}) = Y$$

即经过对时间的平均后，随机性没发生任何改变。于是，自然产生这样的问题：在何种条件下，平稳过程对时间的平均值可以等于过程的均值？这一问题称为平稳过程的遍历性问题，它是平稳过程研究中的一个重要课题。

对于平稳过程 $\{X_n, n = 0, 1, \cdots\}$，重要的是确定它的均值 μ 和协方差函数 $\gamma(\tau)$。由于 $E(X_t) = \mu$，为估计 μ，就必须对随机过程 $\{X_n\}$ 做大量观察。以 $X_j(t)$ 记第 j $(j = 1, 2, \cdots, n)$ 次观察中时刻 t 的值。由大数定律知，可以用 $\hat{\mu} = \frac{1}{n}[X_1(t) + X_2(t) + \cdots + X_n(t)]$ 来估计 μ。同样，协方差函数 $\gamma(\tau)$ 也可以用 $\hat{\gamma}(\tau) = \frac{1}{n}\sum_{k=1}^{n}[X_k(t + \tau) - \hat{\mu}][X_k(t) - \hat{\mu}]$ 来估计。然而，对随机过程做多次观察一般来说很难做到，容易的是做一次观察，获得一条样本路径，我们希望由这一次观察来估计 μ 和 $\gamma(\tau)$。对于一般的随机过程这是不可能的，但是对于平稳过程，只要加上一些条件，就可以从一次观察中得到 μ 和 $\gamma(\tau)$ 的较好的估计，这就是遍历性定理。

定义 6.2.5

设 $X = \{X(t), -\infty < t < \infty\}$ 为一平稳过程（或平稳序列），均值为 μ，如果

$$\overline{X} = \lim_{T \to \infty} \frac{1}{2T} \int_{-T}^{T} X(t)\mathrm{d}t = \mu \tag{6.2.3}$$

或

$$\overline{X} = \lim_{N \to \infty} \frac{1}{2N + 1} \sum_{k=-N}^{N} X(k) = \mu \tag{6.2.4}$$

则称 X 的均值具有遍历性。这里的极限是指在均方意义下的极限，即

$$\lim_{T \to \infty} E\left[\left|\frac{1}{2T} \int_{-T}^{T} X(t)\mathrm{d}t - \mu\right|^2\right] = 0$$

如果

$$\overline{\gamma}(\tau) = \lim_{T \to \infty} \frac{1}{2T} \int_{-T}^{T} [X(t) - \mu][X(t+\tau) - \mu] dt = \gamma(\tau) \qquad (6.2.5)$$

或 $$\overline{\gamma}(\tau) = \lim_{N \to \infty} \frac{1}{2N+1} \sum_{k=-N}^{N} [X(k) - \mu][X(k+\tau) - \mu] = \gamma(\tau) \qquad (6.2.6)$$

则称 X 的协方差具有遍历性,这里的极限同样是指在均方意义下的极限。若随机过程(或随机序列)的均值和协方差函数都具有遍历性,则称此随机过程具有遍历性。

在上述定义中,如果 t 只取非负实数(非负整数),相应的积分与求和就限制在 $[0, \infty)$ 上。例如,相应于式(6.2.3)和式(6.2.4)的定义改为

$$\lim_{T \to \infty} \frac{1}{T} \int_0^T X(t) dt = \mu \qquad (6.2.7)$$

或 $$\lim_{N \to \infty} \frac{1}{N+1} \sum_{k=0}^{N} X(k) = \mu \qquad (6.2.8)$$

由遍历性的定义式,自然提出问题:极限是否存在? 如果存在,它是随机变量的极限,那么在什么条件下它能等于常数呢? 这些问题由遍历性定理给出了明确的解答。因为遍历性定理难度较大,这里不再介绍。

(二) 独立增量过程

虽然 $X(t)$ 之间常常不是相互独立的,但人们发现许多过程的增量是相互独立的,我们称之为独立增量过程。

定义 6.2.6

如果对任意 $t_1, t_2, \cdots, t_n \in T, t_1 < t_2 < \cdots < t_n$,随机变量 $X(t_2) - X(t_1), X(t_3) - X(t_2), \cdots, X(t_n) - X(t_{n-1})$ 是相互独立的,则称 $\{X(t), t \in T\}$ 是独立增量过程。

如果对任意 t_1、t_2,有 $X(t_1 + h) - X(t_1) \overset{d}{=} X(t_2 + h) - X(t_2)$,则称 $\{X(t), t \in T\}$ 是平稳增量过程。

兼有独立增量和平稳增量的过程称为平稳独立增量过程。

假设随机过程 $X(t)$ 的特征函数为 $\psi_{X(t)}(a) = E[e^{iaX(t)}]$,我们有如下定理。

定理 6.2.2

设 $\{X(t), t \geq 0\}$ 是一个独立增量过程,则 $X(t)$ 具有平稳增量的充分必要条件为:其特征函数具有可乘性,即

$$\psi_{X(t+s)}(a) = \psi_{X(t)}(a) \psi_{X(s)}(a)$$

证明:

必要性显然,下证充分性。

由独立增量性,我们有

$$\psi_{X(t)}(a)\psi_{X(s)}(a) = \psi_{X(t+s)}(a)$$
$$= E[e^{iaX(t+s)}]$$
$$= E\{e^{ia[X(t+s)-X(s)]}\}E[e^{iaX(s)}]$$
$$= E\{e^{ia[X(t+s)-X(s)]}\}\psi_{X(s)}(a)$$

由此可得

$$E\{e^{ia[X(t+s)-X(s)]}\} = \psi_{X(t)}(a) = E[e^{iaX(t)}]$$

即该过程具有平稳的增量。

不难证明,平稳独立增量过程的均值函数一定是时间 t 的线性函数。本章后面将要介绍的 Poisson 过程和 Brown 运动都是这类过程。这两类过程是随机过程理论中的两块最重要的基石。

另外,重要的相依类型还有 Markov 过程(链)和鞅等。Markov 过程是随机过程的中心课题之一,当然成为本教材的一部分;而鞅是近代随机过程理论中的重要概念,同时在经济学特别是金融学中有广泛的应用,我们将在后面一一讨论。还应当指出的是,这里关于过程的分类不是绝对的,一个具体的过程可以同时属于上述多种类型。

第三节　泊松(Poisson)过程

一、定义及例子

泊松(Poisson)过程是一类重要的计数过程,先给出计数过程的定义。

定义 6.3.1

随机过程 $\{N(t),t\geqslant 0\}$ 称为计数过程,如果 $N(t)$ 表示从 0 到 t 时刻某一特定事件 A 发生的次数,它具备以下两个特点:

(1) $N(t)\geqslant 0$ 且取值为整数;

(2) 当 $s<t$ 时,$N(s)\leqslant N(t)$ 且 $N(t)-N(s)$ 表示 $(s,t]$ 时间内事件 A 发生的次数。

计数过程在实际中有广泛的应用,只要我们对所观察的事件出现的次数感兴趣,就可以使用计数过程来描述。比如,考虑一段时间内到某商店购物的顾客数或某超市中等待结账的顾客数,经过某一路口的汽车数量,某地区一段时间内某年龄段的死亡人数、新出生人数,保险公司接到的索赔次数等,都可以用计数过程来作为模型加以研究。

第二节中定义的独立增量和平稳增量是某些计数过程具有的主要性质。

Poisson 过程是具有独立增量和平稳增量的计数过程,它的定义如下。

定义 6.3.2

计数过程 $\{N(t),t\geqslant 0\}$ 称为参数为 λ（$\lambda>0$）的 Poisson 过程，如果：

(1) $N(0)=0$；

(2) 过程有独立增量；

(3) 在任一长度为 t 的时间区间中事件发生的次数服从均值为 λt 的 Poisson 分布，即对一切 $s\geqslant 0,t>0$，有

$$P\{N(t+s)-N(s)=n\}=\mathrm{e}^{-\lambda t}\frac{(\lambda t)^n}{n!}\quad (n=0,1,2,\cdots)\qquad (6.3.1)$$

从定义 6.3.2（3）中易见，$N(t+s)-N(s)$ 的分布不依赖于 s，所以该式蕴含了过程的平稳增量性。另外，由 Poisson 分布的性质知道，$E[N(t)]=\lambda t$，于是可认为 λ 是单位时间内发生的事件的平均次数，一般称 λ 是 Poisson 过程的强度或速率，在有些著作中它还被称为"发生率"（这取决于我们在定义 Poisson 过程时称事件为"发生"或"来到"，并无实质区别）。同时还可以得到 $\{N(t),t\geqslant 0\}$ 的方差和协方差函数，分别为

$$\mathrm{Var}[N(t)]=\lambda t,\mathrm{Cov}[N(s),N(t)]=\min(s,t)\lambda\qquad (6.3.2)$$

在前面提到的计数过程的例子中，有很多就可以用 Poisson 过程来考虑，我们来看几个更具体的例子。

例 6.3.1

（Poisson 过程在排队论中的应用）研究随机服务系统中的排队现象时，经常用到 Poisson 过程模型。例如，到达电话总机的呼叫数目，到达某服务设施（商场、车站、购票处等）的顾客数，都可以用 Poisson 过程来描述。以某火车站售票处为例，设从早上 8:00 开始，此售票处连续售票，乘客以 10 人/小时的平均速率到达，则 9:00—10:00 这 1 小时内最多有 5 名乘客来此购票的概率是多少？10:00—11:00 没有人来买票的概率是多少？

解：

我们用一个 Poisson 过程来描述。设 8:00 为时刻 0，则 9:00 为时刻 1，参数 $\lambda=10$。由式（6.3.1）知

$$P\{N(2)-N(1)\leqslant 5\}=\sum_{n=0}^{5}\mathrm{e}^{-10}\frac{10^n}{n!}$$

$$P\{N(3)-N(2)=0\}=\mathrm{e}^{-10}\frac{10^0}{0!}=\mathrm{e}^{-10}$$

例 6.3.2

（事故发生次数及保险公司接到的索赔数）若以 $N(t)$ 表示某公路交叉口、矿山、工厂等场所在 $(0,t]$ 时间内发生不幸事故的数目，则 Poisson 过程就是 $\{N(t),t\geqslant 0\}$ 的一种很好的近似。例如，保险公司接到赔偿请求的次数（设一次事故就导致一次索赔）、向 315 台的投诉（设商品出现质量问题为事故）等都可以应用 Poisson 过程模

型。我们考虑一种最简单的情况,设保险公司每次的赔付都是 1,每月平均接到索赔要求 4 次,则一年中它要支付的金额平均为多少?

解:

设一年开始为时刻 0,1 月末为时刻 1,2 月末为时刻 2……年末为时刻 12,则有

$$P\{N(12) - N(0) = n\} = \frac{(4 \times 12)^n}{n!} e^{-4 \times 12}$$

均值 $E\{N(12) - N(0)\} = 4 \times 12 = 48$

例 6.3.3

事件 A 的发生形成强度为 λ 的 Poisson 过程 $\{N(t), t \geqslant 0\}$,如果每次事件发生时能够以概率 p 被记录下来,并以 $M(t)$ 表示到时刻 t 被记录下来的事件总数,则 $\{M(t), t \geqslant 0\}$ 是一个强度为 λp 的 Poisson 过程。

证明:

事实上,由于每次事件发生时,对它的记录和不记录都与其他的事件能否被记录独立,而且事件发生服从 Poisson 分布,所以 $M(t)$ 也具有平稳独立增量,故只需验证 $M(t)$ 服从均值为 $\lambda p t$ 的 Poisson 分布。

$$P\{M(t) = m\} = \sum_{n=0}^{\infty} P\{M(t) = m \mid N(t) = m + n\} \cdot P\{N(t) = m + n\}$$

$$= \sum_{n=0}^{\infty} C_{m+n}^m p^m (1-p)^n \cdot \frac{(\lambda t)^{m+n}}{(m+n)!} e^{-\lambda t}$$

$$= e^{-\lambda t} \sum_{n=0}^{\infty} \frac{(\lambda p t)^m [\lambda(1-p)t]^n}{m! \, n!}$$

$$= e^{-\lambda t} \frac{(\lambda p t)^m}{m!} \sum_{n=0}^{\infty} \frac{[\lambda(1-p)t]^n}{n!}$$

$$= e^{-\lambda p t} \frac{(\lambda p t)^m}{m!}$$

结论得证。

二、复合 Poisson 过程

定义 6.3.3

称随机过程 $\{X(t), t \geqslant 0\}$ 为复合 Poisson 过程,如果 $t \geqslant 0$,它可以表示为

$$X(t) = \sum_{i=1}^{N(t)} Y_i \tag{6.3.3}$$

式中,$\{N(t), t \geqslant 0\}$ 是一个 Poisson 过程;$\{Y_i, i = 1, 2, \cdots\}$ 是一族独立同分布的随机变量,并且与 $\{N(t), t \geqslant 0\}$ 独立。

容易看出,复合 Poisson 过程不一定是计数过程,但是当 $Y_i \equiv c(i = 1, 2, \cdots; c$ 为常数)时,可转化为 Poisson 过程。

例 6.3.4

保险公司接到的索赔次数服从一个 Poisson 过程 $\{N(t),t\geqslant 0\}$，每次要求赔付的全额 Y_i 都相互独立，且有相同分布 F，每次的索赔数额与它发生的时刻无关，则 $[0,t]$ 时间内保险公司需要赔付的总金额 $\{X(t),t\geqslant 0\}$ 就是一个复合 Poisson 过程，式中

$$X(t)=\sum_{i=1}^{N(t)}Y_i$$

例 6.3.5

(顾客成批到达的排队系统)设顾客到达某服务系统的时刻 $S_1,S_2,\cdots$ 形成一个强度为 λ 的 Poisson 过程，在每个时刻 $S_n(n=1,2,\cdots)$，可以同时有多名顾客到达。Y_n 表示在时刻 S_n 到达的顾客人数，假定 $Y_n(n=1,2,\cdots)$ 相互独立，并且与 $\{S_n\}$ 也独立，则在 $[0,t]$ 时间内到达服务系统的顾客总人数可用一个复合 Poisson 过程来描述。

例 6.3.6

假定顾客按照参数为 λ 的 Poisson 过程进入一个商店，又假设各顾客所花费的金额形成一族独立同分布的随机变量。以 $X(t)$ 记到时间 t 为止顾客在此商店所花费的总额，易见 $\{X(t),t\geqslant 0\}$ 是一个复合 Poisson 过程。

定理 6.3.1

设 $\{X(t)=\sum_{i=1}^{N(t)}Y_i,t\geqslant 0\}$ 是一个复合 Poisson 过程，Poisson 过程 $\{X(t),t\geqslant 0\}$ 的强度为 λ，则：

(1) $X(t)$ 有独立增量；

(2) 若 $E(Y_i^2)<+\infty$，则

$$E[X(t)]=\lambda tE(Y_1),\quad \mathrm{Var}[X(t)]=\lambda tE(Y_1^2) \tag{6.3.4}$$

证明：

(1) 令 $0\leqslant t_0\leqslant t_1\leqslant\cdots\leqslant t_n$，则

$$X(t_k)-X(t_{k-1})=\sum_{i=N(t_{k-1})+1}^{N(t_k)}Y_i\quad(k=1,2,\cdots,n)$$

由 Poisson 过程的独立增量性及各 $Y_i(i=1,2,\cdots,n)$ 之间的独立性不难得出 $X(t)$ 的独立增量性。

(2) 利用矩母函数方法，首先有

$$\phi_{X(t)}(u)=E[\mathrm{e}^{uX(t)}]$$

$$=\sum_{n=0}^{\infty}E[\mathrm{e}^{uX(t)}\mid N(t)=n]P[N(t)=n]$$

$$=\sum_{n=0}^{\infty}E[\mathrm{e}^{u(Y_1+Y_2+\cdots+Y_n)}\mid N(t)=n]\mathrm{e}^{-\lambda t}\frac{(\lambda t)^n}{n!}$$

$$= \sum_{n=0}^{\infty} E\left[e^{u(Y_1+Y_2+\cdots+Y_n)}\right] e^{-\lambda t} \frac{(\lambda t)^n}{n!}$$

$$= \sum_{n=0}^{\infty} E(e^{uY_1}) E(e^{uY_2}) \cdots E(e^{uY_n}) e^{-\lambda t} \frac{(\lambda t)^n}{n!}$$

$$= \sum_{n=0}^{\infty} \left[E(e^{uY_1})\right]^n e^{-\lambda t} \frac{(\lambda t)^n}{n!}$$

$$= e^{-\lambda t\left[E(e^{uY_1})-1\right]}$$

对式(6.3.5)求导,得

$$E[X(t)] = \lambda t E(Y_1) \text{ 及 } \mathrm{Var}[X(t)] = \lambda t E(Y_1^2) \tag{6.3.5}$$

注:还可以得到协方差函数为

$$\mathrm{Cov}[X(s), X(u)] = \lambda \min(s, u) E(Y_1^2)$$

证明略。

例 6.3.7

在保险的索赔模型中,设索赔要求以平均每月两次的速率的 Poisson 过程到达保险公司。每次赔付服从均值为 10 000 元的正态分布,则一年中保险公司的平均赔付额是多少?

解:

由定理 6.3.1 易得

$$E[X(12)] = 2 \times 12 \times 10\,000 = 240\,000(\text{元})$$

例 6.3.8

设顾客以每分钟 6 人的平均速率进入某商场。这一过程可以用 Poisson 过程来描述。又设进入该商场的每位顾客买东西的概率为 0.9,且每位顾客是否买东西互不影响,也与进入该商场的顾客数无关。求一天(12 小时)在该商场买东西的顾客数的均值。

解:

以 $N_1(t)$ 表示在时间$(0,t]$内进入该商场的顾客数,则$\{N_1(t), t \geq 0\}$是速率为 $\lambda = 6$（人／分钟）的 Poisson 过程,再以 $N_2(t)$ 表示在时间$(0,t]$内在该商场买东西的顾客数,并设

$$Y_i = \begin{cases} 1, \text{如果第 } i \text{ 位顾客在该商场买东西} \\ 0, \text{如果第 } i \text{ 位顾客在该商场未买东西} \end{cases}$$

则 Y_i 独立同分布于 $B(1, 0.9)$,与$\{N_1(t), t \geq 0\}$独立,且

$$N_2(t) = \sum_{i=1}^{N_1(t)} Y_i$$

由定理 6.3.1 易得一天（12 小时）在该商场买东西的平均顾客数为

$E[N_2(720)] = 3\,888$（人）。

注：若以 Z_i 表示进入该商场的第 i 位顾客在该商场所花费的金额（单位：元），且有 $Z_i \sim B(200, 0.5)$，则

$$N_3(t) = \sum_{i=1}^{N_1(t)} Z_i$$

表示在时间 $(0, t]$ 内该商场的营业额，则该商场一天的平均营业额为

$$E[N_3(t)] = E(Z_1)E[N_1(t)] = (200 \times 0.5) \times (6 \times 12 \times 60) = 432\,000（元）$$

第四节 马尔科夫（Markov）过程

有一类随机过程，它具备所谓的"无后效性"（Markov 性），即要确定过程将来的状态，知道它此刻的情况就足够了，并不需要对它以往状况的认识，这类过程称为马尔科夫（Markov）过程。我们将介绍 Markov 过程最简单的类型：离散时间的 Markov 链（简称马氏链）。

一、Markov 链的定义及例子

定义 6.4.1

随机过程 $\{X_n, n = 0, 1, \cdots\}$ 称为 Markov 链，若它只取有限或可列个值（若不另外说明，以非负整数集 $\{0, 1, 2, \cdots\}$ 表示），并且对任意的 $n \geqslant 0$，以及任意状态 $i, j, i_0, i_1, \cdots, i_{n-1}$，有

$$P\{X_{n+1} = j \mid X_n = i, X_{n-1} = i_{n-1}, \cdots, X_1 = i_1, X_0 = i_0\}$$
$$= P\{X_{n+1} = j \mid X_n = i\} \tag{6.4.1}$$

式中，$X_n = i$ 表示过程在时刻 n 处于状态 i，称 $\{0, 1, 2, \cdots\}$ 为该过程的状态空间，记为 S。

式（6.4.1）刻画了 Markov 链的特性，称为 Markov 性。对 Markov 链，给定过去的状态 $X_0, X_1, \cdots, X_{n-1}$，以及现在的状态 X_n，将来的状态 X_{n+1} 的条件分布与过去的状态独立，只依赖于现在的状态。

定义 6.4.2

称式（6.4.1）中的条件概率 $P\{X_{n+1} = j \mid X_n = i\}$ 为 Markov 链 $\{X_n, n = 0, 1, \cdots\}$ 的一步转移概率，简称转移概率，记为 p_{ij}，它代表处于状态 i 的过程下一步转移到状态 j 的概率。

一般情况下，转移概率与状态 i, j 和时刻 n 有关。

定义 6.4.3

当 Markov 链的转移概率 $p_{ij} = P\{X_{n+1} = j \mid X_n = i\}$ 只与状态 i, j 有关，而与 n 无

关时,称为时齐 Markov 链;否则,称为非时齐的。

在本章中,我们只讨论时齐 Markov 链,并且简称为 Markov 链。

当 Markov 链的状态有限时,称为有限链,否则称为无限链。但无论状态有限还是无限,我们都可以将 $p_{ij}(i,j \in S)$ 排成一个矩阵的形式,令

$$\boldsymbol{P} = (p_{ij}) = \begin{pmatrix} p_{00} & p_{01} & p_{02} & \cdots \\ p_{10} & p_{11} & p_{12} & \cdots \\ \vdots & \vdots & \vdots & \\ p_{i0} & p_{i1} & p_{i2} & \cdots \\ \vdots & \vdots & \vdots & \end{pmatrix} \tag{6.4.2}$$

称 $\boldsymbol{P}$ 为转移概率矩阵,一般简称为转移矩阵。由于概率是非负的,且过程必须转移到某种状态,所以容易看出 $p_{ij}(i,j \in S)$ 有性质:

(1) $p_{ij} \geqslant 0, i,j \in S$

(2) $\sum\limits_{j \in S} p_{ij} = 1, \forall i \in S$ $\tag{6.4.3}$

定义 6.4.4

称矩阵为随机矩阵,若矩阵元素具有式(6.4.3)中的两个性质。易见随机矩阵每一行元素的和都为 1。

例 6.4.1

(赌徒的破产或称带吸收壁的随机游动)系统的状态是 $0 \sim n$,反映赌博者在赌博期间拥有的金钱数额,当他输光或拥有钱数为 n 时,赌博停止,否则他将持续赌博。每次以概率 p 赢得 1,以概率 $q = 1 - p$ 输掉 1。这个系统的转移矩阵为

$$\boldsymbol{P} = \begin{pmatrix} 1 & 0 & 0 & 0 & \cdots & 0 & 0 & 0 \\ q & 0 & p & 0 & \cdots & 0 & 0 & 0 \\ \vdots & \vdots & \vdots & \vdots & & \vdots & \vdots & \vdots \\ 0 & 0 & 0 & 0 & \cdots & q & 0 & p \\ 0 & 0 & 0 & 0 & \cdots & 0 & 0 & 1 \end{pmatrix}_{(n+1) \times (n+1)}$$

例 6.4.2

(带反射壁的随机游动)设上例中当赌博者输光时将获得赞助 1 让他继续赌下去,就如同一个在直线上做随机游动的球在到达左侧 0 点处立刻反弹回 1 一样,这就是一个一侧带有反射壁的随机游动。此时转移矩阵为

$$\boldsymbol{P} = \begin{pmatrix} 0 & 1 & 0 & 0 & \cdots & 0 & 0 & 0 \\ q & 0 & p & 0 & \cdots & 0 & 0 & 0 \\ 0 & q & 0 & p & \cdots & 0 & 0 & 0 \\ \vdots & \vdots & \vdots & \vdots & & \vdots & \vdots & \vdots \\ 0 & 0 & 0 & 0 & \cdots & q & 0 & p \\ 0 & 0 & 0 & 0 & \cdots & 0 & 0 & 1 \end{pmatrix}_{(n+1) \times (n+1)}$$

同样可考虑两侧均有反射壁的情况。

二、n 步转移概率,C - K 方程

定义 6.4.5

称条件概率

$$p_{ij}^{(n)} = P\{X_{m+n} = j \mid X_m = i\} \quad (i,j \in S; m \geqslant 0; n \geqslant 1) \tag{6.4.4}$$

为 Markov 链的 n 步转移概率,相应地称 $\boldsymbol{P}^{(n)} = (p_{ij}^{(n)})$ 为 n 步转移概率矩阵。

当 $n=1$ 时,$p_{ij}^{(1)} = p_{ij}$,$\boldsymbol{P}^{(1)} = \boldsymbol{P}$,此外规定

$$p_{ij}^{(0)} = \begin{cases} 0 & (i \neq j) \\ 1 & (i = j) \end{cases} \tag{6.4.5}$$

显然,n 步转移概率 $p_{ij}^{(n)}$ 指的就是系统从状态 i 经过 n 步后转移到状态 j 的概率,它对中间的 $n-1$ 步转移经过的状态无要求。

下面的定理给出了 $p_{ij}^{(n)}$ 和 p_{ij} 的关系。

定理 6.4.1　Chapman-Kolmogorov **方程**,**简称** C - K **方程**

对一切 $n,m \geqslant 0; i,j \in S$ 有

(1) $p_{ij}^{(m+n)} = \sum_{k \in S} p_{ik}^{(m)} p_{kj}^{(n)}$ (6.4.6)

(2) $\boldsymbol{P}^{(n)} = \boldsymbol{P} \cdot \boldsymbol{P}^{(n-1)} = \boldsymbol{P} \cdot \boldsymbol{P} \cdot \boldsymbol{P}^{(n-2)} = \cdots = \boldsymbol{P}^n$ (6.4.7)

证明:

$$\begin{aligned}
p_{ij}^{(m+n)} &= P\{X_{m+n} = j \mid X_0 = i\} \\
&= \frac{P\{X_{m+n} = j, X_0 = i\}}{P\{X_0 = i\}} \\
&= \sum_{k \in S} \frac{P\{X_{m+n} = j, X_m = k, X_0 = i\}}{P\{X_0 = i\}} \\
&= \sum_{k \in S} \frac{P\{X_{m+n} = j, X_m = k, X_0 = i\}}{P\{X_0 = i\}} \cdot \frac{P\{X_m = k, X_0 = i\}}{P\{X_m = k, X_0 = i\}} \\
&= \sum_{k \in S} \frac{P\{X_{m+n} = j, X_m = k, X_0 = i\}}{P\{X_0 = i\} \cdot P\{X_m = k\}} \cdot \frac{P\{X_m = k, X_0 = i\}}{P\{X_0 = i\}} \\
&= \sum_{k \in S} P\{X_{m+n} = j \mid X_m = k, X_0 = i\} \cdot P\{X_m = k \mid X_0 = i\} \\
&= \sum_{k \in S} p_{ik}^{(m)} p_{kj}^{(n)}
\end{aligned}$$

例 6.4.3

设例 6.4.1 中,$n=3$,$p = q = \dfrac{1}{2}$。赌博者从 2 元赌金开始赌博,求他经过 4 次赌博之后输光的概率。

解：

这个概率为 $p_{20}^{(4)} = P\{X_4 = 0 \mid X_0 = 2\}$，一步转移矩阵为

$$\boldsymbol{P} = \begin{pmatrix} 1 & 0 & 0 & 0 \\ \dfrac{1}{2} & 0 & \dfrac{1}{2} & 0 \\ 0 & \dfrac{1}{2} & 0 & \dfrac{1}{2} \\ 0 & 0 & 0 & 1 \end{pmatrix}$$

利用矩阵乘法，得

$$\boldsymbol{P}^{(4)} = P^4 = \begin{pmatrix} 1 & 0 & 0 & 0 \\ \dfrac{5}{8} & \dfrac{1}{16} & \dfrac{1}{2} & \dfrac{5}{16} \\ \dfrac{5}{16} & 0 & \dfrac{1}{16} & \dfrac{5}{8} \\ 0 & 0 & 0 & 1 \end{pmatrix}$$

故 $p_{20}^{(4)} = \dfrac{5}{16}$（$\boldsymbol{P}^{(4)}$ 中第 3 行第 1 列）。

例 6.4.4

(广告效益的推算)某种啤酒 A 的广告改变了广告方式,经调查发现买啤酒 A 及另外三种啤酒 B,C,D 的顾客每两个月的平均转换率如下(设市场中只有这四种啤酒)：

$$A \rightarrow A(0.95) \quad B(0.02) \quad C(0.02) \quad D(0.01)$$
$$B \rightarrow A(0.30) \quad B(0.60) \quad C(0.06) \quad D(0.04)$$
$$C \rightarrow A(0.20) \quad B(0.10) \quad C(0.70) \quad D(0.00)$$
$$D \rightarrow A(0.20) \quad B(0.20) \quad C(0.10) \quad D(0.50)$$

假设目前购买 A,B,C,D 四种啤酒的顾客的分布为 $(25\%, 30\%, 35\%, 10\%)$,试求半年后啤酒 A 的市场份额。

解：

令 $\boldsymbol{P}$ 为一步转移概率矩阵,则显然有

$$\boldsymbol{P} = \begin{pmatrix} 0.95 & 0.02 & 0.02 & 0.01 \\ 0.30 & 0.60 & 0.06 & 0.04 \\ 0.20 & 0.10 & 0.70 & 0.00 \\ 0.20 & 0.20 & 0.10 & 0.50 \end{pmatrix}$$

令 $\boldsymbol{\mu} = (\mu_1, \mu_2, \mu_3, \mu_4) = (0.25, 0.30, 0.35, 0.10)$

计算半年后顾客在这四种啤酒上的转移概率矩阵 $\boldsymbol{P}^3$

$$\boldsymbol{P}^2 = \begin{pmatrix} 0.914\,5 & 0.035 & 0.035\,2 & 0.015\,3 \\ 0.485 & 0.38 & 0.088 & 0.047 \\ 0.36 & 0.134 & 0.5 & 0.006 \\ 0.37 & 0.234 & 0.136 & 0.26 \end{pmatrix}$$

$$\boldsymbol{P}^3 = \begin{pmatrix} 0.889\,4 & 0.045\,8 & 0.046\,6 & 0.018\,20 \\ 0.601\,75 & 0.255\,9 & 0.098\,8 & 0.043\,55 \\ 0.483\,4 & 0.138\,8 & 0.365\,84 & 0.011\,96 \\ 0.500\,9 & 0.213\,4 & 0.142\,64 & 0.143\,06 \end{pmatrix}$$

我们关心啤酒 A 半年后的市场占有率,即从 A,B,C,D 四种啤酒经 3 次转移后转到 A 的概率,求得 A 的市场占有率变为

$$v = (0.25, 0.3, 0.35, 0.10) \begin{pmatrix} 0.889\,4 \\ 0.601\,75 \\ 0.483\,4 \\ 0.500\,9 \end{pmatrix} \approx 0.624$$

可见,啤酒 A 的市场份额由原来的 25% 增至 62.4%,新的广告方式很有效益。

第五节　鞅

本小节将介绍另一类特殊的随机过程——鞅。近几十年来,鞅理论不仅在随机过程及其他数学分支中占据重要的地位,而且在诸如金融、保险和医学等实际问题上也得到了广泛的应用。在此,我们将阐述鞅的一些基本理论,并以介绍离散时间鞅为主。

鞅的定义是从条件期望出发的,所以对条件期望不熟悉的读者请先学习第一节中的相关内容,这对于理解鞅理论是至关重要的。

一、基本概念

每个赌博者自然都对能使他在一系列赌博后获得最大期望收益的策略感兴趣。然而在数学上可以证明,在"公平"的博弈中是没有这样的赌博策略的。

假设一个赌博者正在进行一系列赌博,每次赌博输赢的概率都是 $\frac{1}{2}$,令 $\{Y_n, n = 1, 2, \cdots\}$ 是一列独立同分布的随机变量,表示每次赌博的结果。则有

$$P\{Y_n = 1\} = P\{Y_n = -1\} = \frac{1}{2}$$

这里 $\{Y_n = 1\}(\{Y_n = -1\})$ 表示赌博者在第 n 次赌博时赢(输)。如果赌博者采用的赌博策略(即所下赌注)依赖于前面的赌博结果,那么他的赌博可以用下面的随机变量序列描述

$$b_n = b_n(Y_1, Y_2, \cdots, Y_{n-1}) \quad (n = 2, 3, \cdots)$$

式中，$b_n(b_n < \infty)$ 是第 n 次的赌注，若赌赢则获利 b_n，否则输掉 b_n。

设 X_0 是该赌博者的初始赌资，则 X_n 是他在第 n 次赌博后的赌资。

$$X_n = X_0 + \sum_{i=1}^{n} b_i Y_i \tag{6.5.1}$$

可以断言

$$E(X_{n+1} \mid Y_1, Y_2, \cdots, Y_n) = X_n$$

事实上，由式(6.5.1)我们可以得到

$$X_{n+1} = X_n + b_{n+1} Y_{n+1}$$

因此

$$
\begin{aligned}
&E(X_{n+1} \mid Y_1, Y_2, \cdots, Y_n) \\
&= E(X_n \mid Y_1, Y_2, \cdots, Y_n) + E(b_{n+1}Y_{n+1} \mid Y_1, Y_2, \cdots, Y_n) \\
&= X_n + b_{n+1} E(Y_{n+1} \mid Y_1, Y_2, \cdots, Y_n) \quad \text{(因为 } X_n \text{ 与 } b_{n+1} \text{ 由 } Y_1, Y_2, \cdots, Y_n \text{ 确定)} \\
&= X_n + b_{n+1} E(Y_{n+1}) \qquad\qquad\quad \text{(因为} \{Y_n\} \text{是独立随机变量序列)} \\
&= X_n \qquad\qquad\qquad\qquad\qquad \text{(因为 } E(Y_{n+1}) = 0, \forall\, n \geqslant 0\text{)}
\end{aligned}
$$

这证明了，如果每次赌博的输赢机会是均等的，并且赌博策略依赖于前面的赌博结果，则赌博是"公平的"，即若以 X_n 表示一个赌博者在第 n 次赌博后所有的赌资，则第 $n+1$ 次赌博结束时的平均赌资恰好等于现实的赌资 X_n，与他过去赌博的输赢无关。这也就是本小节要介绍的鞅的概念。因此，任何赌博者都不可能通过改变赌博策略将公平的赌博变成有利于自己的赌博。

定义 6.5.1

随机过程 $\{X_n, n \geqslant 0\}$ 称为关于 $\{Y_n, n \geqslant 0\}$ 的下鞅，如果 $n \geqslant 0, X_n$ 是 Y_1, $Y_2, \cdots, Y_n$ 的函数，$E(X_n^+) < \infty$，并且

$$E(X_{n+1} \mid Y_0, Y_1, \cdots, Y_n) \geqslant X_n \tag{6.5.2}$$

这里 $X_n^+ = \max\{0, X_n\}$。

我们称 $\{X_n, n \geqslant 0\}$ 为关于 $\{Y_n, n \geqslant 0\}$ 的上鞅，如果 $n \geqslant 0, X_n$ 是 $Y_1, Y_2, \cdots, Y_n$ 的函数，$E(X_n^-) < \infty$，并且

$$E(X_{n+1} \mid Y_0, Y_1, \cdots, Y_n) \leqslant X_n \tag{6.5.3}$$

这里 $X_n^- = \max\{0, -X_n\}$。

若 $\{X_n, n \geqslant 0\}$ 兼为关于 $\{Y_n, n \geqslant 0\}$ 的下鞅与上鞅，则称为关于 $\{Y_n, n \geqslant 0\}$ 的鞅，此时

$$E(X_{n+1} \mid Y_0, Y_1, \cdots, Y_n) = X_n \qquad (6.5.4)$$

鞅描述的是"公平"的赌博,下鞅与上鞅分别描述了"有利"赌博与"不利"赌博。

下面我们定义关于 σ 代数的鞅。为此,首先介绍有关概念。设 $(\Omega, \mathcal{F}, P)$ 是完备的概率空间,我们所讨论的随机变量都是定义在这个概率空间上的。$\{\mathcal{F}_n, n \geqslant 0\}$ 是 $\mathcal{F}$ 上的一列子 σ 代数并且使得 $\mathcal{F}_n \subset \mathcal{F}_{n+1}(n \geqslant 0)$ 称为子 σ 代数流。

随机过程 $\{X_n, n \geqslant 0\}$ 称为 $\{\mathcal{F}_n, n \geqslant 0\}$ 适应的,如果 $\forall n \geqslant 0, X_n$ 是 $\mathcal{F}_n$ 可测的,即 $\forall x \in \mathbb{R}, \{X_n \leqslant x\} \in \mathcal{F}_n$。此时称 $\{X_n, \mathcal{F}_n, n \geqslant 0\}$ 为适应列。在定义 6.5.1 中,定义下鞅时,我们假定了 X_n 是 $Y_0, Y_1, \cdots, Y_n$ 的函数。令 $\mathcal{F}_n = \sigma\{Y_0, Y_1, \cdots, Y_n\}$($n \geqslant 0$),则 $\{\mathcal{F}_n, n \geqslant 0\}$ 是一个 σ 代数流。X_n 是 $Y_0, Y_1, \cdots, Y_n$ 的函数的确切含义是 $\{X_n\}$ 是 $\{\mathcal{F}_n\}$ 适应的。

定义 6.5.2

设 $\{\mathcal{F}_n, n \geqslant 0\}$ 是一个 $\mathcal{F}$ 中的单调递增的子 σ 代数流。随机过程 $\{X_n, n \geqslant 0\}$ 称为关于 $\{\mathcal{F}_n, n \geqslant 0\}$ 的鞅,如果 $\{X_n\}$ 是 $\{\mathcal{F}_n\}$ 适应的,$E(|X_n|) < \infty$,并且 $\forall n \geqslant 0$,

$$E(X_{n+1} \mid \mathcal{F}_n) = X_n \qquad (6.5.5)$$

适应列 $\{X_n, \mathcal{F}_n, n \geqslant 0\}$ 称为下鞅,如果 $\forall n \geqslant 0$,有

$$E(X_n^+) < \infty \text{ 且 } E(X_{n+1} \mid \mathcal{F}_n) \geqslant X_n \qquad (6.5.6)$$

上鞅可以类似定义。

在给出例子之前,先给出由定义直接推出的命题。

命题 6.5.1

(1) 适应列 $\{X_n, \mathcal{F}_n, n \geqslant 0\}$ 是下鞅当且仅当 $\{-X_n, \mathcal{F}_n, n \geqslant 0\}$ 是上鞅。

(2) 如果 $\{X_n, \mathcal{F}_n\}, \{Y_n, \mathcal{F}_n\}$ 是两个下鞅,a、b 是两个正常数,则 $\{aX_n + bY_n, \mathcal{F}_n\}$ 是下鞅。

(3) 如果 $\{X_n, \mathcal{F}_n\}, \{Y_n, \mathcal{F}_n\}$ 是两个下鞅(或上鞅),则 $\{\max\{X_n, Y_n\}, \mathcal{F}_n\}$($\{\min\{X_n, Y_n\}, \mathcal{F}_n\}$)是下鞅(上鞅)。

证明是简单的,留作习题。在本命题以及其他类似命题中,子 σ 代数流 $\{\mathcal{F}_n\}$ 可以由 $\{Y_k, k = 1, 2, \cdots, n\}$ 替代,即 $\{X_n\}$ 是关于 $\{Y_n\}$ 的下鞅。

若以 X_n 表示一个赌博者在第 n 次赌博后所有的赌资。式(6.5.5)表示:平均而言,他在下一次赌博结束时的赌资将等于现时的赌资,与他过去赌博的输赢无关。这也就是说鞅具有一种"无后效性",同时这体现的正是博弈的公平性。

例 6.5.1

离散鞅的应用在微观金融分析中非常普遍,考虑一个关于股票价格的二叉树模型,假定第 0 期的股票价格为 S_0,而在第 1 期,股票价格将发生如下变化

$$S_0 - \begin{cases} uS_0, \text{概率为 } p = \dfrac{1-d}{u-d} \\ dS_0, \text{概率为 } 1-p = \dfrac{u-1}{u-d} \end{cases}$$

其中 $0 < d < 1 < u$，这是一个模拟股票价格涨跌过程的模型。则第 1 期的股票价格的数学期望为

$$E(S_1 \mid S_0) = uS_0 \frac{1-d}{u-d} + dS_0 \frac{u-1}{u-d} = S_0 \left(\frac{u - ud + ud - d}{u-d} \right) = S_0$$

由此可知，遵循以上过程的股票价格是一个鞅过程。

例 6.5.2

设 $X_1, X_2, \cdots$ 是一族零均值独立随机变量序列，且 $E|X_i| < \infty$，令 $S_0 = 0, S_n = \sum_{k=1}^{n} X_k$，则 $\{S_n\}$ 是（关于 $F_n = \sigma(X_1, X_2, \cdots, X_n)$ 的）鞅。另外，若 $X_k (k = 1, 2, \cdots)$ 的均值为 $\mu \neq 0$，则 $\{M_n = S_n - n\mu\}$ 是关于 $\{F_n\}$ 的鞅。

证明：

当 $E(X_k) = 0 (k = 1, 2, \cdots)$ 时，易见 S_n 是 F_n 可测的，而且 $E(|S_n|) \leqslant \sum_{i=1}^{n} E(|X_i|) < \infty$，于是

$$
\begin{aligned}
E(S_{n+1} \mid F_n) &= E(X_1 + X_2 + \cdots + X_{n+1} \mid F_n) \\
&= E(X_1 + X_2 + \cdots + X_{n+1} \mid F_n) + E(X_{n+1} \mid F_n) \\
&= S_n
\end{aligned}
$$

从而 $\{S_n\}$ 是一个关于 $\{F_n\}$ 的鞅。同理可以证明，当 $E(X_k) = \mu \neq 0 (k = 1, 2, \cdots)$ 时，$\{M_n\}$ 也是一个关于 $\{F_n\}$ 的鞅。

例 6.5.3

在例 6.5.2 中设 $E(X_k) = \mu \neq 0, E(|X_k|) < \infty$ $(k = 1, 2, \cdots)$，则有 $E(|S_n|) < \infty$，及 $E(S_{n+1} \mid F_n) = E(\sum_{i=1}^{n} X_i + X_{n+1} \mid F_n) = S_n + \mu$。显然，若 $\mu > 0$ $(\mu < 0)$，则 $\{S_n\}$ 是关于 $\{F_n\}$ 的下鞅（上鞅）。

二、鞅的停时定理

本小节中我们所讨论的鞅都是指关于某个随机变量序列的鞅，所得到的结论对关于 σ 代数流的鞅也是成立的。为便于理解和应用，我们没有追求结论的一般性。对于一个关于 $\{X_n, n \geqslant 0\}$ 的鞅 $\{M_n, n \geqslant 0\}$，易知对 $\forall n \geqslant 0$，有

$$E(M_n) = E(M_0) \tag{6.5.7}$$

我们想知道如果把此处固定的时间 n 换作一个随机变量 T，是否仍然有

$$E(M_T) = E(M_0) \tag{6.5.8}$$

一般情况下，此结论未必成立。但在一定的条件下可以保证它成立，这就是鞅的停时定理。鞅的停时定理的意义是："在公平的赌博中，你不可能赢。"设想 $\{M_n, n \geqslant 0\}$ 是一种公平的博弈，M_n 表示局中人第 n 次赌局结束后的赌本。式(6.5.7)说

明他在每次赌局结束时的赌本与他开始时的赌本一样,但是他未必一直赌下去,他可以选择任一时刻停止赌博,这一时刻是随机的。式(6.5.8)说明他停止时的赌本和他开始时的赌本相同,然而很容易看出在一般的情况下,这是不正确的,所以我们要为式(6.5.8)的成立附加一些条件。

定义 6.5.3

(停时)设 $\{X_n, n \geq 0\}$ 是一个随机变量序列,称随机函数 T 是关于 $\{X_n, n \geq 0\}$ 的停时,如果 T 在 $\{0, 1, 2, \cdots, \infty\}$ 中取值,且对每个 $n \geq 0$,$\{T = n\} \in \sigma(X_0, X_1, \cdots, X_n)$。

由定义我们知道事件 $\{T = n\}$ 或 $\{T \neq n\}$ 都应该由 n 时刻及其之前的信息完全确定,而不需要也无法借助将来的情况。仍然回到公平博弈的例子,赌博者决定何时停止赌博只能以他已经赌过的结果为依据,而不能说,如果我下一次要输我现在就停止赌博,这是对停止时刻 T 的第一个要求:它必须是一个停时。

以下是几个停时的例子。

例 6.5.4

确定时刻 $\{T = n\}$ 是一个停时,即在赌博开始已确定 n 局之后一定结束,易见这是一个停时。

例 6.5.5

(首达时)$\{X_n, n \geq 0\}$ 是一个随机变量序列,A 是一个事件集,令

$$T(A) = \inf\{n, X_n \in A\}$$

并约定

$$T(\varnothing) = \inf\{n, X_n \in \varnothing\} = \infty$$

可见,$T(A)$ 是 $\{X_n, n \geq 0\}$ 首次进入 A(即发生了 A 中所含事件)的时刻,称 $T(A)$ 是 $\{X_n, n \geq 0\}$ 到集合 A 的首达时,可以证明 $T(A)$ 是关于 $\{X_n, n \geq 0\}$ 的停时。 事实上

$$\{T(A) = n\} = \{X_0 \notin A, X_1 \notin A, \cdots, X_{n-1} \notin A, X_n \in A\}$$

显然,$\{T(A) = n\}$ 完全由 $X_0, X_1, \cdots, X_n$ 决定,从而 $T(A)$ 是关于 $\{X_n, n \geq 0\}$ 的停时。

例 6.5.6

如果 T 和 S 是两个停时,则 $T + S, \min\{T, S\}$ 和 $\max\{T, S\}$ 也是停时。

在给出停时定理之前先注意以下事实。

命题 6.5.2

设 $\{M_n, n \geq 0\}$ 是一个关于 $\{X_n, n \geq 0\}$ 的鞅,T 是一个关于 $\{X_n, n \geq 0\}$ 的停时并且 $T \leq K, F_n = \sigma(X_0, X_1, \cdots, X_n)$,则

$$E(M_T \mid F_n) = M_0$$

特别地,有

$$E(M_T) = E(M_0)$$

定理 6.5.1 鞅的停时定理

设 $\{M_n, n \geqslant 0\}$ 是一个关于 $\{F_n = \sigma(X_0, X_1, \cdots, X_n)\}$ 的鞅,T 是停时且满足

(1) $P\{T < \infty\} = 1$ (6.5.9)

(2) $E(|M_T|) < \infty$ (6.5.10)

(3) $\lim_{n \to \infty} E(|M_n| I_{\{T > n\}}) = 0$ (6.5.11)

则有

$$E(M_T) = E(M_0)$$

例 6.5.7

设 $\{X_n\}$ 是在 $\{0, 1, \cdots, N\}$ 上的简单随机游动 $\left(p = \frac{1}{2}\right)$,并且 0 和 N 为两个吸收壁。设 $X_0 = a$,则 $\{X_n\}$ 是一个鞅(试简单证明)。令 $T = \min\{j : X_j = 0 \text{ 或 } N\}$,则 T 是一个停时,由于 X_n 的取值有界,故式(6.5.10)和式(6.5.11)满足(注意到若鞅本身取值有界且式(6.5.9)成立,则式(6.5.10)和式(6.5.11)一定成立,这也是另一种形式的鞅停时定理),从而

$$E(X_T) = E(X_0) = a$$

由于此时 X_T 只取 N、0 两个值,则有

$$E(X_T) = N \cdot P\{X_T = N\} + 0 \cdot P\{X_T = 0\}$$

从而得到

$$P\{X_T = N\} = \frac{E(X_T)}{N} = \frac{a}{N}$$

即在被吸收时刻它处于 N 点的概率为 $\frac{a}{N}$。

三、一致可积性

在鞅的停时定理的条件中,式(6.5.11)一般是很难验证的,为此我们将给出一些容易验证的条件,这些条件是包含式(6.5.11)的。

首先考虑一个随机变量 X,满足 $E(|X|) < \infty$,$|X|$ 的分布函数为 F,则

$$\lim_{n \to \infty} E(|X| I_{\{|X| > n\}}) = \lim_{n \to \infty} \int_n^\infty x \, dF(x) = 0$$

设 $P\{|X| > n\} = \delta$,A 是另外一个发生概率为 δ 的事件,即 $P(A) = \delta$。容易看出 $E(|X| I_A) \leqslant E(|X| I_{\{|X| > n\}})$,从而我们可以有以下结论:如果随机变量 X 满足 $E(|X|) < \infty$,则 $\forall \varepsilon > 0, \exists \delta > 0$,当 $P(A) < \delta$ 时,$E(|X| I_A) < \varepsilon$。

定义 6.5.4

假设有一列随机变量 $X_1, X_2, \cdots$，称它们是一致可积的，如果 $\forall \varepsilon > 0, \exists \delta > 0$，使得 $\forall A$，当 $P(A) < \delta$ 时，下式对任意 n 成立。

$$E(\mid X_n \mid I_A) < \varepsilon \qquad (6.5.12)$$

这个定义的关键在于 δ 不能依赖于 n，并且式(6.5.12)对任意 n 成立。

假设 $\{M_n, n \geq 0\}$ 是一个关于 $\{X_n, n \geq 0\}$ 的一致可积鞅，T 是停时，且 $P\{T < \infty\} = 1$ 或 $\lim_{n \to \infty} P\{T > n\} = 0$。则由一致可积性可得

$$\lim_{n \to \infty} E(\mid M_n \mid I_{\{T > n\}}) = 0$$

即式(6.5.11)成立，据此我们给出停时定理的另一种叙述。

定理 6.5.2　**停时定理**

设 $\{M_n, n \geq 0\}$ 是一个关于 $\{X_n, n \geq 0\}$ 的一致可积鞅，T 是停时，满足 $P\{T < \infty\} = 1$ 且 $E(\mid M_T \mid) < \infty$，则有 $E(M_T) = E(M_0)$。

一致可积的条件一般较难验证，下面给出两个一致可积的充分条件。

命题 6.5.3

假设 $X_1, X_2, \cdots$ 是一列随机变量，并且存在常数 $C < \infty$，使得 $E(X_n^2) < C$ 对所有的 n 成立，则此序列是一致可积的。

命题 6.5.4

设 $\{M_n\}$ 是关于 $\{F_n\}$ 的鞅。如果存在一个非负随机变量 Y，满足 $E(Y) < \infty$ 且 $\mid M_n \mid < Y$，对 $\forall n \geq 0$ 成立，则 $\{M_n\}$ 是一致可积鞅。

一致可积的充分条件还有一些，我们不再多列举了。

四、鞅收敛定理

鞅论中有两个深刻的结论，一个是前面介绍的鞅的停时定理，另一个就是鞅收敛定理。本小节将简要介绍一下鞅收敛定理。

鞅收敛定理说明在很一般的条件下，鞅 $\{M_n\}$ 会收敛到一个随机变量，在此记为 M_∞。下面我们给出一般的结论。

定理 6.5.3　**鞅收敛定理**

设 $\{M_n, n \geq 0\}$ 是关于 $\{X_n, n \geq 0\}$ 的鞅，并且存在常数 $C < \infty$，使得 $E(\mid M_n \mid) < C$ 对任意 n 成立，则当 $n \to \infty$ 时，$\{M_n\}$ 收敛到一个随机变量 M_∞。

定理 6.5.4

如果 $\{M_n, n \geq 0\}$ 是关于 $\{X_n, n \geq 0\}$ 的一致可积鞅，则 $\lim_{n \to \infty} M_n$ 存在，记为 M_∞，并且

$$E(M_\infty) = E(M_0)$$

五、连续鞅

前面我们讨论了鞅的停时定理和鞅收敛定理。注意这里的鞅都是以离散时间 n 为参数的。事实上,对于连续参数鞅(仍称为鞅)也有类似定理,同时可以利用它们证明 Lundberg-Cramer 破产理论中的 Lundberg 不等式。

首先给出连续鞅的定义。设 (Ω, F, P) 是一个完备的概率空间;$\{F_t\}_{t \geqslant 0}$ 为一个非降的 F 的子 σ 代数流。本章中所涉及的子 σ 代数流都是非降的,因此我们就将"非降的"省略,简称为子 σ 代数流。

定义 6.5.5

随机过程 $\{X(t), t \geqslant 0\}$(简记为 $\{X_t\}$)称为 $\{F_t\}$ 适应的,如果对每个 $t \geqslant 0, X_t$ 为 F_t 可测的(即 $\forall B \in B$,有 $X_t^{-1}(B) \in F_t$)。一个适应过程 $\{X_t\}$ 称为关于 $\{F_t\}$ 的鞅,如果每个 X_t 可积(即 $E(|X_t|) < \infty$),且对一切 $0 \leqslant s < t$,有

$$E(X_t \mid F_s) = X_s, \text{a.s.} \tag{6.5.13}$$

特别地,当 $F_t = \sigma(X_u, 0 \leqslant u \leqslant t)$(由 $\{X_u, 0 \leqslant u \leqslant t\}$ 生成的 σ 代数,即包含一切形如 $\{X_s \leqslant x\}$($s \leqslant t, x \in \mathbb{R}$)的事件的最小 σ 代数)时,式(6.5.13)变为

$$E(X_t \mid X_u, 0 \leqslant u \leqslant s) = X_s, \text{a.s.}$$

此时,简称 $\{X_t\}$ 为鞅。

若随机过程 $\{X_t, t \geqslant 0\}$ 是鞅,则对 $t > 0$,有

$$E(X_t) = E[E(X_t \mid X_0)] = E(X_0) \tag{6.5.14}$$

定义 6.5.6

非负广义随机函数 τ(即 $\tau: \Omega \to [0, \infty]$)称为 F_t 停时,如果 $P\{\tau < \infty\} = 1$,并且对一切 $t \geqslant 0, \{\tau \leqslant t\}$ 是 F_t 可测的,即

$$\{\tau \leqslant t\} \in F_t$$

特别地,当 $F_t = \sigma(X_s, 0 \leqslant s \leqslant t)$ 时,称 τ 为关于随机过程 $\{X_t, t \geqslant 0\}$ 的停时。若存在常数 $k > 0$ 使得 $P\{\tau \leqslant k\} = 1$,则称 τ 为有界停时。

下面是鞅论的一个重要结论——停时定理,即在适当条件下,将式(6.5.14)中的 t 置换成停时 τ 时,等式仍然成立。

定理 6.5.5

若 τ 是有界停时,则有

$$E(X_\tau) = E(X_0)$$

鞅论的另一个重要的结果是鞅收敛定理。

定理 6.5.6

设 $\{X_t, t \geqslant 0\}$ 是一个鞅并且 $X_t \geqslant 0, \forall t \geqslant 0$(简称非负鞅),则存在几乎处处收

敛的有限极限,即有

$$\lim_{t \to \infty} X_t = X_\infty < \infty, \text{a.s.}$$

第六节　布朗(Brown)运动

一、基本概念与性质

我们从讨论简单的随机游动开始。设有一个粒子在直线上随机游动,在每个单位时间内可能地向左或向右移动一个单位长度。现在加速这个过程,在越来越小的时间间隔中走越来越小的步子。若能以正确的方式趋于极限,我们就能得到布朗(Brown)运动。详细地说,就是令此过程每隔 Δt 时间等概率地向左或向右移动 Δx 的距离。如果以 $X(t)$ 记时刻 t 粒子的位置,则

$$X(t) = \Delta x (X_1 + X_2 + \cdots + X_{[t/\Delta t]}) \tag{6.6.1}$$

式中,$[t/\Delta t]$ 表示 $t/\Delta t$ 的整数部分,其中

$$X_i = \begin{cases} +1 & (\text{如果第 } i \text{ 步向右}) \\ -1 & (\text{如果第 } i \text{ 步向左}) \end{cases}$$

且假设诸 X_i 相互独立,有

$$P\{X_i = 1\} = P\{X_i = -1\} = \frac{1}{2}$$

由于 $E(X_i) = 0, \text{Var}(X_i) = E(X_i^2) = 1$ 及式(6.6.1),有

$$E[X(t)] = 0, \text{Var}[X(t)] = (\Delta x)^2 [t/\Delta t]$$

现在要令 Δx 和 Δt 趋于零,并使得极限有意义。如果取 $\Delta x = \Delta t$,令 $\Delta t \to 0$,则 $\text{Var}[X(t)] \to 0$,从而 $X(t) = 0, \text{a.s.}$。如果取 $\Delta t = (\Delta x)^3$,则 $\text{Var}[X(t)] \to \infty$,这是不合理的,因为粒子的运动是连续的,不可能在很短时间内远离出发点。因此,我们做下面的假设:令 $\Delta x = \sigma \sqrt{\Delta t}$,$\sigma$ 为某个正常数。从上面的讨论可见,当 $\Delta t \to 0$ 时,$E[X(t)] = 0, \text{Var}[X(t)] \to \sigma^2 t$。下面来看这一极限过程的一些直观性质。由式(6.6.1)及中心极限定理可得:

$X(t)$ 服从均值为 0、方差为 $\sigma^2 t$ 的正态分布。

此外,由于随机游动的值在不相重叠的时间区间的变化是独立的,所以 $\{X(t), t \geqslant 0\}$ 有独立增量。

又因为随机游动在任一时间区间的位置变化的分布只依赖于区间的长度,可见 $\{X(t), t \geqslant 0\}$ 有平稳增量。

下面我们给出 Brown 运动的严格定义。

定义 6.6.1

随机过程 $\{X(t), t \geq 0\}$，如果满足：

(1) $X(0) = 0$；

(2) $\{X(t), t \geq 0\}$ 有平稳独立增量；

(3) 对每个 $t > 0, X(t)$ 服从正态分布 $N(0, \sigma^2 t)$，则称 $\{X(t), t \geq 0\}$ 为 Brown 运动，也称为 Wiener 过程，常记为 $\{B(t), t \geq 0\}$ 或 $\{W(t), t \geq 0\}$。

如果 $\sigma = 1$，我们称之为标准 Brown 运动；如果 $\sigma \neq 1$，则可考虑 $\{X(t)/\sigma, t \geq 0\}$，它是标准 Brown 运动。故不失一般性，可以只考虑标准 Brown 运动的情形。

由于这一定义在应用中不是十分方便，因此我们不加证明地给出下面的性质，作为 Brown 运动的等价定义，其证明可以在许多随机过程的著作中找到。

性质 6.6.1

Brown 运动是具有下述性质的随机过程 $\{B(t), t \geq 0\}$。

(1)（正态增量）$\forall 0 \leq s < t, B(t) - B(s) \sim N(0, t - s)$，即 $B(t) - B(s)$ 服从均值为 0，方差为 $t - s$ 的正态分布。当 $s = 0$ 时，$B(t) - B(0) \sim N(0, t)$。

(2)（独立增量）$\forall 0 \leq s < t, B(t) - B(s)$ 独立于过程的过去状态 $B(u)(0 \leq u \leq s)$。

(3)（路径的连续性）$B(t) \ (t \geq 0)$ 是 t 的连续函数。

注：性质 6.6.1 中并没有假设 $B(0) = 0$，因此称之为始于 x 的 Brown 运动，所以有时为了强调起始点，也记为 $\{B^x(t)\}$。这样，定义 6.6.1 所指的就是始于 0 的 Brown 运动 $\{B^0(t)\}$。易见

$$B^x(t) - x = B^0(t) \tag{6.6.2}$$

式(6.6.2)称为 Brown 运动的空间齐次性。此性质也说明，$B^x(t)$ 和 $x + B^0(t)$ 是相同的，我们只需研究始于 0 的 Brown 运动就可以了，如不加说明，Brown 运动就是指始于 0 的 Brown 运动。

性质 6.6.2

Brown 运动协方差函数为 $\gamma(s, t) = \min\{t, s\}$。

证明：

由于 Brown 运动的均值是 0，所以其协方差函数为：

$$\gamma(s, t) = \text{Cov}[B(t), B(s)] = E[B(t)B(s)]$$

若 $t < s$，则 $B(s) = B(t) + B(s) - B(t)$，由独立增量性可得

$$E[B(t)B(s)] = E[B^2(t)] + E\{B(t)[B(s) - B(t)]\} = E[B^2(t)] = t$$

类似地，若 $t > s$，则 $E[B(t)B(s)] = s$。

二、Brown 运动的鞅性质

本小节讨论与 Brown 运动相联系的几个鞅,首先回忆上一节内容连续鞅的定义。随机过程 $\{X(t),t\geq 0\}$ 称为鞅,如果 $\forall t,E[\,|\,X(t)\,|\,]<\infty$,且 $\forall s>0$,有

$$E[X(t+s)\,|\,F_t]=X(t),\text{a.s.} \tag{6.6.3}$$

这里 $F_t=\sigma\{X(u),0\leq u\leq t\}$ 是由 $\{X(u),0\leq u\leq t\}$ 生成的 σ 代数,其中的等式(6.6.3)是几乎必然成立的,在后面有关的证明中有时也省略 a.s.。

定理 6.6.1

设 $\{B(t)\}$ 是 Brown 运动,则

(1) $\{B(t)\}$ 是鞅;

(2) $\{B(t)^2-t\}$ 是鞅。

证明:

首先,由 $B(t+s)-B(t)$ 与 F_t 的独立性可知,对任意函数 $g(x)$,有

$$E\{g[B(t+s)-B(t)]\,|\,F_t\}=E\{g[B(t+s)-B(t)]\} \tag{6.6.4}$$

由 Brown 运动的定义,$B(t)\sim N(0,t)$,所以 $B(t)$ 可积,且 $E[B(t)]=0$,再由其他性质得

$$\begin{aligned} E[B(t+s)\,|\,F_t] &=E[B(t)+(B(t+s)-B(t))\,|\,F_t]\\ &=E[B(t)\,|\,F_t]+E[B(t+s)-B(t)\,|\,F_t]\\ &=B(t)+E[B(t+s)-B(t)]\\ &=B(t) \end{aligned}$$

从而(1)得证。

由于 $E[B^2(t)]=t<\infty$,所以 $B^2(t)$ 可积。于是得到

$$\begin{aligned} B^2(t+s) &=[B(t)+B(t+s)-B(t)]^2\\ &=B^2(t)+2B(t)[B(t+s)-B(t)]+[B(t+s)-B(t)]^2\\ E[B^2(t+s)\,|\,F_t] &=B^2(t)+2E\{B(t)[B(t+s)-B(t)]\,|\,F_t\}+\\ &\quad E\{[B(t+s)-B(t)]^2\,|\,F_t\}\\ &=B^2(t)+s \end{aligned} \tag{6.6.5}$$

这里我们利用了 $B(t+s)-B(t)$ 与 F_t 的独立性且具有均值 0,并对 $g(x)=x^2$ 应用式(6.6.4)。在式(6.6.5)两端同时减去 $t+s$,则(2)得证。

三、几何 Brown 运动

由 $X(t)=e^{B(t)}(t\geq 0)$ 定义的过程 $\{X(t),t\geq 0\}$ 称为几何 Brown 运动。由于

Brown 运动的矩母函数为 $E[e^{sB(t)}] = e^{\frac{ts^2}{2}}$，所以几何 Brown 运动的均值函数与方差函数分别为

$$E[X(t)] = E[e^{B(t)}] = e^{\frac{t}{2}}$$
$$\mathrm{Var}[X(t)] = E[X^2(t)] - \{E[X(t)]\}^2$$
$$= E[e^{2B(t)}] - e^t$$
$$= e^{2t} - e^t$$

在金融市场中，人们经常假定股票的价格按照几何 Brown 运动变化，在数理金融的模型中我们亦如此假定。

 习 题

1. 设 $X(t) = Z_1\cos\lambda t + Z_2\sin\lambda t$，式中 Z_1、Z_2 是独立同分布的随机变量，服从均值为 0、方差为 σ^2 的正态分布，λ 为实数。求随机过程 $\{X(t), t \in T\}$ 的均值函数和方差函数，并讨论它的宽平稳性。

2. 已知随机过程 $\{X(t), t \in T\}$ 的均值函数 $\mu_X(t)$ 和协方差函数 $\gamma_X(t_1, t_2)$，设 $\phi(t)$ 是一个非随机函数，试求随机过程 $\{Y(t) = X(t) + \phi(t)\}$ 的均值函数和协方差函数。

3. 一队同学顺次等候体检。设每人体检所需要的时间服从均值为 2 分钟的指数分布并且与其他人所需时间是相互独立的，则 1 小时内平均有多少同学接受过体检？在这 1 小时内最多有 40 名同学接受过体检的概率是多少（设学生非常多，医生不会空闲）？

4. 设今日有雨明日也有雨的概率为 0.7，今日无雨明日有雨的概率为 0.5。求星期一有雨，星期三也有雨的概率。

5. 设 $\{B_1(t), t \geq 0\}$，$\{B_2(t), t \geq 0\}$ 为相互独立的标准 Brown 运动，试证明 $\{X(t) = B_1(t) - B_2(t), t \geq 0\}$ 是 Brown 运动。

第七章

期权定价

 教学要点

知识要点	掌握程度	相关知识
期权定价的概念	掌握	期权、期权价格的影响因素、平价关系
布朗运动与伊藤引理	了解	布朗运动、伊藤过程、伊藤引理
布莱克—舒尔斯—默顿期权定价公式	重点掌握	风险中性原理、期权定价公式及其参数估计
二叉树期权定价模型	了解	二叉树方法、三叉树方法
期权价格的敏感度和期权的套期保值	掌握	期权价格的敏感度指标、期权的套期保值策略

课前导读

1. 期权定价艰难曲折的研究历程,让我们深刻感受到学者在攀登学术高峰时候的顽强毅力,遇到困难迎难而上的永不言败斗志。学科创新不会是一帆风顺的,我们应该培养不畏困难、积极探索、坚持不懈、追求真理的科学精神。

2. 通过对期权的了解,切实体会到金融市场的运作原则是不会给投机者"空手套白狼"的机会的。若找到金融产品的定价失误,确实能够让投资者在投资领域大放异彩。但这需要投资者具备扎实的基本功,以及对市场的了解。无数实例证明,建立在违反法律和突破道德底线基础上的车利是不能持久的。定价与投资需要专业的支撑,不要妄想赚取超出自身认知范围的金钱,我们应该树立正确的投资观。

3. 期权定价公式的成功让我们深刻认识到数理金融这门课在金融市场中的重要性和开创性,激发学习动力和热情,建立专业自信,志存高远、脚踏实地,将所学知识用到国家经济发展需要的地方。

4. 通过期权了解金融衍生品的设计和定价,为我国金融衍生品市场的发展提供参考。同时进一步理解金融专业知识在经济活动中的作用,尤其是服务实体经济,提供多种融资渠道的重要贡献,从而树立对金融市场的服务意识和为国家经济发展做贡献的责任感,为从事金融行业相关工作做好准备。

衍生资产及其价值理论是现代金融和金融工程最让人兴奋的研究领域之一,同时也是最复杂的领域之一。金融市场最迷惑人的活动,就是衍生产品的创新;金融市场最让人看不懂的地方,就是这些衍生品的创新和交易。

期权定价是所有衍生产品定价中最复杂的,以 Black-Scholes 公式为标志的期权定价理论是现代金融学的一个里程碑。

第一节 期权定价的概念

一、期权定价的内容和发展简述

第一个关于期权的理论是由法国数学家路易斯·巴舍利耶在 1900 年首先提出的。巴舍利耶认为,在完全公平竞争的情况下,期权价格与到期日合约的平均损益相等。一直到 1973 年,布莱克和斯科尔斯才使人们能够更好地通过无套利机会来理解期权理论与期权定价模型。当然,这种理解要求两个理想的条件:市场的时间和市场的价格都是连续的;二叉树模型是离散时间价格。

期权定价理论研究两类问题:一类是标的普通股票支付股息的期权定价;另一类是执行价格变化引起期权合约改变的期权定价,以及公司资产结构变化引起期权合约改变的期权定价。简单地说就是期权合约的定价。由于期权是专业化的金融证券,所以人们对期权定价的研究有两种观点。一种观点认为,期权是一类未定权益(状态或有要求权)资产,因此期权定价理论导致了一般未定权益定价理论的产生。另一种观点认为,所有的未定权益证券都可以看成是基础期权合约的组合,所以期权定价理论是未定权益定价理论的组成部分。由此可见,期权定价理论是把公司债务定价、利率期限结构、风险结构和投机市场理论统一的中间环节。

1973 年以前的期权价值理论都是在市场完备假设下进行研究的。1976 年,斯科尔斯把其创立的期权定价公式修改为可以考虑税收的模型,即在个人所得税的条件下推导出投资者的期权价值。1985—1992 年,利兰(Leland)等多位学者研究了存在交易成本的期权价值模型和存在套利的期权价值模型,以及美式期权定价模型和欧式期权定价模型等。如果查阅迄今为止有关金融资产价值和价格的研究,关于期权定价的文献是最多的,这其中一个主要的缘故是,在现代金融观点看来,未定权益是金融资产的核心。

现在期权价值分析和资产价值分析都在向着未定权益价值这个统一的方向发

展。这是一个涵盖广阔、具有高度统一性的工作。

1973年春天,世界第一个普通股票期权交易市场在纽约诞生。同年4月,芝加哥期权交易所12家公司股票的看涨期权开始交易。现在,金融市场和相关制度发达国家的期权和相关金融期货的交易量占整个金融市场的大部分,在那里进行着世界上主要的证券、期货、股票市场指数、债券市场指数和各种商品期权的交易。这些市场和金融实务的成功发展与金融学家和金融分析师的期权研究发展相得益彰。尤其是现代应用期权的研究发展得特别快。

从金融市场的发展和期权理论的发展可以看出,期权价值理论的发展来源于金融市场(包括金融行为、金融资产和金融交易)处处都有期权结构。期权定价理论构成广义未定权益定价理论的基础。未定权益的价值分析,今天被广泛用到公司财务、家庭理财、金融中介和资本市场的研究中。

二、期权定价的研究方法

(1) 布朗运动和伊藤过程在期权价值理论研究和论证过程中(即几何布朗运动随机过程方法)开辟了现代金融研究的一条新路,用罗伯特·C.默顿的话说就是,随机布朗运动分析为现代金融研究开启了另一扇大门(《连续时间金融》2005年版)。

布朗—伊藤过程有多种形式。它还有其他多种名称——资产价格漂移方程、布朗运动方程、随机扩散方程等。

(2) CAPM模型和一般资产定价是一般均衡定价,APT模型是非均衡定价,但它们都是线性分析方法。期权价值理论是随机过程方法,是非线性分析。

(3) 期权和衍生资产的定价属于市场非出清定价。布朗—伊藤过程是非均衡分析的典范。以Black-Scholes公式为标志的资产定价理论预示着现代金融研究的非均衡(这里所谓非均衡是指市场非出清)分析体系逐渐成型。

三、期权概念的详细含义

期权是交易双方的一种合约,根据合约,买方有权利但没有义务在一定时期内按协商价格购买或出售一定数量的商品或工具。为了获得按照一种固定价格购买或出售某种工具的权利,期权买方要向卖方支付一定费用,买方没有义务必须购买或出售。

期权是最强有力的衍生产品合约之一。具体地说,期权是一项选择权;它的实质就是未定权益。它的基本含义是买卖某种资产或商品(货物)的合约。期权的交易在本质上是权利的交易。

期权的最基本功能是使投资者可能调整其基础资产的投资风险。比如,将无风险资产和股票指数买入期权进行组合开始,投资者就可以获得一个有保证的最低收益率,又能享有股票增值的期望收入。

简单地说,期权就是一份证券,该证券赋予持有者购买或者卖出另一种标的证券,即标的资产的权利,这种操作按照确定的价格要么在未来某一确定的时刻进行,要么在此之前进行。期权同期货或远期的区别就是当持有者不打算购买或者卖出标的资产时,他可以不执行该操作,这就是称其为期权的原因。赋予持有者购买权利的期权称为看涨期权;赋予投资者卖出标的资产权利的期权,称为看跌期权;如果期权持有者只能在给定的日期执行期权,称为欧式期权;如果期权持有者在到期日之前任一时刻(包括到期日)都可以执行期权,称为美式期权;如果持有者决定购买或者卖出标的资产,称持有者执行期权。执行期权的日期(对于美式期权来说是执行期权的最后期限)称为到期日或者执行日。期权合约中被执行的价格称为敲定价格或者执行价格(对于美式期权来说,在到期日之前执行期权称为提前执行)。

期权合约指合约持有者有权按预定价格买入或卖出某项资产和货物。期权合约与远期合约不同,后者要求多头必须买入,空头必须卖出。

与期权相关的基本专用名词:

买入期权——按固定价格买入特定资产(货物)的期权;

卖出期权——按固定价格卖出特定资产(货物)的期权;

执行价格——期权合约中确定的价格;

美式期权——可以在到期日及到期日之前的任何时间执行;

欧式期权——只能在到期日执行;

场内交易期权——指期权交易遵循交易所规定的标准条款。交易所撮合期权的买方与卖方,并为任一方的违约行为提供担保;

场外交易期权——不在交易所交易的期权;

内在价值——假设期权立即到期,这时期权的价值称为内在价值;

时间价值——在期权尚未到期时,标的资产价格波动为期权持有者带来收益的可能性所隐含的价值。

这些基本专用名词还具有更加详细的含义:

(1) 期权买方称为持有人,期权卖方称为签发人。

(2) 买入期权使期权持有人有权在一定期限内按协商的价格购买特定数量的商品。

(3) 卖出期权使期权持有人有权在一定期限内按协商的价格出售特定数量的商品。

(4) 期权费是购买期权支付的价格。

(5) 执行价格是期权可以被执行的价格;换句话说,它是根据期权合约协商同意的价格。

(6) 到期日是期权可以执行的最后日期。

(7) 欧式期权只能在到期日执行,而美式期权可以在到期日之前(包括到期日)的任何时间执行。

(8) 期权价格由内在价值和时间价值两部分构成。

四、期权的价格

一份期权合约有两个交易方：持有方拥有权利，卖出方拥有义务。为了能够履行义务，卖出方必须得到支付。这一支付称为期权费用，但我们通常称其为期权价格。正如前面所讲的，当一方以期权费用为交换条件接受期权义务时，我们称他正在卖出期权；当一方在卖出期权时，我们称其持有期权的空头。期权的持有者称为期权的多头。这一术语与在股票中所讨论的术语是一致的。

过去人们说期权的标的资产是金融工具。那是传统金融学的概念。现在期权可以有很多类型的标的资产。例如，基于气象的期权，基于能源的期权，基于地震及其他灾难的期权等。基于股票、债券等基础资产的看涨期权与看跌期权是一般的期权，我们称为普通期权。同时还研究很多其他类型的期权，我们称其为奇异期权。例如，打包期权、复合期权、障碍期权、回溯期权及亚式期权等。

随着期权市场的发展，期权交易的种类在不断增加。除股票期权外，又出现了外汇、利率和期货等为基础证券的期权。在标准化的期权合约中，期权的有效期、执行价格、基础证券种类和数量都是事先规定的，只有期权价格是期权合约中的唯一变量，是交易双方在交易所内用公开竞价方式决定出来的。期权的价格是购买人付给期权出具人用来换取期权所赋予的权利的费用。为了给后面的内容做好铺垫性的工作，我们这里先就具体的金融资产的期权价格进行了解。

期权发行后，买方要支付给卖方期权费。以后持有者可能会执行该期权，从卖方那里获得收益。一方的收益就是另一方的损失，因此，期权是一种零和博弈。期权的买方不必持有期权至到期日，期权是一种证券，持有者可以以一定的价格将该期权卖给其他人。我们后面要重点研究的一个主题就是期权定价。如同债券、股票的价格一样，期权的价格依赖于很多因素，如标的资产的价格、敲定价格以及距离到期日的期限等一些关键因素。

期权价值的关键在于它赋予其拥有者做某事的一种权利。也就是说，是否执行期权由其拥有者自己决定。这种选择权将期权与期货和远期合约区别开来，对后者来说交易双方都有履约义务，而对期权合约来说，仅仅是期权的卖方（一般称作期权的"出具人"）负有履约责任。例如，看涨期权的卖方必须按照合约规定的支付金额（被称作执行价格或者协定价格）将资产卖给该期权的买方，条件是期权的买方决定执行该期权合同。假如看跌期权的买方决定将资产出售给期权的卖方，那么看跌期权的卖方也不得不支付事先协定的价格购买该项资产。

所有期权合约都规定了一个特定的期限，并且按期限期权可以分为两类：对美式期权来说，期权的买方可以在合同规定期限内的任何一天执行期权合同；对欧式期权来说，仅当合约到期时才允许执行。从理论上来说，其他条件相同的情况下，欧式期权的价格要比美式期权的价格便宜，同时欧式期权的估价更容易一些。

假如在期权合约到期时，股票的价格不高于执行价格，该期权将因不会被执行而失效,期权的买者将损失他们的投资(期权合同的购买价格),但是不会被迫购买股票而承担相应的资本损失。然而,由于执行价格只有当期权被执行时才需要支付,因此应该将执行价格的现值和当前的股票价格进行比较。在折现时应该使用无风险利率,因为这个现值实际上是这样一笔钱,这笔钱假如今天留下来,在期权到期日如果有必要执行这个看涨期权时,就能够保证有足够的钱来执行期权,这里"保证"意味着只能将这笔钱投资于无风险证券。因此,期权估价的第一个因素是执行价格的现值与当前价格的比较。这通常被称作期权的内在价值,并且也是期权被称作实值期权(看涨期权,执行价格低于当前的资产价值;看跌期权,执行价格高于当前的资产价值)或者虚值期权(看涨期权,执行价格高于当前的资产价值;看跌期权,执行价格低于当前的资产价值)的原因。

五、期权价格的影响因素

期权价格也称为期权金或者权利金,由内在价值和时间价值两部分构成,则凡是影响内在价值和时间价值的因素,就是影响期权价格的因素。总的来看,期权价格的影响因素主要有六个:标的资产的市场价格、期权的协定价格、期权的有效期、标的资产价格的波动率、无风险利率和标的资产的收益,它们通过影响期权的内在价值和时间价值来影响期权的价格。

(一) 标的资产的市场价格

标的资产的市场价格是指期权的标的资产随市场行情的波动而产生的价格,其高低影响期权的内在价值。

(二) 期权的协定价格

期权的协定价格,也可以称为执行价格、敲定价格或者交割价格,是指在期权合约中记载的期权买方有权交易标的资产的价格。看涨期权在执行时,其收益等于标的资产的市价与协定价格的差额,因此标的资产的市场价格越高,协定价格越低,看涨期权的价格就越高。

对于看跌期权而言,由于执行时其收益等于协定价格与标的资产市价的差额,因此标的资产的市场价格越低,协定价格越高,看跌期权的价格就越高。

(三) 期权的有效期

对于美式期权而言,由于它可以在有效期内的任何时间执行,有效期越长,多头获利机会就越大,而且有效期长的期权包含了有效期短的期权的所有执行机会,因此有效期越长,期权价格越高。

对于欧式期权而言,由于它只能在期末执行,有效期长的期权就不一定包含有效期短的期权的所有执行机会。这就使欧式期权的有效期与期权价格之间的关系显得较为复杂。例如,同一股票的两份欧式看涨期权,一个的有效期为 1 个月,另一个的有效期是 2 个月,假定在 6 周后标的股票将有大量红利支付,由于支付红利会使股价下降,在这种情况下,有效期短的期权的价格甚至会高于有效期长的期权的价格。

但在一般情况下(即剔除标的资产支付大量收益这一特殊情况),由于有效期越长,标的资产的风险就越大,空头亏损的风险也越大,因此即使是欧式期权,有效期越长,其期权价格也越高,即期权的边际时间价值为正值。

我们应注意到,随着时间的延长,期权时间价值的增幅是递减的。换句话说,对于到期日确定的期权来说,在其他条件不变时,随着时间的流逝,其时间价值的减小是递增的。这意味着,当时间流逝同样长度时,期限长的期权时间价值的减小幅度将小于期限短的期权时间价值的减小幅度。此外,期权的时间价值取决于标的资产市价和期权协定价格之间差额的绝对值。当差额为 0 时,期权的时间价值最大。当差额的绝对值增大时,期权的时间价值是递减的。

(四)标的资产价格的波动率

标的资产价格的波动率为标的资产价格收益率的年标准差,是用于衡量标的资产未来价格变动不确定性的指标。标的资产价格的波动率对期权价格具有重要的影响,"没有波动率,则期权就是多余的"。波动率对期权价格的影响,是通过对时间价值的影响而实现的。波动率越大,则在期权到期时,标的资产市场价格涨跌达到实值期权的可能性也就越大,而如果出现虚值期权,则期权多头亏损有限。因此,无论是看涨期权还是看跌期权,其时间价值以及整个期权价格都随标的资产价格波动率的增大而提高,随标的资产价格波动率的减小而降低。由于期权多头的最大亏损额仅限于期权价格(支付的权利金),而最大盈利额则取决于执行期权时标的资产市场价格与期权协定价格的差额,因此波动率越大,对期权多头越有利,期权价格也应越高。

值得注意的是,与决定和影响期权价格的其他因素不同,在期权定价时,标的资产价格在期权有效期内的波动率在未来是一个未知数。因此,在期权定价时,要获得标的资产价格的波动率,只能通过近似估计得到。一种简单的估计波动率的方法,是利用过去观察得到的标的资产价格波动的历史数据估计未来价格的波动率。以这一方法求得的波动率称为历史波动率(History Volatility)。当然,如果期权价格已知,就可以反过来利用期权定价模型倒推出波动率,这种推算出来的波动率称为市场报价中的隐含波动率(Implied Volatility)。

(五)无风险利率

影响期权价格的另一个重要因素是无风险利率,尤其是短期无风险利率。利率对期权价格的影响是比较复杂的,需要进行区别分析。分析角度不同,得出的结论也各不相同。

利率对期权价格的影响,主要体现在对标的资产价格以及贴现率的影响上。这一影响又需要从两个方面加以探讨:

第一,可以从比较静态的角度考察,即比较不同利率水平下的两种均衡状态。如果状态 1 的无风险利率较高,则标的资产的预期收益率也应较高,这意味着对应于标的资产现在特定的市价 S，未来预期价格 $E(S_T)$ 较高。同时由于贴现率较高，未来同样预期盈利的现值就较低。这两种效应都将降低看跌期权的价值。但对看涨期权来说，前者将使期权价格上升，而后者将使期权价格下降。由于前者的效应大于后者，因此对应于较高的无风险利率，看涨期权的价格也较高。

第二，可从动态的角度考察，即考察一个均衡从被打破到重新形成均衡的过程。在标的资产价格与利率呈负相关时（如股票、债券等），当无风险利率提高时，原有均衡被打破，为了使标的资产预期收益率提高，均衡过程通常是通过同时降低标的资产的期初价格和预期未来价格（前者的降幅更大）来实现的。同时贴现率也随之上升。对看涨期权来说，两种效应都将使期权价格下降；而对看跌期权来说，前者效应为正，后者效应为负，由于前者效应通常大于后者效应，因此其净效应是看跌期权价格上升。

此处应注意，从两个角度得出的结论刚好相反。因此，在具体运用时要注意区别分析的角度，根据具体情况做全面、深入的分析。由于在讨论期权价格影响因素时，都是假定其他条件不变时考察不同利率水平对期权价格的影响，因此人们大多采用比较静态法来考察利率对期权价格的影响。

（六）标的资产的收益

按照美国市场惯例，标的资产分红或者是获得相应现金收益的时候，期权的执行价格并不进行相应的调整。这样，标的资产进行分红付息，将减少标的资产的价格，这些收益将归标的资产的持有者所有，同时执行价格并未进行相应调整。因此，在期权有效期内标的资产产生现金收益将使看涨期权价格下降，而使看跌期权价格上升。

由以上分析可知，决定和影响期权价格的因素有很多，而且各因素对期权价格的影响也很复杂。特别是某些因素在不同时间和不同的条件下，对期权价格的影响也各不相同。另外，从以上分析中可以看到，各因素对期权价格的影响，既有影响方向的不同，又有影响程度的不同。于是，在同时影响期权价格的各因素间，既存在互补关系，又存在抵消关系。可见，期权价格的决定是异常复杂的，由此导致人们对期权价格的分析也是非常复杂的。从函数的角度，可以表示为

$$f(\overset{+}{S},\overset{-}{X},\overset{+}{T},\overset{+}{\sigma},\overset{+}{r},\overset{-}{D})$$
$$g(\overset{-}{S},\overset{+}{X},\overset{+}{T},\overset{+}{\sigma},\overset{-}{r},\overset{+}{D})$$

式中，f 为看涨期权的价格函数；g 为看跌期权的价格函数；S 为标的资产价格；X 为协定价格（执行价格）；T 为期权的有效期；σ 为标的资产价格的波动率；r 为无风险利率；D 为期权有效期内资产收益的现值；

符号"＋"表示正向相关（即正向的影响），而符号"－"表示负向相关（即反向的影响）。

注：这里的 T 是指在一般情况下，即剔除期权有效期内标的资产支付大量收益这一特殊情况。

六、期权价格的上下限

我们研究期权价格的上下限,目的是找到期权价格应落入的合理区间,为验证所求得的期权价格的合理性给出一定参考。表 7.1.1 对期权价格的上下限做了一个基本的总结。

表 7.1.1　期权价格的上下限

			上　限	下　限
欧式	看涨	无收益	S	$\max[S-Xe^{-r(T-t)},0]$
		有收益	S	$\max[S-D-Xe^{-r(T-t)},0]$
	看跌	无收益	$Xe^{-r(T-t)}$	$\max[Xe^{-r(T-t)}-S,0]$
		有收益	$Xe^{-r(T-t)}$	$\max[D+xe^{-r(T-t)}-S,0]$
美式	看涨	无收益	S	$\max[S-Xe^{-r(T-t)},0]$
		有收益	S	$\max[S-D-Xe^{-r(T-t)},0]$
	看跌	无收益	X	$X-S$
		有收益	X	$\max(D+X-S,0)$

式中,S 为标的资产价格;X 为协定价格(执行价格);D 为期权有效期内资产收益的现值;T 为期权的到期日;t 为期权的现在日期;r 为无风险利率;c 为欧式看涨期权价格;C 为美式看涨期权价格;p 为欧式看跌期权价格;P 为美式看跌期权价格。

七、看涨期权与看跌期权之间的平价关系

(一) 欧式看涨期权与看跌期权之间的平价关系

1. 无收益资产的欧式期权

考虑如下两个组合:

组合 A:一份欧式看涨期权加上金额为 $Xe^{-r(T-t)}$ 的现金;

组合 B:一份欧式看跌期权加上一单位标的资产。

在 T 时刻,如果 $S_T < X$,看涨期权不被执行,而看跌期权将被执行,这时组合 A 的价值为 X,组合 B 的价值为 $X-S_T+S_T=X$;如果 $S_T > X$,看涨期权将被执行,而看跌期权不被执行,这时组合 A 的价值为 $S_T-X+X=S_T$,组合 B 的价值为 S_T。由此可见,无论在 T 时刻标的资产的市价和协定价格孰高孰低,组合 A 的价值都等于组合 B 的价值。因此,在 t 时刻组合 A 的价值也应等于组合 B 的价值。于是,我们得到无收益资产欧式看涨期权与看跌期权之间的平价关系

$$c+Xe^{-r(T-t)}=p+S \tag{7.1.1}$$

它表明欧式看涨期权的价格可根据具有相同协定价格和到期日的欧式看跌期权的价格推导出来,反之亦然。

2. 有收益资产的欧式期权

我们只要将上述组合 A 的现金部分改为 $D+Xe^{-r(T-t)}$,经过类似的推导,就可得出有收益资产欧式期权的平价关系

$$c+D+Xe^{-r(T-t)}=p+S \tag{7.1.2}$$

(二)美式看涨期权与看跌期权之间的平价关系

1. 无收益资产的美式期权

由于美式期权可能提前被执行,因此我们得不到美式看涨期权和看跌期权的精确平价关系,但我们可以得出结论,无收益美式期权必须符合下面的不等式

$$S-X<C-P<S-Xe^{-r(T-t)}$$

2. 有收益资产的美式期权

有收益资产的美式期权必须符合如下不等式

$$S-D-X<C-P<S-D-Xe^{-r(T-t)}$$

第二节 布朗运动与伊藤引理

一、布朗运动

布朗运动起源于物理学中对完全浸没于液体或气体中的小粒子运动的描述,以发现这种现象的英国植物学家罗伯特·布朗(Robert Brown)的名字命名。然而真正用于描述布朗运动的随机过程的定义是维纳(Wiener)给出的,因此布朗运动又称维纳过程。

(一)标准布朗运动

设 Δt 代表一个小的时间间隔长度,Δz 代表变量 z 在 Δt 时间内的变化,遵循标准布朗运动的 Δz 具有两种特征。

特征 1:Δz 和 Δt 的关系满足

$$\Delta z=\varepsilon\sqrt{\Delta t} \tag{7.2.1}$$

式中,ε 代表从标准正态分布(即均值为 0、标准差为 1 的正态分布)中取的一个随机值。

特征 2:对于任何两个不同时间间隔 Δt,Δz 的值相互独立。

从特征 1 可知,Δz 本身也具有正态分布特征,其均值为 0,标准差为 $\sqrt{\Delta t}$,方差为 Δt。

从特征 2 可知,标准布朗运动符合马尔科夫过程,因此是马尔科夫过程的一种特殊形式。

现在我们来考察遵循标准布朗运动的变量 z 在一段较长时间 T 中的变化情形。我们用 $z(T)-z(0)$ 表示变量 z 在 T 中的变化量,它可以被看作在 N 个长度为 Δt 的时间间隔中 z 的变化总量,其中 $N=T/\Delta t$,因此有

$$z(T)-z(0)=\sum_{i=1}^{N}\varepsilon_i\sqrt{\Delta t} \tag{7.2.2}$$

式中,$\varepsilon_i(i=1,2,\cdots,N)$ 是标准正态分布的随机抽样值。

从特征 2 可知,ε_i 是相互独立的,因此 $z(T)-z(0)$ 也具有正态分布特征,其均值为 0,方差为 $N\Delta t=T$,标准差为 $\sqrt{T}$。

由此,我们可以发现两个特征:① 在任意长度的时间间隔 T 中,遵循标准布朗运动的变量的变化值服从均值为 0、标准差为 $\sqrt{T}$ 的正态分布;② 对于相互独立的正态分布,方差具有可加性,而标准差不具有可加性。

当 $\Delta t \to 0$ 时,我们就可以得到极限的标准布朗运动

$$dz=\varepsilon\sqrt{dt} \tag{7.2.3}$$

(二) 普通布朗运动

为了得到普通布朗运动,我们引入两个概念:漂移率和方差率。漂移率是指单位时间内变量 z 均值的变化值。方差率是指单位时间的方差。

标准布朗运动的漂移率为 0,方差率为 1。漂移率为 0 意味着在未来任意时刻 z 的均值都等于它的当前值;而方差率为 1 意味着在一个长度为 T 的时间段后,z 的方差为 $1\times T$。我们令漂移率为 a,方差率为 b^2,就可得到变量 x 的普通布朗运动

$$dx=a\,dt+b\,dz \tag{7.2.4}$$

式中,a 和 b 均为常数,dz 遵循标准布朗运动。

很显然,标准布朗运动是普通布朗运动的一个特例。

从式(7.2.1)和式(7.2.3)可知,在短时间后,x 值的变化值 Δx 为

$$\Delta x=a\,\Delta t+b\varepsilon\sqrt{\Delta t} \tag{7.2.5}$$

因此,Δx 也具有正态分布特征,其均值为 $a\Delta t$,标准差为 $b\sqrt{\Delta t}$,方差为 $b^2\Delta t$。同样,在任意时间长度 T 后 x 值的变化也具有正态分布特征,其均值为 aT,标准差为 $b\sqrt{T}$,方差为 b^2T。

（三）几何布朗运动

证券价格的变化过程可以用普遍布朗运动来描述。由于投资者关心的是证券价格的变动幅度而不是变动的绝对值，因此我们可以用证券价格比例的方式来定义证券价格的布朗运动

$$\frac{\mathrm{d}S}{S} = \mu\,\mathrm{d}t + \sigma\,\mathrm{d}z \tag{7.2.6}$$

式中，S 表示证券价格，μ 表示证券在单位时间内以连续复利计算的期望收益率（又称预期收益率），σ^2 表示证券收益率单位时间的方差，σ 表示证券收益率单位时间的标准差（简称为证券价格的波动率），$\mathrm{d}z$ 遵循标准布朗运动。

从式（7.2.1）和式（7.2.6）可知，在短时间 Δt 后，证券价格比率的变化值为

$$\frac{\Delta S}{S} = \mu\Delta t + \sigma\varepsilon\sqrt{\Delta t} \tag{7.2.7}$$

可见，$\dfrac{\Delta S}{S}$ 也具有正态分布特征，其均值为 $\mu\Delta t$，标准差为 $\sigma\sqrt{\Delta t}$，方差为 $\sigma^2\Delta t$。换句话说，有

$$\frac{\Delta S}{S} \sim \varphi(\mu\Delta t, \sigma\sqrt{\Delta t}) \tag{7.2.8}$$

式中，$\varphi(m,s)$ 表示均值为 m、标准差为 s 的正态分布。

式（7.2.6）所描述的随机过程称为几何布朗运动。其中，变量 μ 和 σ 大小取决于时间计量单位。在本章中，若无特别说明，我们通常以年为时间的计量单位。

根据资本资产定价原理，μ 值取决于该证券的系统性风险、无风险利率水平以及市场的风险收益偏好，由于后者涉及主观因素，因此 μ 的决定本身就较为复杂。然而幸运的是，我们将在下文证明，衍生证券的定价与标的资产的预期收益率 μ 是无关的。相反，证券价格的波动率 σ 对于衍生证券的定价则是相当重要的。证券价格的波动率可理解为证券价格的"脾气"，我们可以通过历史数据来观察各种证券"脾气"的大小，然后通过式（7.2.6）来确定其未来价格的概率分布。应该注意的是，式（7.2.6）把 σ 当作常数，实际上，证券价格的"脾气"是会随时间变化而变化的。因此，用历史数据估计 σ 值时，应尽量用最新一段时间的数据，而且要注意这只是一种近似。与此同时，由于比例变化不具有可加性（如股价先增长 10%，再增长 15%，其总增长幅度不是 25%，而应该是 26.5%），因此我们并不能像以前一样推导出在任意时间长度 T 后证券价格比例变化的标准差为 $\sigma\sqrt{T}$。

例 7.2.1

设一种不支付红利的股票遵循几何布朗运动，其波动率为每年 18%，预期收益率以连续复利计为每年 20%，其目前的市价为 100 元，求一周后该股票价格变化值的概

率分布。

解：

在本例中，$\mu=0.2,\sigma=0.18$，其股价过程为

$$\frac{dS}{S}=0.2dt+0.18dz$$

在随后短时间间隔后的股价变化为

$$\frac{\Delta S}{S}=0.2\Delta t+0.18\varepsilon\sqrt{\Delta t}$$

由于 1 周等于 $\mu=\dfrac{7}{365}=0.019\,2$（年），因此

$$\Delta S=100\times(0.2\times0.019\,2+0.18\varepsilon\times\sqrt{0.019\,2})$$
$$=100\times(0.003\,84+0.024\,9\varepsilon)$$
$$=0.384+2.49\varepsilon$$

上式表示一周后股价的增加值是均值为 0.384 元、标准差为 2.49 元的正态分布的随机抽样值。

二、伊藤过程和伊藤引理

普通布朗运动假定漂移率和方差率为常数，若把变量 x 的漂移率和方差率当作变量 x 和时间 t 的函数，我们可以从式(7.2.4)得到伊藤过程(Itô's Process)：

$$dx=a(x,t)dt+b(x,t)dz \tag{7.2.9}$$

式中，dz 是一个标准布朗运动；a、b 是变量 x 和 t 的函数；变量 x 的漂移率为 a；方差率为 b^2。

定理 7.2.1　伊藤引理(Itô's Lemma)

假设变量 x 遵循伊藤过程

$$dx=a(x,t)dt+b(x,t)dz$$

式中，dz 是一个标准布朗运动，设 $G=G(x,t)$ 是 x 和 t 的函数，函数 $G(x,t)$ 二次连续可微，则 $G(x,t)$ 遵循如下过程

$$dG=\left(\frac{\partial G}{\partial x}a+\frac{\partial G}{\partial t}+\frac{1}{2}\frac{\partial^2 G}{\partial x^2}b^2\right)dt+\frac{\partial G}{\partial x}bdz \tag{7.2.10}$$

证明：

由多元函数的泰勒公式

$$\Delta G=\frac{\partial G}{\partial x}\Delta x+\frac{\partial G}{\partial t}\Delta t+\frac{1}{2}\frac{\partial^2 G}{\partial x^2}\Delta x^2+\frac{\partial^2 G}{\partial x\partial t}\Delta x\Delta t+\frac{1}{2}\frac{\partial^2 G}{\partial t^2}\Delta t^2+\cdots$$

$$\tag{7.2.11}$$

因为

$$\Delta x = a(x,t)\Delta t + b(x,t)\varepsilon\sqrt{\Delta t} \tag{7.2.12}$$

$$\Delta x^2 = a^2\Delta t^2 + 2ab\varepsilon\Delta t\sqrt{\Delta t} + b^2\varepsilon^2\Delta t$$

式中，ε 服从标准正态分布，$E(\varepsilon)=0,E(\varepsilon^2)=1$。则 $E(b^2\varepsilon^2\Delta t)=b^2\Delta t$，又因为 $\mathrm{Var}(\Delta x^2)\to 0$，当 $\Delta t\to 0$ 时

$$\Delta x^2 = b^2\Delta t^2 + o(\Delta t) \tag{7.2.13}$$

又由式(7.2.12)，得

$$\Delta x\Delta t = a(x,t)\Delta t^2 + b(x,t)\varepsilon(\Delta t)^{\frac{3}{2}} = o(\Delta t)$$

将式(7.2.12)和式(7.2.13)代入式(7.2.11)，得

$$\Delta G = \frac{\partial G}{\partial x}\Delta x + \frac{\partial G}{\partial t}\Delta t + \frac{1}{2}\frac{\partial^2 G}{\partial x^2}b^2\Delta t + o(\Delta t)$$

令 $\Delta t\to 0$，得

$$\mathrm{d}G = \frac{\partial G}{\partial x}\mathrm{d}x + \frac{\partial G}{\partial t}\mathrm{d}t + \frac{1}{2}\frac{\partial^2 G}{\partial x^2}b^2\mathrm{d}t \tag{7.2.14}$$

将 $\mathrm{d}x = a(x,t)\mathrm{d}t + b(x,t)\mathrm{d}z$ 代入式(7.2.14)，得

$$\mathrm{d}G = \left(\frac{\partial G}{\partial x}a + \frac{\partial G}{\partial t} + \frac{1}{2}\frac{\partial^2 G}{\partial x^2}b^2\right)\mathrm{d}t + \frac{\partial G}{\partial x}b\mathrm{d}z$$

由伊藤引理可知，如果 x 和 t 遵循伊藤过程，则 x 和 t 的函数 $G(x,t)$ 也遵循伊藤过程。它的漂移率为 $\frac{\partial G}{\partial x}a + \frac{\partial G}{\partial t} + \frac{1}{2}\frac{\partial^2 G}{\partial x^2}b^2$，方差率为 $\left(\frac{\partial G}{\partial x}\right)^2 b^2$。

由式(7.2.6)可得

$$\mathrm{d}S = \mu S\mathrm{d}t + \sigma S\mathrm{d}z \tag{7.2.15}$$

式中，μ 和 σ 为常数，S 显然服从 $a(S,t)=\mu S, b(S,t)=\sigma S$ 的伊藤过程。我们知道，衍生证券的价格是标的证券价格 S 和时间 t 的函数。根据伊藤引理，衍生证券的价格 $G(S,t)$ 应遵循如下过程

$$\mathrm{d}G = \left(\frac{\partial G}{\partial S}\mu S + \frac{\partial G}{\partial t} + \frac{1}{2}\frac{\partial^2 G}{\partial S^2}\sigma^2 S^2\right)\mathrm{d}t + \frac{\partial G}{\partial S}\sigma S\mathrm{d}z \tag{7.2.16}$$

比较式(7.2.15)和式(7.2.16)可看出，衍生证券价格 $G(S,t)$ 和标的证券价格 S 都受同一个基本的不确定性来源 $\mathrm{d}z$ 的影响，这点对于以后推导衍生证券的定价公式很重要。

三、证券价格的对数正态分布

我们可用伊藤引理来推导证券价格自然对数 $\ln S$ 变化所遵循的随机过程。令 $G = \ln S$，由于

$$\frac{\partial G}{\partial S} = \frac{1}{S}, \quad \frac{\partial^2 G}{\partial S^2} = -\frac{1}{S^2}, \quad \frac{\partial G}{\partial t} = 0$$

代入式(7.2.16)，我们就可得出证券价格对数 G 所遵循的随机过程为

$$dG = \left(\mu - \frac{\sigma^2}{2}\right) dt + \sigma\, dz$$

由于 μ 和 σ 是常数，所以上式说明证券价格对数 G 也遵循普通布朗运动，它具有恒定的漂移率 $\mu - \frac{\sigma^2}{2}$ 和恒定的方差率 σ^2。由前面的分析可知，在当前时刻 t 和将来某一时刻 T 之间 G 的变化都是正态分布的，其均值为 $\left(\mu - \frac{\sigma^2}{2}\right)(T-t)$，方差为 $\sigma^2(T-t)$。

令 t 时刻 G 的值为 $\ln S$，T 时刻 G 的值为 $\ln S_T$，其中 S 表示 t 时刻(当前时刻)的证券价格，S_T 表示 T 时刻(将来时刻)的证券价格，则在 $T-t$ 期间 G 的变化为

$$\ln S_T - \ln S$$

这意味着

$$\ln S_T - \ln S \sim \varphi\left[\left(\mu - \frac{\sigma^2}{2}\right)(T-t), \sigma\sqrt{T-t}\right] \tag{7.2.17}$$

也就是说，证券价格对数的变化呈正态分布。我们知道，如果一个变量的自然对数服从正态分布，则称这个变量服从对数正态分布。根据正态分布的特性，从式(7.2.17)可以得到

$$\ln S_T \sim \varphi\left[\ln S + \left(\mu - \frac{\sigma^2}{2}\right)(T-t), \sigma\sqrt{T-t}\right] \tag{7.2.18}$$

式(7.2.18)表明 S_T 服从对数正态分布。$\ln S_T$ 的标准差与 $\sqrt{T-t}$ 成比例，这说明证券价格对数的不确定性(用标准差表示)与我们考虑的未来时间长度的平方根成正比，这就解决了前面所说的证券价格比例变化的标准差与时间不成正比的问题。

例 7.2.2

设 A 股票价格的当前值为 50 元，预期收益率为每年 18%，波动率为每年 20%，该股票价格的变动遵循几何布朗运动，且该股票在 6 个月内不支付红利，计算该股票 6 个月后的价格 S_T 的概率分布。

解：

由式(7.2.18)可知,6 个月后 S_T 的概率分布为

$$\ln S_T \sim \varphi\left[\ln 50 + \left(0.18 - \frac{0.04}{2}\right)\times 0.5, 0.2\times\sqrt{0.5}\right]$$

即 $\ln S_T \sim \varphi(3.992, 0.141)$

由于一个正态分布变量取值位于均值左右两个标准差范围内的概率约为 95%,因此,置信度为 95% 时,有

$$3.992 - 0.141\times 2 < \ln S_T < 3.992 + 0.141\times 2$$

$$3.71 < \ln S_T < 4.274$$

$$40.85 < S_T < 71.81$$

因此,6 个月后 A 股票价格落在 40.85 元到 71.81 元之间的概率约为 95%。

根据式(7.2.18)和对数正态分布的特性,可知 S_T 的期望值 $E(S_T)$ 为

$$E(S_T) = Se^{\mu(T-t)}$$

这与作为预期收益率的定义相符。而 S_T 的方差 $\mathrm{Var}(S_T)$ 为

$$\mathrm{Var}(S_T) = S^2 e^{2\mu(T-t)}\left[e^{\sigma^2(T-t)} - 1\right]$$

例 7.2.3

请问在例 7.2.2 中,6 个月后 A 股票价格的期望值和标准差是多少?

解：

$$E(S_T) = 50e^{0.18\times 0.5} = 54.71(元)$$

$$\mathrm{Var}(S_T) = 2\,500e^{2\times 0.18\times 0.5}\times(e^{0.04\times 0.5} - 1) = 60.46(元)$$

因此,6 个月后 A 股票价格的期望值为 54.71 元,标准差为 $\sqrt{60.46}$ 或 7.78 元。

第三节　布莱克—舒尔斯—默顿期权定价公式

由于衍生证券价格和标的证券价格都受同一种基本的不确定性 dz 影响,若匹配适当的话,这种不确定性就可以相互抵消。基于该思想,布莱克、舒尔斯和默顿建立了一个包括一单位衍生证券空头和若干单位标的证券多头的投资组合来给衍生证券定价。若数量适当的话,标的证券多头的盈利(或亏损)总是会与衍生证券空头的亏损(或盈利)相抵消,因此在短时间内该投资组合是无风险的。那么,在无套利机会的情况下,该投资组合在短期内的收益率一定等于无风险利率。

一、B-S-M 偏微分方程

(一) B-S-M 偏微分方程的假设

推导 B-S-M 偏微分方程需要用到如下假设:

（1）证券价格遵循几何布朗过程，即 μ 和 σ 为常数；

（2）允许卖空标的证券；

（3）没有交易费用和税收，所有证券都是完全可分的；

（4）在衍生证券有效期内标的证券没有现金收益支付；

（5）证券交易是连续的，价格变动也是连续的；

（6）在衍生证券有效期内，无风险利率 r 为常数，且市场不存在无风险套利机会。

做这些假设是为了把复杂的问题尽量简化，以突出关键问题。在这些假定前提下推导出来的期权定价公式的精度虽然不够高，但它为后人提供了进一步分析的基石和框架。实际上，有些假设条件我们可以放松，对 B－S－M 期权定价模型进行拓展，如 r、μ 和 σ 可以是 t 的函数。

（二）B－S－M 偏微分方程的推导

现在我们根据上节随机过程的有关知识来推导著名的 B－S－M 偏微分方程。假设证券价格 S 遵循几何布朗运动，因此有

$$\mathrm{d}S = \mu S \mathrm{d}t + \sigma S \mathrm{d}z$$

其在一个小的时间间隔 Δt 中，S 的变化值为

$$\Delta S = \mu S \Delta t + \sigma S \Delta z \tag{7.3.1}$$

假设 f 是依赖于 S 的衍生证券的价格，则 f 一定是 S 和 t 的函数，从式（7.2.16）可得

$$\mathrm{d}f = \left(\frac{\partial f}{\partial S}\mu S + \frac{\partial f}{\partial t} + \frac{1}{2}\frac{\partial^2 f}{\partial S^2}\sigma^2 S^2 \right)\mathrm{d}t + \frac{\partial f}{\partial S}\sigma S \mathrm{d}z$$

在一个小的时间间隔 Δt 中，f 的变化值为

$$\Delta f = \left(\frac{\partial f}{\partial S}\mu S + \frac{\partial f}{\partial t} + \frac{1}{2}\frac{\partial^2 f}{\partial S^2}\sigma^2 S^2 \right)\Delta t + \frac{\partial f}{\partial S}\sigma S \Delta z \tag{7.3.2}$$

由于 $\mathrm{d}z$ 都是代表标准布朗运动，因此式（7.3.1）和式（7.3.2）中的 Δz 相同，都等于 $\varepsilon\sqrt{\Delta t}$，因此只要选择适当数量的衍生证券和标的证券的组合就可以消除不确定性。为了消除 Δz，我们可以构建一个包括一单位衍生证券空头和 $\frac{\partial f}{\partial S}$ 单位标的证券多头的组合。令 Π 代表该投资组合的价值，则

$$\Pi = -f + \frac{\partial f}{\partial S}S \tag{7.3.3}$$

在 Δt 时间后，该投资组合的价值变化 $\Delta\Pi$ 为

$$\Delta\Pi = -\Delta f + \frac{\partial f}{\partial S}\Delta S \tag{7.3.4}$$

将式(7.3.1)、式(7.3.2)代入式(7.3.4)，可得

$$\Delta\Pi = \left(-\frac{\partial f}{\partial t} - \frac{1}{2}\frac{\partial^2 f}{\partial S^2}\sigma^2 S^2 \right)\Delta t \tag{7.3.5}$$

由于式(7.3.5)中不含有 Δz，该组合的价值在一个小的时间间隔 Δt 后必定没有风险，因此该组合在 Δt 中的瞬时收益率一定等于 Δt 中的无风险收益率。否则的话，套利者就可以通过套利获得无风险收益率。因此，在没有套利机会的条件下，有

$$\Delta\Pi = r\Pi\Delta t$$

把式(7.3.3)和式(7.3.5)代入上式可得

$$\left(\frac{\partial f}{\partial t} + \frac{1}{2}\frac{\partial^2 f}{\partial S^2}\sigma^2 S^2 \right)\Delta t = r\left(f - \frac{\partial f}{\partial S}S \right)\Delta t$$

化简为

$$\frac{\partial f}{\partial t} + rS\frac{\partial f}{\partial S} + \frac{1}{2}\sigma^2 S^2 \frac{\partial^2 f}{\partial S^2} = rf \tag{7.3.6}$$

这就是著名的 B-S-M 偏微分方程，它适用于价格取决于标的证券价格 S 的所有衍生证券的定价。

应该注意的是，当 S 和 t 变化时，$\frac{\partial f}{\partial S}$ 的值也会变化，因此上述投资组合的价值并不是永远无风险的，它只是在一个很短的时间间隔 Δt 中才是无风险的。在一个较长时间中，要保持该投资组合无风险，必须根据 $\frac{\partial f}{\partial S}$ 的变化而相应调整标的证券的数量。当然，推导 B-S-M 偏微分方程并不要求调整标的证券的数量，因为它只关心 Δt 中的变化。

二、风险中性定价原理

从式(7.3.6)可以看出，衍生证券的价格决定公式中出现的变量为标的证券当前市价 S、时间 t、证券价格的波动率 σ 和无风险利率，它们全都是客观变量，独立于主观变量——风险收益偏好。而受制于主观的风险收益偏好的标的证券预期收益率 μ 并未包括在衍生证券的价格决定公式中。这意味着，无论风险收益偏好状态如何，都不会对 f 的值产生影响。于是，我们就可以利用 B-S-M 偏微分方程所揭示的这一特性，做出一个可以大大简化我们工作的简单假设：在对衍生证券定价时，所有投资者都是风险中性的。

在所有投资者都是风险中性的条件下，所有证券的预期收益率都可以等于无风险利率 r，这是因为风险中性的投资者并不需要额外的收益来吸引他们承担风险。同样，在风险中性的条件下，所有现金流都可以通过无风险利率进行贴现求得现值。这

就是风险中性定价原理。

在金融学的发展历程中,风险中性定价思想的出现具有深刻的影响,其在衍生产品的定价分析中消除了至今未能解决的主观风险收益偏好的度量问题,风险中性思想也成为现代金融工程的灵魂。但必须强调的是:

第一,风险中性定价仅仅是为了衍生品定价而做出的技术假定,并不意味着我们真的认为市场投资者是风险中性的,但通过这种假定得到的定价结果,不仅适用于风险中性世界,也适用于投资者厌恶风险的所有情况。这就如同一个物理实验,在现实有空气的情况下无法得到结论,在真空实验室中则很容易得到结论。若我们能证明有否空气对试验结果是没有影响的,那么我们可以将试验移至真空实验室完成,其试验结果同样适用于现实情形。

第二,风险中性定价的运用并非是毫无条件的。风险中性定价的思想源于式(7.3.6),即衍生证券价格 f 所满足的偏微分方程,因此风险中性定价仅适合于衍生证券,属于相对定价法;同时,式(7.3.6)偏微分方程显然是在前述 6 个假设条件下得到的,我们可以无摩擦地用股票和期权的组合复制出无风险资产,在金融中我们将此称为"可复制"假设。可以证明,如果放松假设条件,标的资产不再服从几何布朗运动,无风险利率非常数,标的资产有支付红利,那么得到的偏微分方程形式会比式(7.3.6)复杂。但只要市场是"无套利"和"可复制"的,风险中性定价原理仍然成立。

三、无收益资产的 B‑S‑M 期权定价公式

(一) 无收益资产欧式看涨期权的定价公式

1973 年,布莱克、舒尔斯和默顿成功地求解了他们的微分方程,从而获得了欧式看涨期权和看跌期权的精确公式。

在风险中性的条件下,欧式看涨期权到期时(T 时刻)的期望值为

$$\hat{E}\big[\max(S_T - X, 0)\big]$$

式中,$\hat{E}$ 表示风险中性条件下的期望值。根据风险中性定价原理,欧式看涨期权的价格 c 等于将此期望值按无风险利率进行贴现后的现值,即

$$c = e^{-r(T-t)}\hat{E}\big[\max(S_T - X, 0)\big] \tag{7.3.7}$$

在风险中性条件下,我们可以用 r 取代式(7.2.18)所表示的 $\ln S_T$ 概率分布中的 μ,即

$$\ln S_T \sim \varphi\left[\ln S + \left(r - \frac{\sigma^2}{2}\right)(T-t), \sigma\sqrt{T-t}\right] \tag{7.3.8}$$

对式(7.3.7)右边求值是一种积分过程,令

$$W = \frac{\ln S_T - m}{s}$$

这里

$$m = \hat{E}(\ln S_T) = \ln S + \left(r - \frac{\sigma^2}{2}\right)(T - t)$$

$$s = \sqrt{\operatorname{var}(\ln S_T)} = \sigma\sqrt{T - t}$$

显然

$$W \sim N(0,1)$$

W 的密度函数 $h(W)$ 为

$$h(W) = \frac{1}{\sqrt{2\pi}} e^{\frac{-W^2}{2}}$$

用 f、g 分别表示 S_T 和 $\ln S_T$ 的密度函数,则

$$
\begin{aligned}
\hat{E}[\max(S_T - X, 0)] &= \int_{-\infty}^{\infty} \max(S_T - X, 0) f(S_T) \mathrm{d}S_T \\
&= \int_{-\infty}^{\infty} (S_T - X) f(S_T) \mathrm{d}S_T \\
&= \int_{\ln X}^{\infty} (e^{\ln S_T} - X) g(\ln S_T) \mathrm{d}(\ln S_T) \\
&= \int_{\frac{\ln X - m}{s}}^{\infty} (e^{sW + m} - X) h(W) \mathrm{d}W \\
&= \int_{\frac{\ln X - m}{s}}^{\infty} e^{sW + m} \frac{1}{\sqrt{2\pi}} e^{-\frac{W^2}{2}} \mathrm{d}W - \int_{\frac{\ln X - m}{s}}^{\infty} h(W) \mathrm{d}W \\
&= \int_{\frac{\ln X - m}{s}}^{\infty} e^{\frac{s^2}{2} + m} \frac{1}{\sqrt{2\pi}} e^{-\frac{(W - s)^2}{2}} \mathrm{d}W - XN\left(\frac{m - \ln X}{s}\right) \qquad * \\
&= \int_{\frac{\ln X - m}{s} - s}^{\infty} e^{\frac{s^2}{2} + m} h(W) \mathrm{d}W - XN\left(\frac{\ln \frac{S}{X} + \left(r - \frac{\sigma^2}{2}\right)(T - t)}{\sigma\sqrt{T - t}}\right) \\
&= Se^{r(T-t)} N\left(\frac{\ln \frac{S}{X} + \left(r + \frac{\sigma^2}{2}\right)(T - t)}{\sigma\sqrt{T - t}}\right) - \\
&\quad XN\left(\frac{\ln \frac{S}{X} + \left(r - \frac{\sigma^2}{2}\right)(T - t)}{\sigma\sqrt{T - t}}\right)
\end{aligned}
$$

故此

$$c = \mathrm{e}^{-r(T-t)} \hat{E}\left[\max(S_T - X, 0)\right] = SN(d_1) - X\mathrm{e}^{-r(T-t)} N(d_2) \qquad (7.3.9)$$

式中，
$$d_1 = \frac{\ln(S/X) + \left(r + \frac{\sigma^2}{2}\right)(T-t)}{\sigma\sqrt{T-t}}$$

$$d_2 = \frac{\ln(S/X) + \left(r - \frac{\sigma^2}{2}\right)(T-t)}{\sigma\sqrt{T-t}}$$

$$= d_1 - \sigma\sqrt{T-t}$$

注：从上述推导过程中的 $*$ 行可以看出，$N(d_2)$ 就是风险中性世界中 W 大于 $\dfrac{\ln X - m}{s}$ 的概率，即风险中性世界中 $S_T > X$ 的概率。

令 $N(x)$ 为标准正态分布变量的累计概率分布函数（即这个变量小于 x 的概率），根据标准正态分布函数的特性，有 $N(-x) = 1 - N(x)$。

式(7.3.9)就是无收益资产欧式看涨期权的定价公式。

（二）无收益资产美式看涨期权的定价公式

在标的资产无收益的情况下，由于 $C = c$，因此式(7.3.9)也给出了无收益资产美式看涨期权的价格。即

$$C = SN(d_1) - X\mathrm{e}^{-r(T-t)} N(d_2)$$

（三）无收益资产欧式看跌期权的定价公式

由于无收益资产欧式看涨期权和看跌期权之间存在平价关系

$$c + X\mathrm{e}^{-r(T-t)} = p + S$$

因此把式(7.3.9)代入上式就可以得到无收益资产欧式看跌期权的定价公式

$$p = X\mathrm{e}^{-r(T-t)} N(-d_2) - SN(-d_1) \qquad (7.3.10)$$

由于美式看跌期权与看涨期权之间不存在严密的平价关系，因此美式看跌期权的定价还没有得到一个精确的解析公式，但可以用二叉树、蒙特卡罗模拟和有限差分三种数值方法以及解析近似方法求出。

四、有收益资产的期权定价公式

到目前为止，我们一直假设期权的标的资产没有现金收益。那么，对于有收益资产，其期权定价公式是什么呢？实际上，如果收益可以准确地预测到，或者说是已知的，那么有收益资产的期权定价并不复杂。

（一）有收益资产欧式期权的定价

在收益已知的情况下，我们可以把标的证券价格分解成两部分：期权有效期内已

知现金收益的现值部分和一个有风险部分。当期权到期时,这部分现值将由于标的资产支付现金收益而消失。因此,我们只要用 S 表示有风险部分的证券价格,σ 表示风险部分遵循随机过程的波动率,就可直接套用式(7.3.9)和式(7.3.10)分别计算出有收益资产的欧式看涨期权和看跌期权的价格。具体地说:

(1) 当标的证券已知收益的现值为 I 时,只要用 $(S-I)$ 代替式(7.3.9)和式(7.3.10)中的 S,即可求出已知现金收益资产的欧式看涨和看跌期权的价格。

例 7.3.1

现有一股票的欧式看涨期权,协定价格为 40 美元,距到期时间还有 6 个月。标的股票在 2 个月和 5 个月后各有一个除权日,每个除权日的红利期望值为 0.5 美元。当前股票价格为 40 美元,无风险利率为 9%,经测算股票价格波动率为 30%(按年计)。计算该股票看涨期权的当前价格。

解:

首先我们计算股票在期权有效期内支付红利的现值

$$I=0.5\times e^{-0.09\times\frac{2}{12}}+0.5\times e^{-0.09\times\frac{5}{12}}=0.974(美元)$$

于是有

$$S-I=40-0.974=39.026(美元)$$

参照式(7.3.9)的定价公式,有

$$d_1=\frac{\ln(39.026/40)+(0.09+0.3^2/2)\times0.5}{0.3\times\sqrt{0.5}}=0.2017$$

$$d_1=0.2017-0.3\times\sqrt{0.5}=-0.0104$$

查阅标准正态分布函数数值表,可知

$$N(d_1)=0.58,N(d_2)=1-N(0.0104)=0.4959$$

因此,该股票看涨期权的当前价格为

$$c=39.026\times0.58-40\times e^{-0.09\times0.5}\times0.4959=3.67(美元)$$

(2) 当标的证券的收益为按连续复利计算的固定收益率 q(单位为年)时,只要将 $Se^{-q(T-t)}$ 代替式(7.3.9)和式(7.3.10)中的 S,就可求出支付连续复利收益率证券的欧式看涨和看跌期权的价格。

事实上,在 Merton 的红利支付模型中,"红利"被定义为在除权日由红利支付引起的股票价格的减少。Merton 假定红利支付为固定比例 q,在 dt 时间内支付红利后,股票价格也将相应地下降相同的幅度 $qSdt$,此时股票价格的随机过程为

$$dS=(\mu-q)Sdt+\sigma Sdz$$

类似地,相应的 B-S-M 偏微分方程为

$$\frac{\partial f}{\partial t}+(r-q)S\frac{\partial f}{\partial S}+\frac{1}{2}\sigma^2S^2\frac{\partial^2 f}{\partial S^2}=rf$$

Merton 假定红利支付为固定比例 q，且存在红利支付时的股票价格从 t 期的 S 增加到 T 期的 S_T，那么等价地，无红利支付时的股票价格则从 t 期的 S 增加到 T 期的 $S_T e^{q(T-t)}$，或者 t 期的 $Se^{-q(T-t)}$ 增加到 T 期的 S_T。当股票价格 T 期均为 S_T 时，无论支付与不支付红利，基于 t 期股价 S 且支付连续红利比例 q 的股票欧式期权与基于 t 期的股价 $Se^{-q(T-t)}$ 且无红利支付的股票欧式期权具有相同的价值。因此，将 B-S-M 期权定价公式中 S 替换为 $Se^{-q(T-t)}$ 则可以推导出固定比例红利支付的股票欧式看涨期权定价公式

$$f = Se^{-q(T-t)} N(d_1) - Xe^{-r(T-t)} N(d_2) \tag{7.3.11}$$

式中，
$$d_1 = \frac{\ln\left(\dfrac{S}{X}\right) + \left(r - q + \dfrac{1}{2}\sigma^2\right)(T-t)}{\sigma\sqrt{T-t}}$$

$$d_2 = \frac{\ln\left(\dfrac{S}{X}\right) + \left(r - q - \dfrac{1}{2}\sigma^2\right)(T-t)}{\sigma\sqrt{T-t}} = d_1 - \sigma\sqrt{T-t}$$

同时，在红利支付模型中，如果期权存续期内红利支付比率不是固定的，则比例 q 的取值为期权存续期内红利支付年平均比率。

（二）有收益资产美式期权的定价

1. 美式看涨期权定价

当标的资产有收益时，美式看涨期权就有提前执行的可能，因此有收益资产美式期权的定价较为复杂，布莱克提出了一种近似处理方法。该方法是先确定提前执行美式看涨期权是否合理，若不合理，则按欧式期权处理；若在 t_n 时刻提前执行有可能是合理的，则要分别计算在 T 时刻和 t_n 时刻到期的欧式看涨期权的价格，然后将二者之中的较大者作为美式期权的价格。

例 7.3.2

假设一种 1 年期的美式股票看涨期权，标的股票在 5 个月和 11 个月后各有一个除权日，每个除权日的红利期望值为 1 美元，标的股票当前的市价为 50 美元，期权协定价格为 50 美元，标的股票波动率为每年 30%，无风险连续复利年利率为 10%，求该期权的价格。

解：

首先我们要判断该期权是否应提前执行。美式看涨期权不能提前执行的条件是

$$D_i \leqslant X\left[1 - e^{-r(t_{i+1}-t_i)}\right]$$

因为 $D_1 = D_2 = 1$ 美元，而第一次除权日前不等式右边为
$$X\left[1 - e^{-r(t_2-t_1)}\right] = 50 \times (1 - e^{-0.1 \times 0.5}) = 2.4385$$
由于 $2.4385 > 1$，因此在第一个除权日前期权不应当提前执行。
而第二次除权日前不等式右边为

$$X[1-\mathrm{e}^{-r(T-t_2)}]=50\times(1-\mathrm{e}^{-0.1\times\frac{1}{12}})=0.414\,9$$

由于 0.414 9<1,因此在第二个除权日前期权有可能被提前执行。

然后比较 1 年期和 11 个月期欧式看涨期权的价格。

对于 1 年期的欧式看涨期权,红利的现值为

$$I=1\times\mathrm{e}^{-0.1\times\frac{5}{12}}+1\times\mathrm{e}^{-0.1\times\frac{11}{12}}=1.871\,6(\text{美元})$$

因此

$$S-I=50-1.871\,6=48.128\,4(\text{美元})$$

带入

$$c=SN(d_1)-X\mathrm{e}^{-r(T-t)}N(d_2)$$

可得

$$c_{12}=48.128\,4N(d_1)-50\mathrm{e}^{-0.1\times1}N(d_2)=48.128\,4N(d_1)-45.241\,9N(d_2)$$

式中,$d_1=\dfrac{\ln\left(\dfrac{48.128\,4}{50}\right)+\left(0.1+\dfrac{0.09}{2}\right)\times1}{0.3\times\sqrt{1}}=0.356\,2;d_2=0.356\,2-0.3\times\sqrt{1}=0.056\,2$。

通过查阅标准正态分布函数数值表,可得 1 年期欧式看涨期权的价格为

$$c_{12}=48.128\,4\times0.639\,2-45.241\,9\times0.522\,4=7.129\,3(\text{美元})$$

对于 11 个月期的欧式看涨期权,红利的现值为

$$I=1\times\mathrm{e}^{-0.1\times\frac{5}{12}}=0.959\,2(\text{美元})$$

因此

$$S-I=50-0.959\,2=49.040\,8(\text{美元})$$

带入

$$c=SN(d_1)-X\mathrm{e}^{-r(T-t)}N(d_2)$$

可得

$$c_{11}=49.040\,8N(d_1)-50e^{-0.1\times\frac{11}{12}}N(d_2)=49.040\,8N(d_1)-45.620\,3N(d_2)$$

式中,$d_1=\dfrac{\ln\left(\dfrac{49.040\,8}{50}\right)+\left(0.1+\dfrac{0.09}{2}\right)\times\dfrac{11}{12}}{0.3\times\sqrt{11/12}}=0.395\,2;d_2=0.395\,2-0.3\times\sqrt{0.916\,7}=0.108$。

通过查阅标准正态分布函数数值表,可得 11 个月期欧式看涨期权的价格为

$$c_{11}=49.040\,8\times0.653\,6-45.620\,3\times0.543=7.281\,2(\text{美元})$$

由于 $c_{11}>c_{12}$,因此该美式看涨期权的价格近似为 7.281 2 美元。

2. 美式看跌期权定价

由于收益虽然使美式看跌期权提前执行的可能性减小,但仍不排除提前执行的可能性,因此有收益美式看跌期权的价格仍不同于欧式看跌期权,它只能通过较复杂的数值方法来求出。例如,二叉树方法、蒙特卡罗模拟和有限差分方法。

五、B-S-M 期权定价公式的参数估计

已经知道,B-S-M 期权定价公式中的期权价格取决于下列五个参数:标的资产市场价格、执行价格、到期期限、无风险利率和标的资产价格波动率(即标的资产收益率的标准差)。在这些参数当中,前三个都是很容易获得的确定数值。但是,无风险利率和标的资产价格波动率则需要通过一定的计算求得估计值。

(一) 估计无风险利率

在发达的金融市场上,很容易获得无风险利率的估计值,但在实际应用时仍然需要注意几个问题。首先,要选择正确的利率。要注意选择无风险的即期利率(即零息票债券的到期收益率),而不能选择附息票债券的到期收益率,并且要转化为连续复利的形式,才可以在 B-S-M 公式中应用。一般来说,在美国人们大多选择美国国库卷利率作为无风险利率的估计值,在中国过去人们通常使用银行存款利率,现在则可以从银行间债券市场的价格中确定国债即期利率作为无风险利率。其次,要注意选择利率期限。如果利率期限结构曲线倾斜严重,那么不同到期日的收益率很可能相差很大,必须选择距离期权到期日最近的利率作为无风险利率。

(二) 估计标的资产价格的波动率

估计标的资产价格的波动率要比估计无风险利率困难得多,也更为重要。估计标的资产价格波动率有两种方法:历史波动率和隐含波动率。

1. 历史波动率

利用标的资产过去期间价格波动,作为未来价格波动之估计值,称为历史波动率。隐含于该估计法的假设为,标的资产过去期间价格波动,应可作为标的资产未来价格波动之估计值。标的资产价格波动率的估计,一般采用过去六个月或一年标的资产价格的收益率,或与期权期限相同的历史收益率,再求其收益的标准差,得到日收益的标准差,一般称为历史波动率(Historical Volatility)或历史标准差(Historical Standard Deviation)。以日标准差乘以 $\sqrt{250}$(一年有 250 个交易日)[①],即可得到年收益率的标准差,其公式如下

$$\sigma_{\text{天}} = \sqrt{\sum_{i=1}^{n} \frac{(R_i - \overline{R})^2}{n}}$$

$$\sigma_{\text{年}} = \sigma_{\text{天}} \times \sqrt{250}$$

式中,$\sigma_{\text{天}}$ 为每天标的资产收益的标准差;$\sigma_{\text{年}}$ 为标的资产收益年化的标准差;R_i 为每日标的资产收益率,等于 $\dfrac{S_i - S_{i-1}}{S_{i-1}}$ 或等于 $\ln\dfrac{S_i}{S_{i-1}}$,其中 S_i 为第 i 天收盘价;$\overline{R}$ 为每日

---

① 由于节假日不同,各国和地区一年的交易日并不相同。中国内地每年的交易日一般只有 240—242 日。美国每年的交易日一般有 250—252 日。

平均标的资产收益率;n 为 n 天样本。

2. 隐含波动率

将标的资产价格收益年标准差视为唯一未知的变量,利用其他四项参数与期权价格将标准差估计值引申出来,称为隐含波动率(Implied Volatility)。此法将期权交易价格与其他四项参数直接输入 B-S-M 定价模型,然后输出标准差估计值。其中隐含假设期权交易价格为期权公平价格,也就是认为期权交易价格等于 B-S-M 定价模型求得的理论值。

假设相关参数如下

$c = 315.96$

$S = 6750$

$X = 6\,600$

$r = 3\%$

$q = 2\%$

$t = 0$

$T = \dfrac{1}{12}$

将以上数据代入式(7.3.11),可得

$$315.96 = 6\,750 \times \mathrm{e}^{-0.02 \times \frac{1}{12}} \times N(d_1) - 6\,600 \times \mathrm{e}^{-0.03 \times \frac{1}{12}} \times N(d_2)$$

$$d_1 = \frac{\ln\left(\dfrac{6\,750}{6\,600}\right) + (0.03 - 0.02 + 0.5 \times \sigma^2) \times \dfrac{1}{12}}{\sigma \times \sqrt{\dfrac{1}{12}}}$$

$$d_2 = d_1 - \sigma \times \sqrt{\dfrac{1}{12}}$$

上面三个式中,仅标准差 σ 为未知,联立可以求得

$$\sigma = 30\%$$

于期权合约期间,标的资产的价格收益年标准差(30%)为市场预期值。既然隐含波动率是利用当时市场交易信息引申而来,表示已充分利用当时市场信息,而市场信息亦有效地反映对未来的预期。这一点与历史波动率是不同的。

六、$N(d_1)$ 与 $N(d_2)$ 的经济意义

$$N(d_1) = \frac{\Delta c}{\Delta S} = \mathrm{Delta}$$

此比率称为避险比率(Hedge Ratio)或是 Delta,表示每单位标的资产价格的变

动对看涨期权价值的影响。

从 B-S-M 公式可知,看涨期权其实可以借由买入 $N(d_1)$ 单位的标的资产同时卖出 $X\mathrm{e}^{-r(T-t)}N(d_2)$ 的债券来复制,也就是说,看涨期权隐含融资 $X\mathrm{e}^{-r(T-t)}N(d_2)$ 来买 $N(d_1)$ 单位的标的资产。B-S-M 公式中 $N(d_1)$ 并非一个定值,$N(d_1)$ 的值会随标的资产价格的上升及下跌而改变。标的资产价格上涨时,d_1 会上升,故 $N(d_1)$ 也会上升,反之亦然。因此,随着标的资产价格的变动,投资人的避险比率,即买入标的资产的数量也会变动。$N(d_1)$ 介于 0 和 1 之间,即 $0 \leqslant N(d_1) \leqslant 1$,因为 $N(d_1)$ 为累积概率,累积概率最低为 0,最高为 1。因为 $N(d_1)$ 会随时改变,所以复制看涨期权时,需要随时调整买入的标的资产数量,来达到完全复制的效果。

此外,$N(d_1)$ 的数学意义,即为看涨期权和标的资产价格关系图形的切线斜率。随标的资产价格上涨,切线斜角增加,最高到 $45°$,此时切线斜率为 1;随标的资产价格下跌,切线斜角下降,到达水平切线时斜率为 0。

$N(d_1)$ 也可以解释为什么认购权证的发行可能会有助涨助跌的效果。如果标的资产价格上涨,$N(d_1)$ 会上升,发行券商要买入更多标的资产来避险,因此增加市场上对此标的资产的需求,使标的资产价格更加上涨;反之,如果标的资产价格下跌,$N(d_1)$ 下降,券商要抛售标的资产减少避险数量,因此会增加此标的资产的供给,使标的资产价格更加下跌。

实值看涨期权的价值,可以表示为内在价值($S-K$)和时间价值(Time Value,TV)之和,即 $c = S - X + TV$。对等号两边微分可得

$$\frac{\Delta c}{\Delta S} = 1 + \frac{\Delta TV}{\Delta S}$$

因为 $N(d_1) = \dfrac{\Delta c}{\Delta S}$,所以 $N(d_1) = 1 + \dfrac{\Delta TV}{\Delta S}$。已知 $N(d_1) \leqslant 1$,所以 $\dfrac{\Delta TV}{\Delta S} < 0$,这表示标的资产价格和时间价值的变动会是相反方向,也就是当标的资产价格上涨(下跌)时,时间价值会下降(上升)。

而对虚值看涨期权而言,由于内含价值为 0,所以看涨期权价值即为时间价值 $c = TV$,对等号两边微分得到

$$\frac{\Delta c}{\Delta S} = \frac{\Delta TV}{\Delta S} = N(d_1)$$

因为 $0 \leqslant N(d_1) \leqslant 1$,所以 $0 \leqslant \dfrac{\Delta TV}{\Delta S}$ 为正,而 $\dfrac{\Delta TV}{\Delta S} > 0$ 表示标的资产价格和时间价值的变动会是相同方向,也就是当标的资产价格上涨(下跌)时,时间价值会上升(下降)。

此外,B-S-M 公式中的 $N(d_2)$ 代表标的资产价格在到期日时会大于执行价格的概率。这个比率可以让我们了解,未来标的资产价格大于某个定值的概率有多少。

而 $X\mathrm{e}^{-r(T-t)}$ 表示到期需要支付 X 元的执行价格的现值。$X\mathrm{e}^{-r(T-t)}N(d_2)$ 则表示考虑履约的概率后,预期将支付的金额的现值。因此,期望收益现值 $SN(d_1)$ 减去期望成本现值,便是看涨期权预期价值的现值 $X\mathrm{e}^{-r(T-t)}N(d_2)$。这就是 B-S-M 公式的看涨期权理论价值。

七、B-S-M 期权定价理论的扩展

B-S-M 期权定价模型虽然简洁和方便,但由于受到各种假设条件的约束,比如不考虑股票红利、利率和波动率不变、股价连续变化等,因而仍需修正和扩展。以 Merton 为代表的经济学家在 B-S-M 模型基础上,对模型进行了更为深入的研究与推广,使其适用于更广泛的金融衍生品和更复杂的交易环境。Merton 对 B-S-M 模型的扩展主要体现为股票红利支付、随机利率、股价跳跃等几个方面。

(一) 红利支付模型

在 Merton 的红利支付模型中,"红利"被定义为在除权日由红利支付引起的股票价格的减少。Merton 假定红利支付为固定比例 q,在 $\mathrm{d}t$ 时间内支付红利后,股票价格也将相应地下降相同的幅度 $qS\mathrm{d}t$,此时股票价格的随机过程为

$$\mathrm{d}S = (\mu - q)S\mathrm{d}t + \sigma S\mathrm{d}z$$

类似地,相应的 B-S-M 偏微分方程为

$$\frac{\partial f}{\partial t} + (r-q)S\frac{\partial f}{\partial S} + \frac{1}{2}\sigma^2 S^2 \frac{\partial^2 f}{\partial S^2} = rf$$

Merton 假定红利支付为固定比例 q,且存在红利支付时的股票价格从 t 期的 S 增加到 T 期的 S_T,那么等价地,无红利支付时的股票价格则从 t 期的 S 增加到 T 期的 $S_T\mathrm{e}^{q(T-t)}$,或者 t 期的 $S\mathrm{e}^{-q(T-t)}$ 增加到 T 期的 S_T。当股票价格 T 期均为 S_T 时,无论支付与不支付红利,基于 t 期股价 S 且支付连续红利比例 q 的股票欧式期权与基于 t 期的股价 $S\mathrm{e}^{-q(T-t)}$ 且无红利支付的股票欧式期权具有相同的价值。因此,将 B-S-M 期权定价公式中 S 替换为 $S\mathrm{e}^{-q(T-t)}$,则可以推导出固定比例红利支付的股票欧式看涨期权定价公式

$$f = S\mathrm{e}^{-q(T-t)}N(d_1) - X\mathrm{e}^{-r(T-t)}N(d_2)$$

式中,
$$d_1 = \frac{\ln\left(\frac{S}{X}\right) + \left(r - q + \frac{1}{2}\sigma^2\right)(T-t)}{\sigma\sqrt{T-t}}$$

$$d_2 = \frac{\ln\left(\frac{S}{X}\right) + \left(r - q - \frac{1}{2}\sigma^2\right)(T-t)}{\sigma\sqrt{T-t}} = d_1 - \sigma\sqrt{T-t}$$

同时,在红利支付模型中,如果期权存续期内红利支付比率不是固定的,则比例

q 的取值为期权存续期内红利支付年平均比率。

（二）随机利率模型

B-S-M 期权定价模型假定无风险利率 r 为常数且对所有到期日均相同，但实际上利率时常波动。利率波动的一种情形是无风险利率为时间的已知函数，此时在 B-S-M 期权定价公式中可用期权剩余期限内平均瞬间无风险利率来代替 r。利率波动更普遍的情形是随机变动，即利率为随机变量。为构建随机利率模型，Merton 定义了到期面值为 1 的且到期期限与期权相同的贴现债券，贴现债券价值为 $B(t)$，且 $B(t)$ 服从以下运动过程

$$\frac{\mathrm{d}B}{B} = r_B \mathrm{d}t + \sigma_B \mathrm{d}z$$

式中，r_B 为贴现债券价格增长率；σ_B 为贴现债券价格波动率且为时间的已知函数。

Merton 最终推导得出的考虑随机利率的欧式看涨期权的定价公式为

$$f = SN(d_1) - BXN(d_2)$$

式中，

$$d_1 = \frac{\ln\left(\frac{S}{X}\right) - \ln B + \frac{1}{2}\bar{\sigma}^2(T-t)}{\bar{\sigma}\sqrt{T-t}}$$

$$d_2 = d_1 - \bar{\sigma}\sqrt{T-t}$$

$$\bar{\sigma}^2(T-t) = \int_t^T (\sigma^2 + \sigma_B^2 - 2\rho\sigma\sigma_B)\mathrm{d}t$$

式中，σ 为股票价格波动率；ρ 为股票价格与债券价格的瞬间相关系数。

可以看出，当贴现债券价值 $B(t) = e^{-r(T-t)}$ 时，随机利率期权定价公式与 B-S-M 期权定价公式一致。在随机利率模型中，虽然股票价格波动率 σ 替换为 $\bar{\sigma}$，但由于 σ_B 远小于 σ，因而 $\bar{\sigma}$ 接近于 σ，这时波动率的调整对期权价值影响非常有限。

（三）跳跃扩散模型

B-S-M 期权定价模型假定股价是连续变动的，但实际上股价往往并非平滑移动，当受到意外事件、利好或利空冲击时，股价会呈现出间断的"跳空"过程，基于此，Merton 提出了股价的跳跃扩散模型，即在股价几何布朗运动基础上增加了各种跳跃过程。

假定 λ 为股价跳跃发生频率，k 为平均跳跃幅度占股价上升幅度的比例，且跳跃幅度服从泊松过程，由跳跃带来的股价平均增长率为 λk，因而股票期望收益率可以分为两部分：一部分是由股价几何布朗运动引起的期望收益率 $\mu - \lambda k$；另一部分是由股价跳跃引起的随机收益率。因此，Merton 的股价运动的跳跃扩散过程为

$$\frac{\mathrm{d}S}{S} = (\mu - \lambda k)\mathrm{d}t + \sigma\mathrm{d}z + \mathrm{d}Q \tag{7.3.12}$$

式中，Q 为产生跳跃的泊松过程且 $Q = \sum_{i=1}^{N(t)} Y_i$，$Y_i$ 为独立同分布的瞬时跳跃幅度；布朗运动增量 dz 与泊松运动增量 dQ 相互独立。

基于式(7.3.12)的股价跳跃扩散过程的股价方程为

$$S = S_0 e^{(\mu - \lambda k - \frac{1}{2}\sigma^2)t + \sigma z} \prod_{i=1}^{N(t)} (Y_i + 1)$$

这里，$\ln(Y_i + 1)$ 通常服从正态分布，设 $\ln(Y_i + 1) \sim N(\mu, \sigma^2)$，则最终得到的基于股价跳跃扩散过程的欧式看涨期权定价公式为

$$f = \sum_{n=0}^{+\infty} e^{-\lambda(T-t)} \frac{\lambda^n (T-t)^n}{n!} \left[Se^{-\lambda k(T-t) + n\mu + \frac{1}{2}n\sigma^2} N\left[\frac{b_n}{\sqrt{1+a_n^2}}\right] - Xe^{-r(T-t)} N\left[\frac{c_n}{\sqrt{1+a_n^2}}\right] \right]$$

式中，
$$a_n = \frac{1}{\sigma\sqrt{T-t}}\sqrt{n\sigma^2}$$

$$b_n = \frac{1}{\sigma\sqrt{T-t}}\left[\ln\left(\frac{S}{X}\right) - \lambda k(T-t) + n\sigma^2 + n\mu + \left(r + \frac{1}{2}\sigma^2\right)(T-t) \right]$$

$$c_n = \frac{1}{\sigma\sqrt{T-t}}\left[\ln\left(\frac{S}{X}\right) - \lambda k(T-t) + n\sigma^2 + n\mu + \left(r - \frac{1}{2}\sigma^2\right)(T-t) \right]$$

第四节　二叉树期权定价模型

由于美式看跌期权无法用 B-S-M 期权定价公式进行精确定价，因此要用其他替代方法，如二叉树期权定价模型，该模型是由考克斯(Cox)、罗斯(Ross)和鲁宾斯坦(Rubinstein)于 1979 年首先提出的。

二叉树图方法用离散的模型模拟资产价格的连续运动，利用均值和方差匹配来确定相关参数，然后从二叉树图的末端开始倒推计算出期权价格。

一、无收益资产期权的定价

二叉树模型首先把期权的有效期分为很多很小的时间间隔 Δt，并假设在每一个时间间隔 Δt 内证券价格从开始的 S 运动到两个新值 Su 和 Sd 中的一个，如图 7.4.1 所示。其中，$u > 1$，$d < 1$，且 $u = 1/d$。因此 S 到 Su 是价格的"上升"运动，S 到 Sd 是价格的"下降"运动。价格上升的概率假设为 p，下降的概率假设为 $1 - p$。

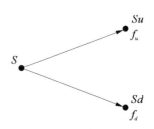

图 7.4.1　Δt 时间内证券价格的变动

为了对期权进行定价，二叉树模型也应用风险中性定价原理，并假定：

（1）所有可交易证券的期望收益都是无风险利率；

（2）未来现金流可以用其期望值按无风险利率贴现来计算现值。

（一）参数 p、u 和 d 的确定

在风险中性的条件下，证券的预期收益率等于无风险利率 r，因此若该时段初证券价格为 S，则在小时间间隔 Δt 段末的证券价格期望值为 $Se^{r\Delta t}$。参数 p、u 和 d 的值必须满足如下要求

$$Se^{r\Delta t} = pSu + (1-p)Sd$$

$$e^{r\Delta t} = pu + (1-p)d \tag{7.4.1}$$

二叉树模型也假设证券价格遵循几何布朗运动，在一个小时间段 Δt 内证券价格变化的方差是 $S^2 \sigma^2 \Delta t$。根据方差的定义，变量 X 的方差等于 X^2 的期望值与 X 期望值平方之差，因此

$$S^2 \sigma^2 \Delta t = pS^2 u^2 + (1-p)S^2 d^2 - S^2 \left[pu + (1-p)d \right]^2$$

$$\sigma^2 \Delta t = pu^2 + (1-p)d^2 - \left[pu + (1-p)d \right]^2 \tag{7.4.2}$$

从式（7.4.1）、式（7.4.2）和 $u = 1/d$ 可以求得，当 Δt 很小时，有

$$p = \frac{e^{r\Delta t} - d}{u - d} \tag{7.4.3}$$

$$u = e^{\sigma\sqrt{\Delta t}} \tag{7.4.4}$$

$$d = e^{-\sigma\sqrt{\Delta t}} \tag{7.4.5}$$

（二）证券价格的树型结构

应用二叉树模型来表示证券价格变化的完整树形结构，如图 7.4.2 所示。

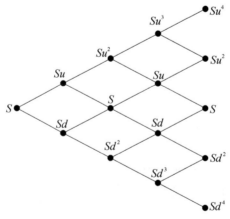

图 7.4.2　证券价格的树型结构

当时间为 0 时,证券价格为 S;当时间为 Δt 时,证券价格要么上涨到 Su,要么下降到 Sd;当时间为 $2\Delta t$ 时,证券价格就有三种可能:Su^2、Sud(等于 S)和 Sd^2,以此类推。一般而言,在 $i\Delta t$ 时刻,证券价格有 $i+1$ 种可能,它们可用符号表示为

$$Su^j d^{i-j} \quad (j=0,1,2,\cdots,i)$$

(三)倒推定价法

在二叉树模型中,期权定价从树形结构图的末端 T 时刻开始,采用倒推法定价。由于在 T 时刻的期权价值是已知的,如看涨期权价值为 $\max(S_T-X,0)$,看跌期权价值为 $\max(X-S_T,0)$,因此在风险中性条件下,在求解 $T-\Delta t$ 时刻每一节点上的期权价值时,都可通过将 T 时的期权价值的预期值在 Δt 时间长度内以无风险利率 r 贴现求出。同理,要求解 $T-2\Delta t$ 时每一节点的期权价值时,也可以将 $T-\Delta t$ 时的期权价值的预期值在时间 Δt 内以无风险利率 r 贴现求出,以此类推。如果是美式期权,就要看在树形结构的每一个节点上,提前执行期权是否比将期权再持有 Δt 时间更有利。采用这种倒推法,最终可以求出 0 时刻(当前时刻)的期权价格。

例 7.4.1

假设标的股票为不付红利股票,其当前市场价为 50 美元,波动率为每年 40%,无风险连续复利年利率为 10%,该股票 5 个月期的美式看跌期权协定价格为 50 美元,求该期权的当前价格。

解:

为了构造二叉树,我们把期权有效期分为五段,每段一个月(等于 0.083 3 年)。根据式(7.4.3)到式(7.4.5),可以算出

$$u = e^{\sigma\sqrt{\Delta t}} = 1.122\,4$$
$$d = e^{-\sigma\sqrt{\Delta t}} = 0.890\,9$$
$$p = \frac{e^{r\Delta t}-d}{u-d} = 0.507\,6$$
$$1-p = 0.492\,4$$

据此我们可以画出该股票在期权有效期内的树形图,如图 7.4.3 所示。在每个节点处有两个值,上面一个表示股票价格,下面一个表示期权价值。股价上涨概率总是等于 0.507 6,下降概率总是等于 0.492 4。

在 $i\Delta t$ 时刻,股票在第 j 个节点($j=0,1,2,\cdots,i$)的价格等于 $Su^j d^{i-j}$。例如,F 节点($i=4,j=1$)的股价等于 39.69 美元($=50\times1.122\,4\times0.890\,9^3$)。在最后那些节点处,期权价值等于 $\max(X-S_T,0)$。例如,G 节点的期权价值等于 14.64 美元($=50-35.36$)。

从最后一列节点处的期权价值可以计算出倒数第二列节点的期权价值。首先,我们假定在这些节点处期权都没被提前执行,这意味着所计算的期权价值是 Δt 时间内期权价值期望值的现值。例如,E 点处的期权价值等于

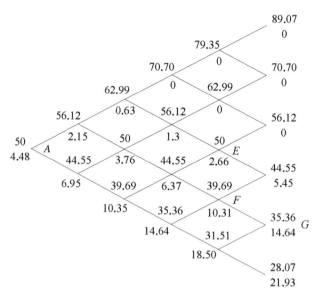

图 7.4.3　不付红利股票美式看跌期权二叉树

$(0.507\,6\times0+0.492\,4\times5.45)\mathrm{e}^{-0.1\times0.083\,3}=2.66$（美元）

而 F 节点处的期权价值等于

$(0.507\,6\times5.45+0.492\,4\times14.64)\mathrm{e}^{-0.1\times0.083\,3}=9.90$（美元）

然后,我们要检查提前执行期权是否较有利。在 E 节点,提前执行将使期权价值为 0,因为股票市价和期权协定价格都等于 50,显然不应提前执行。因此 E 节点的期权价值应为 2.66 美元。而在 F 节点,如果提前执行,期权价值为 10.31 美元 $(=50.00-39.69)$,大于上述的 9.90 美元。因此,若股价到达 F 节点,就应提前执行期权,从而 F 节点上的期权价值应为 10.31 美元,而不是 9.90 美元。

用相同的方法我们可以算出各节点处的期权价值,并最终倒推出初始节点处的期权价值为 4.48 美元。如果我们把期权有效期分成更多小时段,节点数会更多,计算会更复杂,但得出的期权价值会更精确。当 Δt 非常小时,期权价值将等于 4.29 美元。

（四）美式看跌期权的定价公式

假定将某种无收益证券的美式看跌期权的有效期划分成 N 个长度为 Δt 的小区间,令 $f_{ij}(0\leqslant i\leqslant N,0\leqslant j\leqslant i)$ 表示在时间 $i\Delta t$ 时第 j 个节点处的美式看跌期权的价值,我们将 f_{ij} 称为节点 (i,j) 的期权价值。同时用 $Su^{j}d^{i-j}$ 表示节点 (i,j) 处的证券价格。由于美式看跌期权在到期时的价值是 $\max(X-S_{T},0)$,所以有

$$f_{Nj}=\max(X-Su^{j}d^{N-j},0)\quad(j=0,1,2,\cdots,N)\qquad(7.4.6)$$

当时间从 $i\Delta t$ 变为 $(i+1)\Delta t$ 时,从节点 (i,j) 移动到节点 $(i+1,j+1)$ 的概率为 p,移动到 $(i+1,j)$ 的概率为 $1-p$。假定期权不被提前执行,则在风险中性条件下,有

$$f_{ij}=\mathrm{e}^{-r\Delta t}\left[pf_{i+1,j+1}+(1-p)f_{i+1,j}\right]\qquad(7.4.7)$$

式中，$0 \leqslant i \leqslant N-1, 0 \leqslant j \leqslant i$。如果考虑提前执行的可能性，式中的 f_{ij} 必须与期权的内在价值比较，由此可得

$$f_{ij} = \max\{X - Su^j d^{i-j}, e^{-r\Delta t}[pf_{i+1,j+1} + (1-p)f_{i+1,j}]\} \qquad (7.4.8)$$

按这种倒推法计算，当时间区间的划分趋于无穷大，或者说当每一区间 Δt 趋于 0 时，就可以求出美式看跌期权的准确价值。根据实践经验，一般将时间区间分成 30 个就可得到较为理想的结果。

二、有收益资产期权的定价

（一）支付连续红利率资产的期权定价

当标的资产支付连续收益率为 q 的红利时，在风险中性条件下，证券价格的增长率应该为 $r-q$，因此式(7.4.1)就变为

$$e^{(r-q)\Delta t} = pu + (1-p)d$$

同时，式(7.4.3)变为

$$p = \frac{e^{(r-q)\Delta t} - d}{u - d} \qquad (7.4.9)$$

式(7.4.4)和式(7.4.5)仍然适用。

对于股价指数期权来说，q 为股票组合的红利收益率；对于外汇期权来说，q 为国外无风险利率，因此式(7.4.4)至式(7.4.9)可用于股价指数和外汇的美式看跌期权的定价。

对于期货期权来说，布莱克曾证明，在对期货期权定价时期货的价格可以和支付连续红利率 r 的证券同样对待，因此对于期货期权而言，$q=r$，即

$$p = \frac{1-d}{u-d}$$

（二）支付已知红利率资产的期权定价

若标的资产在未来某一确定时间将支付已知红利率 δ（红利与资产价格之比），只要调整在各个节点上的证券价格，就可算出期权价格。调整方法如下：

如果时刻 $i\Delta t$ 在除权日之前，则节点处证券价格仍为

$$Su^j d^{i-j} \quad (j = 0, 1, \cdots, i)$$

如果时刻 $i\Delta t$ 在除权日之后，则节点处证券价格相应调整为

$$S(1-\delta)u^j d^{i-j} \quad (j = 0, 1, \cdots, i)$$

对在期权有效期内有多个已知红利率的情况，也可进行同样处理。若 $\delta_k(k=1, 2, \cdots, K)$ 为 0 时刻到 $i\Delta t$ 时刻之间第 k 个除权日的红利支付率，则 $i\Delta t$ 时刻节点的相应的证券价格为

$$S \prod_{k=1}^{K} (1-\delta_k) u^j d^{i-j}$$

（三）支付已知数额红利资产的期权定价

若标的资产在未来某一确定日期将支付一个确定数额的红利而不是一个确定的比率,则除权后二叉树的分支将不再重合,这意味着所要估算的节点数量可能变得很大,特别是如果支付多次已知数额红利的情况将更为复杂(见图 7.4.4)。

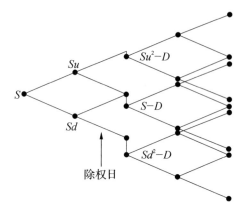

图 7.4.4　红利数额已知且波动率为常值的二叉树图

为了简化这个问题,可以把证券价格分为两个部分:一部分是不确定的,而另一部分是期权有效期内所有未来红利的现值。假设在期权有效期内只有一次红利,除权日 τ 在 $k\Delta t$ 到 $(k+1)\Delta t$ 之间,则在 $i\Delta t$ 时刻不确定部分的价值 S^* 为

$$\begin{cases} S^*(i\Delta t) = S(i\Delta t) & (i\Delta t > \tau) \\ S^*(i\Delta t) = S(i\Delta t) - De^{-r(\tau - i\Delta t)} & (i\Delta t \leqslant \tau) \end{cases}$$

式中,D 表示红利。设 σ^* 为 S^* 的标准差,假设 σ^* 是常数,用 σ^* 代替式(7.4.3)到式(7.4.5)中的 σ 就可计算出参数 p、u 和 d,这样就可用通常的方法构造出 S^* 的二叉树了。通过把未来收益现值加在每个节点的证券价格上,就会使 S^* 的二叉树图转化为 S 的二叉树。假设零时刻 S^* 的值为 S_0^*,则在 $i\Delta t$ 时刻:

当 $i\Delta t \leqslant \tau$ 时,这个树上每个节点对应的证券价格为

$$S_0^* u^j d^{i-j} + De^{-r(\tau - i\Delta t)} \quad (j=0,1,2,\cdots,i)$$

当 $i\Delta t > \tau$ 时,这个树上每个节点对应的证券价格为

$$S_0^*(t) u^j d^{i-j} \quad (j=0,1,2,\cdots,i)$$

这种方法,与曾经分析过的在已知红利数额的情况下应用布莱克—舒尔斯—默顿公式中所用的方法一致。通过这种分离,可以重新得到重合的分支,减少节点数量,简化了定价过程。同时,这种方法还可以直接推广到处理多个红利的情况。

三、三叉树图法

另一种替代二叉树图的方法是三叉树图法,该树图的形状如图 7.4.5 所示。在每一个时间间隔 Δt 内证券价格有三种运动的可能:从开始的 S 上升到原先的 u 倍,即到达 Su;保持不变,仍为 S;下降到原先的 d 倍,即 Sd。p_u、p_m、p_d 分别为每个节点价格上升、持平和下降的概率。当 Δt 的高阶小量可以忽略时,满足资产价格变化均值和方差的参数分别为

$$u = e^{\sigma\sqrt{3\Delta t}}$$

$$d = \frac{1}{u}$$

$$p_d = -\sqrt{\frac{\Delta t}{12\sigma^2}}\left(r - q - \frac{\sigma^2}{2}\right) + \frac{1}{6}$$

$$p_u = \sqrt{\frac{\Delta t}{12\sigma^2}}\left(r - q - \frac{\sigma^2}{2}\right) + \frac{1}{6}$$

$$p_m = \frac{2}{3}$$

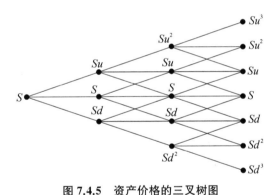

图 7.4.5 资产价格的三叉树图

三叉树图的计算过程与二叉树图的计算过程相似。还可以证明:三叉树图的方法与显性有限差分方法是一致的。

第五节 期权价格的敏感度和期权的套期保值

在金融期权交易中,尤其是在金融期权的套期保值交易中,我们不仅要知道各种因素对期权价格的影响方向,还必须知道各种因素对金融期权价格的影响程度。为解决这一问题,我们就要对期权价格的敏感度做出分析。所谓期权价格的敏感度,是指期权价格的决定因素的变动对期权价格的影响程度,或者说,期权价格对其决定因素之变动的敏感程度或反应程度。而某些特定的希腊字母常用来表示各参数对于期

权价格的敏感度。

一、期权价格的敏感度

（一）Delta(δ)——衡量期权价格对标的资产价格的敏感度

Delta 衡量期权价格对标的资产价格的敏感程度，是最直接也是最容易让投资人感受到的。一般定义为标的资产价格每变动一单位引起期权价格之变动量。通常可以表示为

$$\text{Delta} = \frac{\partial f}{\partial S}$$

式中，f 为期权的价格；S 为期权的标的资产价格。

例如，某一股票期权的 Delta 为 0.7，表示当标的资产股票价格上涨（下跌）0.1 美元时，股票期权价格上涨（下跌）0.07 美元。

（二）Gamma(γ)——衡量 Delta 的敏感度

Gamma 是用来衡量 Delta 的敏感程度，亦即当标的物价格变动一单位时 Delta 数值的变动量。其中，因为 Delta 又衡量期权价格对其标的资产价格变动的敏感程度，因此，Gamma 可以当成标的资产价格对其期权价格变动的二次微分。通常可以表示为

$$\text{Gamma} = \frac{\partial \text{Delta}}{\partial S} = \frac{\partial^2 f}{\partial S^2}$$

经由泰勒展开式可以得到以下结果

$$\mathrm{d}f = \frac{\partial f}{\partial S}\mathrm{d}S + \frac{1}{2}\frac{\partial^2 f}{\partial S^2}(\mathrm{d}S)^2 + O(\mathrm{d}S)$$

式中，$O(\mathrm{d}S)$ 为剩余之误差项，假设其值够小可以忽略不计。

因此，上式可以改写为

$$\mathrm{d}f = (\text{Delta})\mathrm{d}S + \frac{1}{2}(\text{Gamma})(\mathrm{d}S)^2$$

式中，$\mathrm{d}f$ 为期权价格变化；$\mathrm{d}S$ 为期权的标的资产价格变化。

因此，当 $\mathrm{d}S$ 较大时，利用上式可更准确地估计出期权价格变化。

（三）Theta(θ)——衡量期权价格对时间的敏感度

期权价格为时间的消耗性商品，意即期权的时间价值随到期时间的逼近而递减。期权价格对于时间的敏感度表示为

$$\text{Theta} = \frac{\partial f}{\partial t}$$

(四) Vega(ν)——反映期权价格对标的资产价格波动率敏感度

Vega 反映期权价格对标的资产价格波动率的敏感度。通常 Vega 表示为

$$\text{Vega} = \frac{\partial f}{\partial \sigma}$$

(五) Rho(ρ)——衡量期权价格对市场利率变化的敏感度

Rho 衡量期权价格对市场利率变化的敏感度。通常可以表示为

$$\text{Rho} = \frac{\partial f}{\partial r}$$

根据上面期权价格的敏感度分析,B‐S‐M 偏微分方程可以重新表示为

$$\text{Theta} + r\text{SDelta} + \frac{1}{2}\sigma^2 S^2 \text{Gamma} = rf$$

二、期权的套期保值

(一) 期权套期保值的基本原理

期权套期保值的基本思想是构造一个头寸,并使其风险暴露与原组合的风险暴露相反,从而部分或者全部对冲掉风险。如果所构造头寸的风险性质与原组合的风险性质呈完全相反的状态,则原组合的风险可以全部消除,这称为完全对冲。

但在实际中,由于无法构造与原组合风险特性完全相反的头寸,或者由于投资者愿意承担一定的风险,或者由于构造完全对冲的成本太高,因此大多数对冲都是不完全的。如果投资者倾向于消除不利的价格变动所带来的大幅风险暴露,同时也可以容忍一定程度的不利价格变动,那么投资者在对冲时就可以只对超过一定水平的不利价格变动进行对冲,而对有利的价格变动不进行对冲,其结果是导致了一个具有风险暴露上限的组合。

对冲的基本思想是要构造一个头寸,以使对冲后的组合不受一种或多种风险因素变化的影响。考虑一个由 m 种期权 $v_1, v_2, \cdots, v_m$ 组成的投资组合,该投资组合的价值 V 可以表示为

$$V = n_1 v_1 + n_2 v_2 + \cdots + n_m v_m$$

式中,n_j、$v_j (j = 1, 2, \cdots, m)$ 分别是组合中第 j 种期权的权重和第 j 种期权的价值。

在构造对冲时,目的就是通过选择合适的 n_j,使组合价值 V 能够在风险因素 x 变动时保持不变。对于一阶风险来说,构造对冲的目的就是选择 n_j,使得

$$\frac{\partial V}{\partial x} = n_1 \frac{\partial v_1}{\partial x} + n_2 \frac{\partial v_2}{\partial x} + \cdots + n_m \frac{\partial v_m}{\partial x} = 0$$

因此,当 x 发生微小变化 Δx 时,组合的价值变化为

$$\Delta V = \frac{\partial V}{\partial x}\Delta x = 0$$

在此,风险因素 x 可以是标的股票价格的变化、无风险利率的变化、时间的变化或者是波动率的变化。当然,这样也可以使组合不受风险因素二阶变化的影响(即 Gamma 套期保值)。

一般来说,若需要对冲的风险因素的数目小于组合中所含资产的数量时,这种套期保值的方法就是可行的[①]。

(二) 连续调整的期权套期保值策略

1. Delta 套期保值(Delta 中性组合)

通过适当调整不同期权及其标的资产的比例,我们可以将风险暴露降到较低的程度,甚至可以将该资产组合对于标的资产价格变动的风险降到零。对于这种资产组合,我们将其称为"Delta 中性组合"。

套期保值的目的是使投资者免于标的资产价格变动的风险,因此对于每一看涨期权空头而言,投资者需持有 Δ 股股票。这里的 Δ 就是该看涨期权的 Delta 值。对于这样一个投资组合而言,股票价格的任何波动都会被期权价格的变动所抵消,从而使得投资者对于任何股票价格风险都完全免疫。

我们可以用公式来表示上述过程。假设构造这样一个投资组合:做空一个看涨期权,其价格为 C,Delta 值为 $N(d_1)$;同时,买入数量为 $N(d_1)$ 的标的资产,其价格为 S。不难证明,该组合为一个 Delta 中性看涨期权组合。事实上,这个组合当前的价值为

$$V = -C + N(d_1)S$$

显然,V 关于 S 的偏导数为 0,即该组合是一个 Delta 中性组合,所以该组合的价值不受 S 变化的影响。

更一般地,对于任意一个资产组合 $V = n_1 v_1 + n_2 v_2$[②] 而言,我们总能通过适当地选择 n_1 和 n_2,使得整个组合的 Delta_v 等于 0,即

$$\mathrm{Delta}_v = n_1 \mathrm{Delta}_1 + n_2 \mathrm{Delta}_2 = 0$$

容易解得

$$n_1 / n_2 = -\mathrm{Delta}_2 / \mathrm{Delta}_1$$

2. Delta - Gamma 套期保值策略

Delta - Gamma 套期保值策略是 Delta 套期保值策略的推广,它是指构造一个

---

① 对于多元齐次线性方程组而言,如果未知解的数目大于方程的数目,该方程组就有非零解。

② 这里的 v_1、v_2 可以是任意一种期权或者期权组合。

Delta 和 Gamma 值都为 0 的组合,即通过构造一个 Delta - Gamma 的中性组合,从根本上回避价格风险。

假设在当前时刻,投资者手中持有的资产[①]价值为 $n_1 v_1$。要构造一个 Delta - Gamma 中性组合,需要进行两种不同期权或者期权组合的交易。假设这两种期权或期权组合的价值分别为 $n_2 v_2$ 和 $n_3 v_3$,连同投资者原先持有的 $n_1 v_1$,共同构成了以下组合

$$V = n_1 v_1 + n_2 v_2 + n_3 v_3$$

式中,v_2 和 v_3 分别代表这两种期权或期权组合的价格,它们是 S 的函数;n_2 和 n_3 分别代表这两种期权交易的数量,其符号为正代表做多,符号为负代表做空。

同时对 $V = n_1 v_1 + n_2 v_2 + n_3 v_3$ 关于 S 求一阶、二阶偏导数,有

$$\text{Delta}_v = n_1 \text{Delta}_1 + n_2 \text{Delta}_2 + n_3 \text{Delta}_3$$
$$\text{Gamma}_v = n_1 \text{Gamma}_1 + n_2 \text{Gamma}_2 + n_3 \text{Gamma}_3$$

令组合的 Delta_v、Gamma_v 同时等于零,可得到

$$0 = n_1 \text{Delta}_1 + n_2 \text{Delta}_2 + n_3 \text{Delta}_3$$
$$0 = n_1 \text{Gamma}_1 + n_2 \text{Gamma}_2 + n_3 \text{Gamma}_3$$

在这个方程组中,投资者先前持有的资产数量 n_1 显然是已知的,Delta_1、Delta_2、Delta_3 以及 Gamma_1、Gamma_2、Gamma_3 都可以根据市场资料计算出来,因此方程组中只剩下 n_2、n_3 这两个未知数。我们可以根据上面的方程组很容易地求解出 n_2 和 n_3,而 n_2 和 n_3 的符号分别表明了对应的交易是做多还是做空。这样一来,投资者只要根据计算出来的 n_2 和 n_3 的值买卖相应的资产,就可以完全回避手中资产的价格风险。

3. Delta - Gamma - Vega 套期保值策略

如果投资者不愿意承担波动率 σ 的变化对套期保值结果的影响,他还可以在 Delta - Gamma 中性组合的基础上构造一个 Delta - Gamma-Vega 中性组合。为此,我们需要引进第三种期权的交易,记该期权的价格为 v_4、交易数量为 n_4。因此,新的组合为

$$V = n_1 v_1 + n_2 v_2 + n_3 v_3 + n_4 v_4$$

在上式两端分别对 S 求一阶、二阶偏导数,并对 σ 求一阶偏导数,从而得到以下方程

$$\begin{cases} \text{Delta}_v = n_1 \text{Delta}_1 + n_2 \text{Delta}_2 + n_3 \text{Delta}_3 + n_4 \text{Delta}_4 \\ \text{Gamma}_v = n_1 \text{Gamma}_1 + n_2 \text{Gamma}_2 + n_3 \text{Gamma}_3 + n_4 \text{Gamma}_4 \\ \text{Vega}_v = n_1 \text{Vega}_1 + n_2 \text{Vega}_2 + n_3 \text{Vega}_3 + n_4 \text{Vega}_4 \end{cases}$$

---

① 这一资产可以是股票与期权的组合或期权组合。

令 Delta$_v$、Gamma$_v$ 和 Vega$_v$ 等于零，同时根据市场资料可以计算出 Delta$_j$、Gamma$_j$ 和 Vega$_j$($j=1,2,3,4$)，而投资者持有的初始资产数量 n_1 也是已知的。由上面的方程组可以解出 n_2、n_3 和 n_4，它们表示构造 Delta-Gamma-Vega 中性组合所需的三种期权的交易数量以及交易方式（做多还是做空）。这样一来，投资者只要根据 n_2、n_3 和 n_4 的值买卖相应的期权，就可以完全回避手中期权的价格风险以及该期权标的资产波动所带来的风险。

我们讨论了如何建立一个无风险的资产组合，但这样的资产组合对价格风险的规避只是暂时的，因为随着 S 的变化，期权敏感度的值也不断地变化。因此，上述套期保值策略要想在实际中发挥作用，有一个条件必须满足：投资者能够根据期权敏感度的变化而不断调整投资组合。然而，在现实生活中，要想实现完全的连续性套期保值会受到一些限制。这是因为：

（1）市场不具备充分的多样性。如果无风险资产组合是通过几种期权建立起来的，那么随着期权 Delta 值的变动，我们无法保证每次都能找到刚好能够互相对冲价格风险的期权。

（2）交易费用的存在。如果无风险资产组合是通过期权和标的股票建立起来的，那么投资者要随着期权 Delta 值的变化买卖相应数量的股票，但由于市场存在交易费用，因而投资者频繁买卖标的股票的成本将是巨大的。因此，投资者要用连续调整的套期保值策略构造证券组合就会面临交易费用带来的困难。

1. 推导有收益资产的欧式看涨期权与看跌期权之间的平价关系。

2. 已知 $S=100$ 美元，$X=100$ 美元，$r=10\%$，$\sigma=25\%$，$T=1$ 年，计算该欧式看涨期权的价格。

3. 某不支付红利的股票现价为 50 美元，有连续两个时间步长，步长为 3 个月，股价在每个二叉树预期上涨 20% 或下跌 20%，无风险利率为 8%。

（1）计算以该股票为标的资产，协定价格为 50 美元的 6 个月期欧式看涨期权的价格；

（2）已知以该股票为标的资产、协定价格为 50 美元的 6 个月期欧式看跌期权的价格约为 4.45 美元，证明欧式看涨期权和欧式看跌期权的平价关系成立。

第八章
金融风险分析与度量

 教学要点

知识要点	掌握程度	相关知识
金融风险概述	了解	风险定义和分类、风险管理过程
灵敏度分析与波动性方法	掌握	灵敏度指标、风险系数、隐含波动性
债券市场风险	重点掌握	久期、凸性
VaR 方法	重点掌握	固定收益证券的 VaR 计算
信用风险的度量	掌握	信用评级、信用评分方法、KMV 模型、Creditmetrics 模型

课前导读

1. 通过学习,认识到金融市场中收益与风险如影随形,懂得"投资有风险,入市需谨慎"的道理。大学生作为国家未来的建设者和主要投资者,在掌握扎实的专业知识和技能的同时,树立正确的世界观、人生观和价值观,培养自我保护意识和风险防范意识。

2. 意识到监管的必要性,投资领域的从业者对待现场监管和非现场监管都要诚信为本,恪守职责,具有大局意识、法治意识、职业道德,以及正确的金钱观和消费观,自觉抵制享乐主义、个人主义和拜金主义。

3. 了解我们国家金融行业的一些不足,从而激发自主学习动力以及民族担当意识。了解风险可能给国家和个人带来巨大损失,提高危机意识,激发对于风险控制的高度的社会责任感。

4. 不管是 2008 年的全球经济危机还是 2020 年以来的新冠疫情在全球范围的蔓延,结合国际政治经济形势,剖析我国金融体系面临的各种外部挑战;阐述中国在金融风险管理方面的成就,尤其是在党的领导下成功地抵御了世界金融危机,保障了国家金融安全;感悟国家治理能力的不断提升;深刻认识中国特色社会主义制度的优越性。

5. 信用风险的学习让我们深刻感受到:诚信是人们生活中必不可少的品德,只有讲诚信,才能营造出良好的社会风气。在面对名利等诱惑时更应讲诚信,树立良好的道德观念。"以诚信为本者,谓之君子;以诈伪为本者,谓之小人。"中国历来信奉诚实守信,人无信不立,业无信不兴。古人用"一言九鼎""一诺千金"等成语来比喻承诺的分量。诚实守信是中华民族的传统美德,是做人之本、立德之源,是大学生道德规范的基本要求。当今社会的许多问题都与诚信缺失有关,在大学中开展诚信教育有深刻的意义。

金融风险是金融领域中最重要的研究方向之一,也是金融工程的核心内容。本章对现代金融领域中的风险做了详细的介绍,主要有灵敏度分析、利率风险的概念、久期和凸性的计算和应用、金融产品收益的波动性的度量方法、金融风险的度量方法——VaR法以及信用风险的几种测度方法。

第一节　金融风险概述

诺贝尔经济学奖得主、哈佛大学金融学教授罗伯特·默顿(Robert Merton)和波士顿大学金融学教授兹维·博迪(Zvi Bodie)在其合著的《金融学》一书中开宗明义:"金融学是一门研究人们在不确定环境下如何进行稀缺资源跨时间配置的学科"。这个对现代金融的经典定义凸显了风险在现代金融中的核心地位。那么,究竟何谓风险? 对风险的管理具体包括哪些方面?

一、风险的定义

常见的风险定义有三种:

第一,风险是未来损失的可能性,这是人们对风险的传统理解。由于损失是风险最受关注的后果,将风险与损失联系起来定义似乎是很自然的结果。但从风险的一般性质来看,风险既可能导致损失,也可能带来正的收益,因此这种定义相对狭隘。

第二,风险是未来结果对期望的偏离,这个观点源于马科维茨对投资组合风险的定义。这个定义反映了风险的两面性,能直接与统计学中的方差等波动性指标相联系,特别适用于金融领域中的市场风险分析。

第三,风险是未来结果的不确定性。这个定义相对抽象且具有一般性,可以适用于经济、政治和社会等几乎所有领域。但也有许多学者认为,风险是已知未来的概率分布,而不确定性则意味着未来的概率分布是未知的,因此风险与不确定性仍存在一定的差异。

风险与收益[①]是金融的核心,是一个问题的两个方面。由于理性人均厌恶风险而偏好收益,为了吸引人们承担风险,就必须给予一定的收益补偿。由此形成了风险与收益的权衡,如高风险高收益、能够分散的风险无法得到风险收益、将风险转移出去也将转让相应的风险收益等。因此,风险与收益始终是相伴相生的。这也意味着在评估收益时,应始终将承担的风险纳入考虑并进行相应的调整。

从事后的角度看,风险既可能带来实际的收益,也可能导致实际的损失。但是,由于在风险的结果中人们最关心的是损失,因此在很多情况下,尤其是在信用风险与操作风险的分析与管理中,人们通常采用损失的可能性及潜在的损失规模来计量风险。需要注意的是,即使对于信用风险和操作风险,风险仍然不同于损失。损失是一个事后的概念,而风险则是事前的概念,这两者是不能同时并存的两种状态。人们通常在事前进行风险管理,而在事后进行损失处置和管理。

二、风险的分类

依据不同的标准,金融风险可被划分为不同的种类,这便于人们从不同的角度去把握和理解金融风险的概念。根据性质不同,风险可分为经济风险、政治风险、社会风险、自然风险与技术风险等;根据发生的范围不同,风险可分为系统性风险与非系统性风险;根据诱发原因不同,金融风险主要可分为市场风险、信用风险、流动性风险和操作风险等。其中最重要的是第三种风险的分类与识别。

(一) 市场风险

市场风险又称为价格风险,是市场价格波动而引起的风险。从来源看,市场风险可以进一步分为利率风险、汇率风险、股票价格风险和商品价格风险等。随着市场的发展和研究的深入,从市场风险又进一步发展出波动率风险、相关性风险、三阶矩风险和四阶矩风险等。

与其他风险相比,由于市场价格数据可得且数据量大,市场风险具有数据优势和易于观测计量的特点,一般可以通过数量的方式来度量和管理。同时,市场中往往同时存在多种对某一资产的价格变化具有敏感性的资产,这使得市场风险的管理与对冲相对比较容易实现。这两个特点决定了在所有的风险中,市场风险的管理技术是目前为止最为成熟的。

(二) 信用风险

信用风险又称违约风险,是指债务人或交易对手未能履行合约所规定的义务或信用质量发生变化给债权人或金融产品持有者所带来的风险。具体来看,信用风险可以进一步分解为两个部分:一是对方违约或信用状况发生变化的可能性大小;二是对方违约或信用状况变化造成的损失多寡。信用风险的大小主要取决于交易对手的

---

① 这里的收益是指预期收益率,是事前的概念,而不是实际的收益。实际收益或损失是事后的概念,是已知的、确定的。

资信、财务状况和金融产品的价值等。

贷款、债券与金融衍生产品都会产生信用风险。金融机构信贷与未上市债券的信用风险主要源于借款人的违约,其可能的损失将是全部或部分票面价值和未付利息。对上市交易的债券来说,信用风险所带来的损失也可能发生在实际违约之前,即由于信用质量发生变化导致的债券价格变化也属于信用风险的一部分。金融衍生产品的信用风险则要具备两个条件:其一,交易对方违约或信用状况发生变化;其二,在合约的剩余期内违约方的合约价值为负值。如果在合约的剩余期内对方的合约价值为正,就不会出现信用风险。即使发生违约,金融衍生产品真正的潜在损失也通常要远小于产品的名义价值损失,因为金融衍生产品通常采用净额结算,损失的往往仅是头寸价值的一定量而非全部。

与市场风险相比,由于信用事件不会频繁、有规律地发生,信用风险的可观察数据通常较少,不易获取,因此比较难以进行数量化测度与管理。近年来信用风险的度量与管理技术有革命性的发展,出现了新的信用风险模型和信用衍生产品(Credit Derivatives)。

(三)流动性风险

一般认为存在两类流动性风险:市场流动性风险(Market Liquidity Risk)和资金流动性风险(Funding Liquidity Risk)。前者是指由于市场交易量不足无法按照当前的市场价格进行交易所带来的风险;后者是指现金流不能满足支付义务,往往迫使机构提前清算。其中,资金收支的不匹配包括数量上的不匹配和时间上的不匹配。

与市场风险、信用风险和操作风险相比,流动性风险的原因往往更加复杂和广泛,常常是其他风险综合影响的结果,可以被视为一种综合性风险。例如,市场风险和信用风险的发生不仅可能直接影响金融机构的资产和收益而导致流动性风险,还可能引发"金融恐慌"而导致整个金融系统的流动性下降。

(四)操作风险

操作风险指因为欺诈、未授权活动、错误、遗漏、效率低、系统失灵或是由外部事件引致损失的风险。此项风险潜藏于每个商业机构,涉及问题的层面很广。

常见的一些操作风险包括以下三种:

(1)执行风险,即由于交易执行错误、不能执行或后台操作失误而导致损失的可能性。

(2)由于诈骗和技术问题而导致的风险。诈骗风险是指交易员故意提供错误信息;技术风险是指交易系统的错误操作或者崩溃而导致的损失的可能性,也包括由于无法预料的自然灾害或者关键人员出现事故而造成损失的可能性。

(3)模型风险,即由于错误的模型或模型参数选择不当导致对风险或者交易价值估计错误而造成损失的可能性。有时人们将模型风险单独分离出来作为一种风险。

操作风险具有非营利性、分布的普遍性和不可避免性。金融机构只能在一定的管理成本基础上尽可能降低操作风险。此外,操作风险还可能引发市场风险、信用风险和流动性风险等。

除了上述四种风险以外,人们还定义了国家风险、法律风险等。但最重要的还是上述四种风险。值得注意的是,各种风险之间并不是相互独立的,而是相互作用的。其中,市场风险和信用风险是最具技术性和最核心的内容,也是本章的重点。

三、风险管理的过程

尽管风险从一开始就是金融的本质特征,但直到 20 世纪 70 年代以后,随着布雷顿森林体系的瓦解、金融管制的逐步放松与国际资本流动规模的日益扩大,风险和风险管理才逐渐成为现代金融的核心。在前述金融定义的基础上,罗伯特·默顿和兹维·博迪进一步提出,现代金融学的三大支柱为时间优化、资产定价和风险管理。也就是说,风险管理是现代金融的三大支柱之一。

总的来看,现代风险管理的全过程可以大致分为风险识别、风险度量、风险管理与控制以及风险管理反馈与调整四个主要环节。

(一) 风险识别

管理风险的第一个环节是对风险的识别,是指对经济主体面临的各种潜在的或者存在的金融风险进行认识、鉴别和分析。风险识别所要解决的主要问题是确定哪些风险须予以考虑,以及分析引起金融风险的原因、类型、性质及其后果。

风险管理者首先要分析经济主体的风险暴露(Exposure)。金融风险的暴露是指金融活动中存在金融风险的部位以及受金融风险影响的程度。风险管理者可以针对具体的资产负债项目进行分析,还要对经济主体的资产负债进行整体上的考察。风险管理者不仅要考察表内业务的风险暴露,还要关注表外业务的风险暴露,如承诺、保证等业务以及金融衍生品的风险暴露。通过对风险暴露的判断与分析,风险管理者就可以确定风险管理的重点。

风险管理者还要进一步分析金融风险的成因和特征。不同的金融风险具有不同的特征,有的可以通过投资分散降低或者消除风险,有的则无法消除。风险管理者对风险的性质进行分析,可为制定风险管理策略提供理论基础。

(二) 风险度量

风险管理过程的第二个环节是对风险进行合理的测度。在前述所有风险中,操作风险比较侧重定性分析和制度建设而技术性偏低,因此风险测度主要关注市场风险、信用风险和流动性风险。

1. 市场风险的度量

一般来说,一个较为完整的市场风险度量体系至少包括三个组成部分:灵敏度分析(Sensitivity Analysis)、在险值(Value at Risk,VaR)、情景分析(Scenario

Analysis)与压力测试(Stress Test)。每个组成部分在市场风险度量体系中都具有独特而不可或缺的作用:灵敏度是市场风险度量的基础模块,是进行套期保值与风险对冲的基础;VaR 给出了在给定条件下市场风险的集成风险额;而情景分析与压力测试则给出了给定情景和极端情况下风险因子共同变化可能产生的结果,可以补充前两者的不足。近年来市场风险的度量技术进一步深入发展,但这三个方法一直是最主流和最基础的市场风险度量方法。

(1)灵敏度分析。灵敏度分析是指在保持其他条件不变的前提下,研究单个市场风险因子的变化对金融产品或资产组合的收益或经济价值产生的可能影响。最常见的灵敏度指标包括衡量股票价格系统性风险的 β 系数、衡量衍生产品风险的希腊字母,以及衡量利率风险的久期和凸性等,其中衡量股票价格系统性风险的 β 系数和衡量衍生产品风险的希腊字母在前几章中都已做过相应的介绍;衡量利率风险的久期和凸性,本章将在后面对此进行专门介绍。

灵敏度分析的特点是计算简单且便于理解,灵敏度分析是最早发展起来的市场风险度量技术,应用广泛。但灵敏度分析也具有一定的局限性,主要表现在较复杂的金融资产组合的风险因子往往不止一个且彼此之间具有一定的相关性,需要引入多维风险测量方法。

除此之外,灵敏度分析只能反映金融产品价值对特定风险因素的敏感程度,却不能反映总体的市场风险。在险值、情景分析与压力测试就在这方面弥补了灵敏度分析的不足。

(2)在险值。在险值(VaR)是指在一定概率水平 $\alpha\%$(置信水平)下,某一金融资产或证券组合价值在未来特定时期内的最大可能损失。例如,美洲银行(Bank of America,BOA)在 2006 年度报告中披露了这一年该银行基于市场的交易组合[①](Market-based Trading Portfolio)的每日 VaR 值,在 99%的置信水平下平均为 4 130万美元。这意味着,从事前看,美洲银行 2006 年度因市场波动而每天平均损失超过4 130万美元的概率只有 1%;或者说该银行以 99%的可能性保证,该年度每一特定时点上的投资组合在未来 1 个交易日内,由于市场价格变动而带来的损失平均不会超过 4 130万美元。

VaR 最早由 JP 摩根公司内部风险管理部门于 20 世纪 80 年代后期提出,1993年开始推向市场,成为金融机构衡量市场风险的重要指标,受到广泛认可。1993 年 7月,国际性民间组织 30 小组(Group of 30)发表《衍生产品:惯例与原则》,建议以 VaR作为市场风险衡量手段,尤其可以用来衡量场外金融衍生产品的市场风险。1995年,国际银行业监管的权威组织巴塞尔委员会同意具备条件的银行采用内部 VaR 模型计算市场风险的资本金要求,此后巴塞尔协议市场风险的内部模型法始终以 VaR

---

① 对银行而言,基于市场的交易组合即在短期内有目的地持有以便转手出售、从实际或预期的短期价格波动中获利或锁定套利利润的组合头寸,如自营头寸、代客交易头寸和做市交易形成的组合头寸等,通常被称为交易账户,以与银行传统的存贷款业务相区别。

作为最重要的基础。1995 年 12 月,美国证券交易委员会也发布报告,建议美国有关机构采用 VaR 模型作为三种可行的披露其衍生交易活动信息的方法之一。此后,VaR 成为金融市场风险管理中的主流方法和主要指标,是市场风险管理中最重要的方法之一。本章在后面将对此进行专门介绍。

(3) 情景分析与压力测试。尽管由 VaR 能够知道有 $\alpha\%$ 的可能在未来特定时期内的损失不会超过多少,但并不能由此知道当($1-\alpha\%$)的小概率发生时实际损失将有多少。情景分析和压力测试正是在这个方面对 VaR 模型的一个补充。

情景分析是指假设多种风险因子同时发生特定变化的不同情景,计算这些特定情景下的可能结果,分析正常市况下金融机构所承受的市场风险。常用的情景通常包括基本情景、最好情景和最坏情景。情景可以人为设定,可以直接使用历史上发生过的情景,也可以从对市场风险要素历史数据的统计分析中得到,或通过运行在特定情况下市场风险要素的随机过程得到。值得注意的是,灵敏度分析是单一风险因素分析,而情景分析则是一种多因素同时作用的综合性影响分析。因此,在情景分析的过程中,要注意考虑各种头寸的相关关系和相互作用。

压力测试则可以被看做风险因子发生极端不利变化情况下的极端情景分析。在这些极端情景下计算金融产品的损失,是对金融机构极端风险承受力的一种估计。具体来看,极端情景包括历史上曾经发生过的重大损失情景和假设情景。假设情景又包括模型假设或模型参数不再适用,市场价格巨幅波动,原本稳定的关系如相对价格、相关性、波动率等的稳定性被打破,市场流动性急剧降低,相关关系走向极端的$+1$或-1或外部环境发生重大变化等情景。一般来说,在设计压力情景时,既要考虑市场风险要素变动等微观要素敏感性问题,又要考虑到宏观经济结构和经济政策调整等宏观层面的因素。

与 VaR 相比,情景分析与压力测试显然不够体系化,也更不正式。同时,这两种方法所需的工作量巨大,每次仅能说明特定事件的影响程度,但却无法说明事件发生的可能性,因而不能成为最核心的市场风险度量方法。但由于 VaR 只给出了一个概括性的风险损失数值,并不指明风险的来源、方向和具体结果,而情景分析与压力测试刚好弥补了这一不足。因此,情景分析与压力测试被认为是 VaR 的重要补充,能够帮助金融机构更全面地了解市场风险状况,因而成为市场风险测度的重要组成部分。[①]

2. 信用风险的度量

如前所述,信用风险主要包括两个部分:一是交易对手违约或信用状况发生变化的可能性大小;二是违约造成的损失多寡。相应地,信用风险的度量也包括两个方面:第一,违约概率(Probabilities of Default,PD)和信用状况发生变化的概率的度量,

---

① 事实上,在信用风险与流动性风险的度量中,情景分析与压力测试也是常用的方法。由于使用的基本原理类似,在信用风险与流动性风险的度量中就不再赘述。

其中以违约概率的度量为主;第二,违约损失率(Loss Given Default,LGD)的估计。其中,违约概率的估计一直是信用风险度量的重点,也是风险管理的要点之一,本章第三节将对此进行更详细的介绍。

  3. 流动性风险的度量

  市场流动性风险和资金流动性风险的度量方法不同,但无论是哪种流动性风险,目前为止都尚未形成权威的度量方法或模型,使用者大多根据自身经验与判断选择相应的指标方法。

  (1) 市场流动性风险的度量。在市场流动性风险的测度上存在众多衡量指标。一种比较直观的分类方法就是根据金融资产实现流动性的价格(即交易成本)、数量、时间等性质,把流动性测度方法分为价格度量法、交易量度量法、价量结合度量法以及时间度量法。例如,买卖价差是价格度量法中最典型的衡量指标,它度量了当前市场上最佳卖价与最佳买价之间的差额,一般认为买卖价差越小,流动性越好,流动性风险越小。换手率是常见的交易量度量指标,一般认为换手率越高,流动性风险越小。价量结合指标则将价格与交易量结合起来反映市场流动性,如 Amihud 指标 $\frac{|r_{i,t}|}{M_{i,t}}$,式中 $|r_{i,t}|$ 与 $M_{i,t}$ 分别为证券 i 在 t 日的收益率和交易金额。显然,Amihud 指标越大,说明为了完成既定的交易,价格需要发生较大的波动,流动性风险越大。最后,时间度量法将交易完成所需时间或交易带来的价格波动消失的速度作为衡量市场流动性的重要指标,如执行时间、交易频率、两次相邻交易的价差等。但这些指标均存在或多或少的缺陷,目前尚未形成权威的市场流动性度量方法。

  (2) 资金流动性风险的度量。由于银行的高负债经营性质,资金流动性是银行的生命线之一,因此在商业银行的经营管理中形成了较为完善的资金流动性风险度量体系,主要由三个层次组成。

  ① 流动性比率/指标。流动性比率/指标是各国银行监管当局与商业银行广泛使用的方法之一。常见的指标包括贷款总额/存款总额、流动性资产/总资产①、易变性负债/总资产②、流动性资产/易变性负债、核心存款/总资产③、贷款总额/总资产和(现金+应收存款)/总资产等。

  ② 流动性缺口分析。所谓流动性缺口分析(Liquidity Gap Analysis),是指通过比较未来特定时间段内到期的资产和负债来度量未来的融资需求。表 8.1.1 给出了流动性缺口分析的一个例子。

---

  ① 流动性资产,一般指到期期限较短,信用风险低、变现能力强的资产,如现金、同业存款、证券投资和已证券化的抵押贷款等。

  ② 易变性负债,一般包括批发性存款、利率敏感型存款和其他一旦经济条件变化就有可能大量流失的短期负债,也称为非核心存款。一般来说,易变性负债所占比例越高,流动性越差。

  ③ 核心存款,是指那些相对稳定,对利率变化和其他条件变化不敏感的存款。一般来说,核心存款比例越高,流动性越高。

表 8.1.1　流动性缺口分析表

到期时间	少于 10 天	10 天至 3 个月	3 个月至 6 个月	6 个月 至 1 年	1 年至 5 年	5 年以上	总　额
资产	10	15	12	8	60	0	105
负债与资本	50	20	20	2	5	8	105
净现金流出（资产—负债）	—40	—5	—8	6	55	—8	0
累计净流出	—40	—45	—53	—47	8	0	0

从表 8.1.1 可以看到,流动性缺口分析根据剩余到期时间划分,然后分别针对不同到期期限计算资产与负债的差额。值得注意的是,这里的到期时间通常是指实际到期时间,而非合同到期时间。例如,经验表明大多数活期存款都在银行存放两年以上,因而常被作为长期负债看待。又如,在特定时间段内虽未到期,但可以不受或受较少损失就能变现的资产通常被计入该时段的到期资产。

在表 8.1.1 的例子中,短期内存在负债高于资产的负缺口,这说明该银行借短贷长,这正是商业银行的常见现象。借短贷长固然存在流动性风险,但有利于提高利润。因此,商业银行通常需要监测流动性缺口,将其维持在一定的警戒线之上。

流动性缺口分析的一个缺点在于其偏于静态,无法捕捉未来资产负债变动的影响。因此,流动性缺口分析通常与下文的现金流预测一起使用,互为补充。

③ 现金流预测。现金流预测是指对未来一定时期内的现金流入和流出进行预测和分析,评估未来的资金流动性状况和风险程度。在商业银行的流动性风险管理中,通常预测未来一段短时间内的资产运用总额(如贷款需求)与资金来源(如存款来源)的差额,再与流动性缺口分析中得到的相应期限的静态缺口加总,考察未来的流动性状况。

(三) 风险管理与控制

在正确识别与度量风险之后,风险管理过程的第三个环节是对风险的有效管理与控制。总的来看,风险管理控制策略主要包括下列 5 种。

1. 风险分散

风险分散,是指通过多样化的投资来分散与降低风险。马科维茨的资产组合理论最早系统地提出了风险分散的策略与思想。长期实践证明,资产的非系统性风险的确可以通过分散化的投资加以降低乃至消除。

2. 风险对冲

风险对冲,又称套期保值,是指针对金融资产所面临的风险,利用特定资产或工具构造相反的风险头寸,以减少或消除其潜在风险的过程。与风险分散策略不同,风险对冲既可以管理非系统性风险,也可以管理系统性风险。进一步来看,风险对冲可以分为金融机构内部自我对冲和外部市场对冲,一个进行有效风险管理的金融机构通常先寻求风险的内部对冲,再通过外部市场对冲风险的净头寸,可以有效地降低风险管理成本。

长期以来,风险对冲是管理市场风险的有效方法,近年来由于信用衍生产品的不断创新和发展,风险对冲也被广泛应用到信用风险管理当中。具体来看,市场风险的对冲策略包括 Delta、Gamma 和 Vega 的套期保值等,其关键之处在于套期保值比率的确定,这些在第七章第五节中均已进行过详细的讨论。信用风险的对冲则主要通过信用衍生产品市场进行,本章第三节将对此进行介绍。总的来看,风险对冲已经成为应用最广泛也是最重要的风险管理策略,这与金融衍生产品和金融工程技术的发展与创新是分不开的。金融衍生产品的低成本、高杠杆和流动性优势,极大地提高了风险对冲的准确性、时效性和灵活性,降低了风险管理成本,在现代风险管理的发展中起到了不可或缺的作用。

3. 风险转移

风险转移,是指通过购买某种金融资产或是其他的合法措施将风险转移给其他经济主体。在一定的意义上,风险转移与风险对冲有共同之处。但风险对冲一般通过市场交易的金融工具或证券进行,而风险转移则主要指通过购买保险、担保和信用证等工具将风险合法转移给第三方。

4. 风险规避

事实上,很多风险并不是一个人或一个机构一定要面对的。当一个人或一个机构对某种风险没有比较优势,这种风险又不是与其天然相伴的,就可以选择风险规避,避免涉足这种风险。有的金融机构在面对风险时,选择退出市场或只承担有限风险,这也是一种风险规避。其最常见的表现形式为风险头寸限额管理,包括信用限额和市场交易限额等,这是对风险进行事前控制的主要方法之一。

5. 风险补偿与准备

风险补偿是指事前对所承担的风险要求较高的风险回报。对于无法分散、对冲、转移和规避的风险,市场主体可以通过在交易价格上附加风险溢酬的方式,获得所承担风险的价格补偿。风险准备则是指针对预期的损失提取相应的准备金,以抵补未来可能发生的损失,保证金融机构的顺畅运作。

(四)风险管理反馈与调整

在金融风险管理与控制基础上对风险管理实施策略后进行检查、反馈与调整。风险管理者要督促相关部门严格执行风险管理的有关规章制度,确保风险管理方案落实和实施。因此,管理者需要定期或者不定期地对各业务部门进行全面或者专项检查,发现隐患迅速加以纠正或者补救。同时,管理者还要对风险管理方案的效果进行评估,测定实际效果与预期效果之间的差异,并根据内部条件与外部环境的变化,对金融风险管理方案进行动态的调整。

第二节　灵敏度分析与波动性方法

一、灵敏度分析

灵敏度分析,是利用金融资产价值对其市场因子(Market Factors)的敏感性来测量金融资产市场风险的方法。标准的市场因子包括利率、汇率、股票指数和商品价格等。

假定金融资产的价值为 P,其市场因子为 $x_1,x_2,\cdots,x_n$,价值 P 为市场因 x_1,$x_2,\cdots,x_n$ 的函数,因此市场因子的变化将导致证券价值的变化,即

$$\frac{\Delta P}{P}=\sum_{i=1}^{n}D_i\Delta x_i \tag{8.2.1}$$

式中,$D_1,D_2,\cdots,D_n$ 为资产价值对相应市场因子的敏感性,称为灵敏度,又称为风险暴露(Exposure)。

灵敏度表示当市场因子变化一个百分数单位时金融资产价值变化的百分数。它描述了金融资产的市场风险:灵敏度越大的金融资产,受市场因子变化的影响越大,风险越大。

式(8.2.1)是灵敏度方法测量金融资产市场风险的基础。但只有金融资产价值变化与其市场因子变化呈线性关系时式(8.2.1)才成立。金融市场中,许多金融资产具有非线性动态行为,所以只有当市场因子发生微小变化时,资产价值的变化与市场因子的变化才近似地呈公式(8.2.1)所示的线性关系式。因此,灵敏度是一种线性近似,一种对风险的局部测量。

假设市场因子的变化很小,灵敏度可定义为

$$D_i=\frac{1}{P}\frac{\partial P}{\partial x_i}\quad(i=1,2,\cdots,n) \tag{8.2.2}$$

针对不同的金融资产、不同的市场因子,存在不同类型的灵敏度。实际中常用的灵敏度包括针对股票的 β,针对衍生工具的 Delta、Gamma、Theta、Vega、Rho,针对债券(或利率性金融工具)的久期(Duration)和凸性(Convexity)等。下面将对此进行详细介绍。

(一) 衡量股票价格系统性风险的 β 系数

第五章第四节详细介绍了资本资产定价模型(CAPM),它是股票定价中最常用的一种标准方法。该模型由 Sharp、Linter 和 Mossin 独立提出。CAPM 关于股票定价的一般形式为

$$E(R_i) = R_0 + \beta_{Mi} \big[E(R_M) - R_0 \big]$$

式中，R_i 为给定证券或组合的预期收益；R_0 为收益的无风险利率；R_M 为市场组合一个时期的收益；β_{Mi} 为该股票或股票组合市场的系统风险的标准测量，称为股票的 Belta 值。β_{Mi} 的公式为

$$\beta_{Mi} = \frac{\mathrm{Cov}(x_i, \boldsymbol{W}'_M \boldsymbol{X})}{\mathrm{Var}(\boldsymbol{W}'_M \boldsymbol{X})}$$

或

$$\beta_{Mi} = \frac{\mathrm{Cov}(R_i, R_M)}{\mathrm{Var}(R_M)} = \frac{\mathrm{Cov}(R_i, R_M)}{\sigma_M^2}$$

（二）衡量风险的希腊字母

第七章第五节对期权价格的敏感度做出了分析，并用某些特定的希腊字母表示各参数对于期权价格的敏感度。这种研究方法引申到对于资产组合价值的敏感度分析同样适用，通过衡量证券组合价值对其市场因素的敏感性而评估金融风险。

1. Delta

Delta 表示单位资产价格变化所带来的资产组合价值的变化，即资产组合价值对价格变量的偏导数。

$$\mathrm{Delta} = \frac{\partial V}{\partial P}$$

Delta 值越大，表明资产组合价值对价格变动越敏感，为防范风险，投资者经常通过买入相反 Delta 值的资产进行 Delta 对冲（Delta Hedging）。当资产组合的 Delta 值为零时，称之为 Delta 中性，资产价格一定范围内的变化导致的资产组合价值变化风险得以消除。

2. Gamma

在非线性资产组合产品中，在市场出现较大波动的条件下，一阶泰勒展开的近似误差上升，需要考虑二阶情况。Gamma 反映资产标的价格变化导致的 Delta 变化，即资产组合价值函数对价格的二阶导数。

$$\mathrm{Gamma} = \frac{\partial \mathrm{Delta}}{\partial P} = \frac{\partial^2 V}{\partial P^2}$$

Gamma 值度量曲线的曲率，线性资产组合的 Gamma 值为零。以债券价格为例，利率下跌时，非线性债券价格上涨幅度高于线性模型；相反，利率上升时，债券价格下降幅度低于线性模型，因此对固定收益资产而言，投资者偏好 Gamma 值大的投资产品。

3. Vega

资产组合的 Vega 表示标的资产价格波动率变化对标的资产组合价值的影响。

定义为

$$\text{Vega} = \frac{\partial V}{\partial \sigma}$$

式中，σ 为标的资产价格波动率。Vega 为正，表示资产价格波动增加，资产价值上升；Vega 为负，表示资产价格波动增加，资产价值下降。期权多头 Vega 为正，对于 Gamma 中性的投资组合，Vega 不一定为中性，投资者需要更多的衍生品种进行资产组合。

（三）久期

久期又称为持续期，是由麦考利(F. R. Macaulay)于 1938 年首先提出，用来定义债券现金流的加权平均期限，因此久期也称为麦考利久期。

久期不仅仅是一个时间范畴，其重要作用在于可以测度投资品价值对收益率的敏感程度，是债券价值对收益率的导数。债券价格等于未来现金流的折现，则离散条件下债券价格为

$$P = \sum_{t=1}^{n} \frac{C_t}{(1+i)^t} + \frac{A_n}{(1+i)^n}$$

式中，C_t 为每期收益；A_n 为票面价值。

则债券的久期也可以称为债券的有效期限或麦考利久期。其计算公式为

$$D = \frac{1}{P} \left[\sum_{t=1}^{n} t \frac{C_t}{(1+i)^t} + n \frac{A_n}{(1+i)^n} \right]$$

令 $D^* = \dfrac{D}{1+i}$，称为修正久期(Modified Duration)，满足

$$D^* = -\frac{1}{P} \frac{dP}{di} = \frac{1}{P} \frac{1}{(1+i)} \left[\sum_{t=1}^{n} t \frac{C_t}{(1+i)^t} + n \frac{A_n}{(1+i)^n} \right] \tag{8.2.3}$$

式(8.2.3)可变为

$$\frac{\Delta P}{P} = -D^* \times \Delta i \tag{8.2.4}$$

可以看出，修正久期小于久期，修正久期比久期能更直接地表示利率变动对债券价格变动的影响。从式(8.2.4)可知，修正久期直接表示与利率变动相关的债券价格变动的百分比。显然，与久期相比，修正久期作为度量利率风险的指标更具有科学性和直观性，可以直接用它与利率变化相乘，以获得预期价格变化的百分比。

（四）凸性

与 Gamma 度量类似，当投资品为非线性模式时，同样需要二阶凸性衡量。凸性则是对债券价格利率敏感性的二阶估计，或是对债券久期利率敏感性的测量。它可

以对久期估计的误差进行有效的校正。凸性可以通过计算久期对利率的导数或债券价格对利率的二阶导数再除以债券的价格得到,其计算公式为

$$C = -\frac{\mathrm{d}D^*}{\mathrm{d}i} = \frac{1}{P}\frac{\mathrm{d}^2P}{\mathrm{d}i^2} = \frac{1}{P}\frac{1}{(1+i)^2}\left[\sum_{t=1}^{n}\frac{t(1+t)C_t}{(1+i)^t} + n(n+1)\frac{A_n}{(1+i)^n}\right]$$

为了显示凸性的重要性,可以对债券价格的相关变化进行泰勒二阶展开

$$\mathrm{d}P/P \approx (1/P)\frac{\mathrm{d}P}{\mathrm{d}i}\mathrm{d}i + (1/2P)\frac{\mathrm{d}^2P}{\mathrm{d}i^2}(\mathrm{d}i)^2 = -D^*\mathrm{d}i + \frac{C}{2}(\mathrm{d}i)^2$$

当收益率变化较小时,凸性的意义并不明显,可以忽略不计;而当收益率波动较大时,凸性的作用就变得很重要。

利用久期和凸性共同来估计债券价格波动将会更加准确。

(五)灵敏度分析的缺点

灵敏度分析的优点在于概念上的简明和直观性,使用上的简单性。但其缺点在于,下述情况下线性近似并不能很好地描述证券价格的变化:

(1)证券价格的变化不是市场因子变化的线性函数,特别是期权类金融工具具有严重的非线性;

(2)市场因子的变化不是同时发生的,需要考虑由于时间的差异对市场因子变化产生的影响;

(3)市场因子的运动并不能完全解释证券价值的变化;

(4)对于互换类衍生证券,其价值开始时常常很小,甚至为零,因此使用绝对值变化较比例性变化更合适;

(5)灵敏度分析对不同的金融工具有不同形式,一方面无法测量由不同证券构成的证券组合的风险,另一方面也无法比较不同证券的风险大小。

可见,灵敏度分析比较适合简单性金融工具在市场因子变化较小的情形,对于复杂的证券组合及市场因子的大幅波动情形,灵敏度分析或者准确性差,或者由于复杂而失去了其原有的简单直观性。

二、波动性方法

风险是指未来收益的不确定性,实际结果偏离期望结果的程度——波动性,在一定程度上测量了这种不确定性。这种波动性可以通过规范的统计方法量化,其中,方差或标准差是最为常用的方法,它估计了实际收益与预期收益之间可能的偏离。实际上,人们在使用中通常把波动性与标准差等同起来。

(一)方差

1. 单个资产

首先考虑单个资产收益分布的方差,设已知该资产收益分布的一个历史样本数

据序列为 $r_1, r_2, \cdots, r_{m_i}$,则该资产收益分布的方差定义为

$$\sigma^2 = \mathrm{var}(r) = \frac{1}{m-1} \sum_{i=1}^{m} \left[r_i - E(r) \right]^2$$

式中,$E(r) = \frac{1}{m} \sum_{i=1}^{m} r_i$ 是收益分布的均值,通常称为预期收益。

2. 资产组合

第五章第三节对资产组合做了详细的介绍。资产组合的收益就是各种基础资产收益的线性组合,每种资产的权重 ω_i 由最初对该资产的投资金额决定,则资产组合的收益为

$$R_P = (\omega_1 \quad \omega_2 \quad \cdots \quad \omega_N) \begin{pmatrix} R_1 \\ R_2 \\ \vdots \\ R_N \end{pmatrix} = \boldsymbol{W}' \boldsymbol{R}$$

式中,R_i 是每种资产的收益;$\sum_{i=1}^{N} \omega_i = 1$。

资产组合的收益期望值为

$$E(R_P) = \sum_{i=1}^{N} \omega_i E(R_i)$$

方差为

$$\mathrm{Var}(R_P) = \sigma_P^2 = (\omega_1 \quad \omega_2 \quad \cdots \quad \omega_N) \begin{pmatrix} \sigma_1^2 & \sigma_{12} & \cdots & \sigma_{1N} \\ \sigma_{21} & \sigma_2^2 & \cdots & \sigma_{2N} \\ \vdots & \vdots & & \vdots \\ \sigma_{N1} & \sigma_{N2} & \cdots & \sigma_N^2 \end{pmatrix} \begin{pmatrix} \omega_1 \\ \omega_2 \\ \vdots \\ \omega_N \end{pmatrix}$$

用 $\sum$ 来代替上述协方差矩阵,资产组合的方差简写为

$$\sigma_P^2 = \boldsymbol{W}' \sum \boldsymbol{W}$$

(二) ARCH 模型和 GARCH 模型

随机波动性测度金融产品风险的方法众多,ARCH 模型和 GARCH 模型是最基本的波动测度模型。

1. ARCH 模型

ARCH 模型为均值和方差联立地建模,主要由两个模型组成:均值模型和方差模型。

ARCH(q)模型设定如下

$$y_t = \alpha + \boldsymbol{\beta}' \boldsymbol{X}_t + u_t, u_t \mid \Omega_t \sim iid(0, \sigma_t^2)$$

$$\sigma_t^2 = \gamma_0 + \sum_{j=1}^{q} \gamma_j u_{t-j}^2$$

式中,我们假定 u_t 独立同分布;Ω_t 是 t 期期初所有已知信息的集合,它前面的竖杠表示以 Ω_t 为条件。

然而,ARCH 模型面临滞后项较多、待估参数较多的情形,因此对 ARCH 模型的波动方程进行扩展产生了 GARCH 模型。

2. GARCH 模型

GARCH(p,q)模型可以表示为

$$y_t = \alpha + \boldsymbol{\beta}' \boldsymbol{X}_t + u_t, u_t \mid \Omega_t \sim iid(0, \sigma_t^2)$$

$$\sigma_t^2 = \gamma_0 + \sum_{i=1}^{p} \delta_i \sigma_{t-i}^2 + \sum_{j=1}^{q} \gamma_j u_{t-j}^2$$

此模型中方差的值既依赖于冲击的过去值(由滞后的误差项平方代表),又依赖于它自身的过去值(滞后的 σ_t^2)。

在这些基础上可以扩展出指数 GARCH 模型、非对称 GARCH 模型、门限 GARCH 模型等。

(三) 隐含波动性

1. 概念

历史波动率是利用历史股价对当期及未来波动率进行估算,但如果将历史波动率代入 B－S 期权定价公式,计算出的期权价值与实际交易价格并不一致。既然期权实际交易价格反映了投资者对当前及未来波动率的认知,那么从期权实际交易价格中反推出来的波动率相对于历史波动率更能反映当前及未来的股价波动。

隐含波动性是指期权价格中所隐含的波动性,它是对未来波动性的预测,而不是对当前波动性的估计。期权定价公式,如 Black-Scholes 模型,给出了期权价格与标的资产价格、期权的执行价格、到期时间、无风险利率及波动性之间的函数关系。如果这些变量值已知,就可以利用期权定价模型来计算期权的价格。这些变量中,只有波动性不能直接观察到,必须进行估计。由于期权价格都可以获得,所以通过反解期权定价公式,可以得到波动性与期权价格及其他变量之间的解析函数关系。尽管有时得不到明确的解析表达式,但可以通过数值算法计算出波动性,这样得到的波动性即为隐含波动性,而使得期权 B－S 理论价值与实际交易价格相等的波动率即为隐含波动率。

为了与隐含波动性相区别,将前面介绍的波动性称为统计波动性。尽管隐含波动性和统计波动性都是对期权的标的资产波动性的预测,但这两种模型明显不同。首先,它们使用的数据不同。隐含波动性使用市场期权价格的当前数据,因此隐含波动性包含了投资者对标的资产的未来走势的预期;统计波动性使用的数据则是标的资产的历史价格,只是由过去推断未来。其次,这两种方法使用的模型也不同。隐含波动性假设风险中性,对标的资产价格使用扩散模型;而统计波动性假定序列平稳,对价格使用随机游走模型。

2. 隐含波动率的估算

隐含波动率无法由 B-S 期权定价公式给出显式解,因而其估算通常采用近似方法,包括优化搜索近似方法和直接近似方法。优化搜索近似方法是通过迭代近似的方法,不断更新隐含波动率的估计值,直至 B-S 期权价值与实际价值之差小于指定精度。常用的优化搜索近似方法包括牛顿—拉夫森(Newton-Raphson)迭代算法和二分法。直接近似方法则是通过对 B-S 期权定价公式进行多项式泰勒展开或微分近似以求出关于隐含波动率的近似代数式,再通过近似代数式的数值检验得到隐含波动率的近似解析解。常用的直接近似方法包括加权平均法和多项式近似法。具体如下:

(1) Newton-Raphson 迭代算法。

(2) 二分法。

(3) Vega 加权平均法(Latane 和 Rendleman,1976)。

(4) 等权加权平均法(Schmalensee 和 Trippi,1978)。

(5) 弹性加权平均法(Criras 和 Manaster,1978)。

(6) 最小平方定价误差加权法(Beckers,1981)。

(7) B-Sub 多项式近似法(Brenner 和 Subrahmanyam,1988)。

(8) C-M 多项式近似法(Corrado 和 Miller,1996)。

(四) 波动性方法的缺点

波动性描述了收益偏离其平均值的程度,在一定程度上测量了金融资产价格的变化程度。但波动性方法主要存在两个缺点:

(1) 只描述了收益的偏离程度,却没有描述偏离的方向,而实际中最为关心的是负偏离(损失);

(2) 波动性并没反映证券组合的损失到底是多大。对于随机变量统计特性的完整描述需要引入概率分布,而不仅仅是方差。

尽管波动性不适宜直接用来测量证券组合的市场风险,但市场因子的波动性是 VaR 计算的核心因素之一。

第三节 债券市场风险

传统的固定收益工具主要是债券,债券是对其持有人未来息票收益与本金偿付的一种契约合同。债券现金流运动相对简单,息票收益偿付结构是未来现金流结构的主要决定因素,根据偿付结构的不同,债券分为零息债券、固定利率债券、浮动利率债券等。

一、债券价格

(一) 债券基本定价公式

任何金融产品的价值都是未来现金流按照适当的折现因子所计算的现值之和,因此债券价格也等于债券未来所有现金收入在以某一市场利率(到期收益率)折现下的现值。

债券定价的关键是确定未来预期现金流和估算适当的必要收益率,假设某债券息票支付为每年 1 次,以复利计算的普通债券未来现金流量(息票收益和本金偿付的总和)的现值或债券价格可用公式表示为

$$P = \sum_{t=1}^{T} \frac{C_t}{(1+i)^t} + \frac{F}{(1+i)^T} \tag{8.3.1}$$

式中,P 为债券未来的所有现金流量的现值,即债券价格;T 为债券到期期限年数;C 为息票支付;i 为市场年利率;F 为本金额。

若债券为零息债券(在债券面值基础上折价出售,无须支付利息,到期偿还与面值相等金额的债券),其现值或市场价格公式为

$$P = \frac{F}{(1+i)^T} \tag{8.3.2}$$

永久债券指无须偿还本金,永续支付利率的债券。若永久债券的息票收益为固定的,则其市场价格为

$$
\begin{aligned}
P &= \lim_{T \to \infty} \left[\sum_{\substack{t=1 \\ t \to \infty}}^{T} t\, \frac{C}{(1+i)^t} + \frac{F}{(1+i)^T} \right] \\
&= \lim_{T \to \infty} \sum_{t=1}^{T} \frac{C}{(1+i)^t} + \lim_{T \to \infty} \frac{F}{(1+i)^T} \\
&= \lim_{T \to \infty} \sum_{t=1}^{T} \frac{C}{(1+i)^t} \\
&= \frac{C}{i} \lim_{n \to \infty} \left[1 - \left(\frac{1}{1+i} \right)^n \right] \\
&= \frac{C}{i}
\end{aligned}
\tag{8.3.3}
$$

由以上公式可见,债券价格与市场利率之间存在反函数关系。

例 8.3.1

假设期限为 3 年的普通债券,其息票支付为每年 2 次,每次为 470 元,到期偿还本金 10 000 元。若市场年利率为 9.4%,根据式(8.3.1),该债券的市场价格为

$$P = \sum_{t=1}^{6} \frac{470}{(1+0.047)^t} + \frac{10\,000}{(1+0.047)^6} = 10\,000(元)$$

若市场年利率上升到 10%，该债券的市场价格为

$$P = \sum_{t=1}^{6} \frac{470}{(1+0.05)^t} + \frac{10\,000}{(1+0.05)^6} = 9\,848(元)$$

若市场年利率下降到 8.8%，该债券的市场价格为

$$P = \sum_{t=1}^{6} \frac{470}{(1+0.044)^t} + \frac{10\,000}{(1+0.044)^6} = 10\,155(元)$$

图 8.3.1 反映了债券价格与市场利率之间存在的反函数关系。

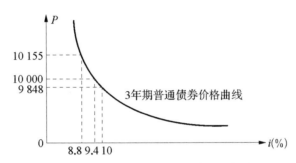

图 8.3.1　债券价格与市场利率的反函数关系

若对计算结果进一步分析，我们可以发现，债券价格对于利率下降的反应比对利率上升的反应更为敏感。例如，如图 8.3.1 所示，当市场利率由 9.4% 上升到 10% 时，债券价格下降了 152 元，下降幅度为 1.52% $\left(=\left|\frac{9\,848-10\,000}{10\,000}\right|\times 100\%\right)$；当市场利率由 9.4% 下降到 8.8% 时，债券价格上升了 155 元，上升幅度为 1.55% $\left(=\frac{10\,155-10\,000}{10\,000}\times 100\%\right)$。因此，债券价格对市场利率变化的反应是不对称的。

（二）影响债券价格的其他因素

除了利率外，影响债券价格的因素还包括到期期限、息票收益、税收规定、融资者信用状况和本国宏观经济周期、政治法律等，下面将重点分析到期期限和息票收益对债券价格的影响。

1. **到期期限**

债券到期期限对债券价格与利率的关系有显著影响。在其他因素不变的条件下，长期债券价格对市场利率变化的弹性大于短期债券价格的利率弹性。在上例中，当债券到期期限由 3 年变为 6 年时，若市场利率为 9.4%，债券价格仍与其面值相等，为 10\,000 元。若市场利率上升 0.6%，达到 10%，则债券价格为

$$P = \sum_{t=1}^{12} \frac{470}{(1+0.05)^t} + \frac{10\,000}{(1+0.05)^{12}} = 9\,781(元)$$

若市场利率下降到 8.8%，则债券价格为

$$P = \sum_{t=1}^{12} \frac{470}{(1+0.044)^t} + \frac{10\,000}{(1+0.044)^{12}} = 10\,275 (元)$$

比较到期期限为 3 年和 6 年的两种债券，我们可以看到：当市场利率上升 0.6% 时，3 年期债券的价格下降 1.52%，而 6 年期债券的价格下降 2.19%；当市场利率下降 0.6% 时，3 年期债券的价格上升 1.55%，而 6 年期债券的价格上升 2.75%。图 8.3.2 描述了这一变化。

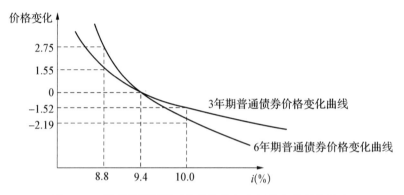

图 8.3.2　债券到期期限对债券价格与市场利率关系的影响

2. 息票收益

债券息票收益的数额亦会影响债券价格对市场利率变化的弹性。低息票收益债券的价格比高息票收益债券的价格对市场利率的变化更为敏感。在例 8.3.1 中，当债券为 3 年期零息债券时，其市场价格可用公式计算得出。若市场利率 9.4%，债券价格为

$$P = \frac{F}{(1+i)^T} = \frac{10\,000}{(1+0.047)^6} = 7\,591 (元)$$

若市场利率上升为 10%，债券价格为

$$P = \frac{10\,000}{(1+0.05)^6} = 7\,462 (元)$$

价格变化百分比为

$$\left| \frac{7\,462 - 7\,591}{7\,591} \right| \times 100\% = 1.70\%$$

若市场利率下降为 8.8%，债券价格为

$$P = \frac{10\,000}{(1+0.044)^6} = 7\,723 (元)$$

价格变化百分比为

$$\left| \frac{7\,723 - 7\,591}{7\,591} \right| \times 100\% = 1.74\%$$

图 8.3.3 描述了这一变化。

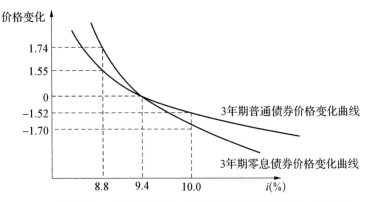

图 8.3.3　债券息票支付金额大小对债券价格与市场利率关系的影响

二、久期的运用

(一) 债券久期的计算

从债券的市场价格公式中可以看出,对于它们的价格变化起关键因素的是利率的变化。债券到期时间越长,其价格受到利率变化的影响越大。因此,对固定收入证券风险进行度量或 VaR 计算的基础就是债券价格对利率变化的敏感性。常用的测量方法是久期,又称为麦考利久期,它包含了债券未来现金收益的时间和数额两方面因素。它可以综合地反映息票数额以及债券期限等对债券价格波动的影响。债券的久期可以定义为债券价格相对于市场利率变动百分比的弹性。

$$D = -\frac{\Delta P/P}{\Delta i/(1+i)} = -\frac{1+i}{P}\frac{\mathrm{d}P}{\mathrm{d}i} = \frac{\sum_{t=1}^{T}\frac{tC_t}{(1+i)^t}+\frac{TF}{(1+i)^T}}{P} \qquad (8.3.4)$$

式中,D 为债券的麦考利久期;P 为债券价格;i 为市场利率;C 为息票支付;F 为债券面值;T 为债券到期期限。

例 8.3.2

计算例 8.3.1 中普通债券的久期。

$$D = \frac{\sum_{t=1}^{6}\frac{470t}{(1+0.047)^t}+\frac{6\times10\,000}{(1+0.047)^6}}{10\,000} = 5.36(\text{半年}) = 2.68(\text{年})$$

保持其他条件不变,债券到期期限为 6 年,则久期为

$$D = \frac{\sum_{t=1}^{12}\frac{470t}{(1+0.047)^t}+\frac{12\times10\,000}{(1+0.047)^{12}}}{10\,000} = 9.44(\text{半年}) = 4.72(\text{年})$$

而同样面值的 3 年期零息债券,市场利率为 9.4%,债券价格为 7 591 元,久期为

$D＝n$（债券到期期限）$＝3$(年)。事实上

$$P＝\frac{F}{(1+i)^T}＝\frac{10\,000}{(1+0.047)^6}＝7\,591(元)$$

$$D＝\frac{\frac{TF}{(1+i)^T}}{P}＝\frac{\frac{TF}{(1+i)^T}}{\frac{F}{(1+i)^T}}＝6(半年)＝3(年)$$

债券的久期可以用来计算当市场利率变化时债券价格的变化程度。从式(8.3.4)可以推出计算债券价格变动的公式

$$\frac{\Delta P}{P}＝-D\frac{\Delta i}{1+i} \tag{8.3.5}$$

或

$$\Delta P＝-D\frac{\Delta i}{1+i}P \tag{8.3.6}$$

公式表明,当市场利率变化时,债券价格的变化程度可以通过债券的久期的弹性程度计算出来。显然,债券的久期越大,债券价格相对于市场利率的弹性越大,即既定的市场利率将导致较大的债券价格变动。

例 8.3.3

在例 8.3.2 中,若市场利率由 9.4％上升为 10％,3 年期普通债券的市场价格变动为

$$\frac{\Delta P}{P}＝-5.36\times\frac{0.003}{1+0.047}\times100\%＝-1.54\%$$

$$\Delta P＝-1.54\%\times10\,000＝-154$$

6 年期普通债券的市场价格变动为

$$\frac{\Delta P}{P}＝-9.44\times\frac{0.003}{1+0.047}\times100\%＝-2.71\%$$

$$\Delta P＝-2.71\%\times10\,000＝-271$$

3 年期零息债券的市场价格变动为

$$\frac{\Delta P}{P}＝-6\times\frac{0.003}{1+0.047}\times100\%＝-1.72\%$$

$$\Delta P＝-1.72\%\times10\,000＝-172$$

(二) 修正久期

久期公式也可用微分形式写出

$$\frac{1}{P}\frac{dP}{di}＝-\frac{D}{(1+i)} \tag{8.3.7}$$

当收益率很小时可以忽略不计,上式中的分母 $1+i$ 可以简化为 1。可以看出,久期实际上是对债券价格利率敏感性的线性测量,或一阶测量。如果考虑收益项,可以

对久期进行修正,修正久期为

$$D^* = -\frac{1}{P}\frac{\mathrm{d}P}{\mathrm{d}i} = \frac{D}{(1+i)} \tag{8.3.8}$$

可以看出,修正久期小于久期。

式(8.3.8)可变为

$$\frac{\Delta P}{P} = -D^* \times \Delta i \tag{8.3.9}$$

可以看出,修正久期比久期能更直接地表示利率变动对债券价格变动的影响。从式(8.3.9)可知,修正久期直接表示与利率变动相关的债券价格变动的百分比。显然,与久期相比,修正久期作为度量利率风险的指标更具有科学性和直观性,可以直接用它与利率变化相乘,以获得预期价格变化的百分比。

(三) 久期的可加性

由于久期是对债券价格利率敏感性的线性测量,因此,一个债券组合的久期就等于该组合中个别债券久期的加权平均,每种债券的权重等于该种债券在组合中所占的比例。

对于一个包含 N 种债券、每种债券头寸比例为 $x_i(i=1,\cdots,N)$ 的债券组合 P 来说,其久期为

$$D_P = \sum_{i=1}^{N} x_i D_i \tag{8.3.10}$$

式中,D_P 为组合的久期;D_i 为组合中各种债券的久期。

(四) 风险免疫策略与久期缺口管理

久期的概念可用于设计利率风险免疫策略。设一家公司有一笔折现型的负债,面值为 Q,期限为 N 年。r_L 为由市场决定的折现率。负债的现值为 $V_L = Q\mathrm{e}^{-r_L N}$。公司将负债筹集的资金投资于一项资产,该资产每年提供固定收益现金流 $P_1,\cdots,P_N$,假定收益曲线是平坦的,发生的变动是平移,则资产的现值为 $V_A = \sum_{t=1}^{N} P_t \mathrm{e}^{-r_A t}$。

假设在期初时刻,有 $V_A = V_L$。如果利率发生变动 Δr,因为收益曲线平行移动,所以负债和资产的利率变化是一样的。对于负债来说,有

$$V_L + \Delta V_L = V_L + \frac{\mathrm{d}V_L}{\mathrm{d}r}\Delta r = V_L + (-NQ\mathrm{e}^{-r_L N})\Delta r \tag{8.3.11}$$

对于资产来说,有

$$V_A + \Delta V_A = V_A + \frac{\mathrm{d}V_A}{\mathrm{d}r}\Delta r = V_A + \left(\sum_{t=1}^{N} -tP_t\mathrm{e}^{-r_A t}\right)\Delta r \tag{8.3.12}$$

如果 $\Delta V_A = \Delta V_L$，则市场利率的变动对公司的这项融资活动的效益不产生影响，即可认为对利率风险有免疫功能。而 $\Delta V_A = \Delta V_L$ 的充要条件是式(8.3.11)与式(8.3.12)相等，即

$$(-NQe^{-r_L N})\Delta r = (\sum_{t=1}^{N} -tP_t e^{-r_A t})\Delta r$$

因为

$$V_A = \sum_{t=1}^{N} P_t e^{-r_A t} = V_L = Qe^{-r_L N}$$

所以有

$$D_A = \frac{\sum_{t=1}^{N} tP_t e^{-r_A t}}{V_A} = \frac{\sum_{t=1}^{N} tP_t e^{-r_A t}}{Qe^{-r_L N}} = N = D_L$$

式中，D_A 表示资产的久期；D_L 表示负债的久期。

现在引入久期缺口的概念。以 V_A 表示企业的总资产价值，V_L 表示总负债的价值，V_E 表示权益的价值，则 $V_A = V_L + V_E$。以 D_A、D_L 和 D_E 分别表示资产的久期、负债的久期和权益的久期，则有

$$D_A = \omega D_L + (1-\omega)D_E \qquad (8.3.13)$$

式中，

$$\omega = \frac{V_L}{V_A} \qquad (8.3.14)$$

从而有

$$D_E = \frac{1}{1-\omega}(D_A - \omega D_L) \qquad (8.3.15)$$

久期缺口定义为

$$D_{gap} = D_A - \omega D_L \qquad (8.3.16)$$

将式(8.3.13)代入式(8.3.16)，可得

$$D_{gap} = (1-\omega)D_E \qquad (8.3.17)$$

从而有

$$D_E = \frac{1}{1-\omega}D_{gap} = \frac{1}{1-\frac{V_L}{V_A}}D_{gap} = \frac{V_A}{V_E}D_{gap} \qquad (8.3.18)$$

根据式(8.3.5)可得

$$\frac{\Delta V_E}{V_E} = -D_E \frac{\Delta r}{1+r} = -\frac{V_A}{V_E} D_{gap} \frac{\Delta r}{1+r} \qquad (8.3.19)$$

式中,r 为公司权益的预期收益率,即有

$$\Delta V_E = -D_{gap} \frac{\Delta r}{1+r} V_A \qquad (8.3.20)$$

根据式(8.3.20)可以制定重要的久期缺口管理策略,这种策略在资产负债综合管理规避风险方面具有重要意义。其基本原理如下:

(1) 如果久期缺口很小,以至于接近于 0,则市场利率的波动对公司净价值(权益价值)的影响很小。由此可制定保守的久期缺口管理策略,即努力使久期缺口的绝对值尽量小,以规避利率风险。

(2) 若久期缺口为正,则公司权益价值的变化与市场利率变化的方向相反。当市场利率上升时,权益的市场价值下跌;反之,当市场利率下降时,权益的市场价值上升。如果久期缺口为负,则情况相反。由此可以依据对市场利率的预期,制定积极的久期缺口管理策略。

(3) 当前的市场利率越高,利率变化对权益价值的影响越小,反之亦然。

(4) 公司的资产总值越大,利率变化对权益价值的影响也就越大。

例 8.3.4

假设亚丰银行是一家刚开张的银行,其资产负债表如表 8.3.1 所示。在资产项目中,除现金外,还有年利率为 14% 的 3 年期商业贷款和年利率为 12% 的 9 年期国库券。在负债项目中,有年利率为 9% 的 1 年期定期存款和年利率为 10% 的可转让定期存单。资本金占资产总额的 8%,表中所有金额都以当前市场利率计算。假定所有的利息都是按年收付,没有提前支付和提早取款,不存在问题贷款。

表 8.3.1 亚丰银行资产负债表

资　产	市场现值（千元）	利率（%）	久期（年）	负债和资本	市场现值（千元）	利率（%）	久期（年）
现金	100			定期存款	520	9	1.00
商业贷款	700	14	2.65	可转让定期存单	400	10	3.49
国库券	200	12	5.97	总负债	920		
				股东权益	80		
总　计	1 000				1 000		

资产平均久期=(700÷1 000)×2.65+(200÷1 000)×5.97=3.05(年)

负债平均久期=(520÷920)×1+(400÷920)×3.49=2.08(年)

久期缺口=3.05-(920÷1 000)×2.08=1.14(年)

假设市场利率全部上升一个百分点,根据式(8.3.5),可以求出每笔资产和负债的市值变化情况,如表 8.3.2 所示。

表 8.3.2 亚丰银行资产负债表(利率上升 1%)

资　产	市场现值（千元）	利率（%）	久期（年）	负债和资本	市场现值（千元）	利率（%）	久期（年）
现金	100			定期存款	515	10	1.00
商业贷款	684	15	2.64	可转让定期存单	387	11	3.48
国库券	189	13	5.89	总负债	902		
				股东权益	71		
总　计	973				973		

资产平均久期=(684÷973)×2.64+(189÷973)×5.89=3.00(年)

负债平均久期=(515÷902)×1+(387÷902)×3.48=2.06(年)

市场现值的变化:

总资产变化=-[(2.65×700÷1.14)+(5.97×200÷1.12)]×0.01=-27(千克)

总负债变化=-[(1×520÷1.09)+(3.49×400÷1.10)]×0.01=-17.5(千元)

股东权益变化=总资产变化-总负债变化=-27-(-17.5)=-9.5(千元)

(五)久期的缺陷

久期提供了债券价格利率敏感性的测量,是利率风险管理的重要工具,但久期方法存在一定缺陷:

(1)从久期的计算中可以看出,它对于所有现金流都只采用了一个折现率,也即意味着利率期限结构是平坦的。在前面对利率期限结构的分析中已经指出,平坦的利率期限结构只是一种极特殊的情况,而一般情况下利率期限结构经常是不平坦的,且大多呈上翘的非线性形状,因此用三个月的即期利率来折现 30 年付息债券的现金流显然是不合适的。

(2)久期实际上只考虑了收益率曲线平移的情况,而正如前面所论述的,由于时间因素的影响,不同期限长度收益率对某一市场影响因素的反应是不同的,即不同期限长度收益率的变化幅度不一致,从而导致收益率曲线的变化可以呈现出很多形式,如蝶形变化和扭曲变化。久期的方法则不能适用于这些情况。

(3)采用久期方法对债券价格利率风险的敏感性进行测量实际上只考虑了价格变化和收益率变化之间的线性关系。而市场的实际情况表明这种关系经常是非线性的。例如,价格变化和收益率变化之间的关系不是线性的,而是一种凸性的关系。换句话说,当到期收益率降低某一数值时,价格的增加值大于收益率增加同一数值时价格的降低值。这种特性被称为收益率曲线的凸性。这种凸性将会给债券的定价以及债券价格风险的测量带来重要影响。而且,只有在债券不能提前偿还的情况下,这种凸性才存在。对于有提前赎回权条款的债券来讲，凸性的情况就更为复杂，只有当利率增加时，提前赎回债券的成本上升，因此发行者就不会买回发行的债券，此时价格和收益率之间的关系才接近于不可赎回债券的情况；而当市场利率下降时，发行者执行赎回权的概率增大，此时价格和收益率之间的关系呈现出一种负凸性，即债券价格相对于利率的下降有较小幅度的增加。

因此，只有当收益率的变化幅度很小时，久期所代表的线性关系才能近似成立；当收益率出现较大幅度的变化时，采用久期方法则不能对债券价格相对于利率变化的敏感性给予正确的测量。

久期存在的上述缺陷使得久期方法的实用性和准确性受到了一定限制。对债券价格利率风险敏感性更准确的测量需要考虑更高阶的价格—收益率波动情况，最常用的方法就是凸性方法。

三、凸性的运用

(一) 凸性的概念

久期可以看作债券价格对利率小幅波动敏感性的一阶估计，而凸性则是对债券价格利率敏感性的二阶估计，或是对债券久期利率敏感性的测量。它可以对久期估计的误差进行有效的校正。凸性可以通过计算久期对利率的导数或债券价格对利率的二阶导数再除以债券的价格得到

$$C = -\frac{dD^*}{di} = \frac{1}{P}\frac{\mathrm{d}^2 P}{\mathrm{d}i^2} = \frac{1}{P}\frac{1}{(1+i)^2}\left[\sum_{t=1}^{T}\frac{t(1+t)C_t}{(1+i)^t} + \frac{T(1+T)F}{(1+i)^T}\right] \tag{8.3.21}$$

式中，C 代表债券的凸性，显然凸性大于 0。

为了显示凸性的重要性，可以对债券价格的相关变化进行泰勒二阶展开

$$\mathrm{d}P/P \approx (1/P)\frac{\mathrm{d}P}{\mathrm{d}i}\mathrm{d}i + (1/2P)\frac{\mathrm{d}^2 P}{\mathrm{d}i^2}(\mathrm{d}i)^2 = -D^*\,\mathrm{d}i + \frac{C}{2}(\mathrm{d}i)^2 \tag{8.3.22}$$

当收益率变化较小时，凸性的意义并不明显，可以忽略不计。而当收益率波动较大时，凸性的作用就变得很重要。

将式(8.3.22)变为

$$\mathrm{d}P/P = -\left(D^* - \frac{C}{2}\mathrm{d}i\right)\mathrm{d}i \tag{8.3.23}$$

根据微分的知识，可以将式(8.3.23)改写为

$$\Delta P/P \approx -\left(D^* - \frac{C}{2}\Delta i\right)\Delta i \tag{8.3.24}$$

该式表明当利率上升或下降时，凸性(考虑价格变化的二阶项)会引起债券的久期出现下降或上升。不含期权的债券久期为正，因此债券实际的价格—收益率关系

曲线在久期之上。这意味着利率变化引起的债券价格实际上升幅度比久期的线性估计要高,而下降的幅度却相对较小,如图 8.3.4 所示。

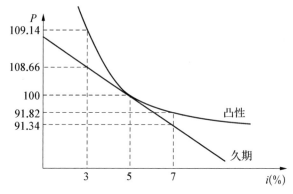

图 8.3.4 凸性与久期的关系

(二)基于凸性的债券价格的利率敏感性估计

运用凸性可以得到债券价格相对于收益率变化的更准确的估计。由式(8.3.23)可得到债券价格相对于收益率变化的凸性调整为

$$\Delta P_C = \frac{1}{2} PC \, (\mathrm{d}i)^2 \tag{8.3.25}$$

例 8.3.5

某个 5 年期、面值为 100 元、年息票率为 5% 的国库券,根据式(8.3.25)计算收益率变化对该国库券价格的凸性影响。

凸性的计算及久期和凸性计算的比较如表 8.3.3 和表 8.3.4 所示。

表 8.3.3 凸性的计算

期　限	t	现金流	到期收益率为5%时的折现率	折现值	加权的现金值	(t^2+t)乘以折现值
1 年的息票	1	5	1.050 0	4.761 9	4.761 9	9.523 8
2 年的息票	2	5	1.102 5	4.535 1	9.070 3	27.210 9
3 年的息票	3	5	1.157 6	4.319 2	12.957 6	51.830 3
4 年的息票	4	5	1.215 5	4.113 5	16.454 0	82.270 2
5 年的息票	5	5	1.276 3	3.917 6	19.588 2	117.528 9
本金	5	100	1.276 3	78.352 6	391.763 1	2 350.578 5
总　和				100	454.595 1	2 638.942 6

表 8.3.4 久期、修正久期和凸性

到期收益率(%)	5.00
息票率(%)	5.00
久期	4.55
修正久期	4.33
凸性	23.936 0

假设收益率上升到 7%,则凸性的影响为

$$\Delta P_C = \frac{1}{2}PC(\Delta i)^2 = 0.5 \times 100 \times 23.936\ 0 \times (0.07 - 0.05)^2 = 0.48$$

国库券的价格变化为

$$\Delta P = -P\left(D^* - \frac{C}{2}\Delta i\right)\Delta i = -100 \times 4.33 \times 0.02 + 0.48 = -8.18$$

则国库券的新价格为 91.82 元(= 100 − 8.18)。

按收益率 7% 计算的债券价格为

$$P = \sum_{t=1}^{5}\frac{C_t}{(1+i)^t} + \frac{F}{(1+i)^5} = \sum_{t=1}^{5}\frac{5}{(1+0.07)^t} + \frac{100}{(1+0.07)^5} = 91.8 \text{(元)}$$

两种计算方法的结果非常接近。

如果到期收益率下降为 3%,则预测价格变化为 9.14 元(= 8.66 + 0.48)。此时国库券价格变为 109.14 元(= 100 + 9.14),非常接近于用债券价格公式计算得到的 109.16 元。

可以看出,与久期方法相比,凸性在很大程度上提高了对价格变化的准确性。

(三)凸性的可加性

凸性的另一个优点在于,固定收入证券组合的凸性等于组合中各成分凸性的简单加权和。这在很大程度上简化了庞大组合的计算。对于一个由 N 种债券构成的债券组合,如果用 x_i 表示第 i 种债券在组合中所占的比例,用 C_i 表示第 i 种债券的凸性,则组合的凸性为

$$C_P = \sum_{i=1}^{N} x_i C_i \tag{8.3.26}$$

(四)凸性与 VaR

将凸性结合到久期方法中可以大大提高债券价格利率风险敏感性的估计精度,因而也提高了 VaR 估计的准确性。特别是在对一些非线性金融产品(如期货、期权等金融衍生产品)的 VaR 计算中,久期—凸性方法将具有更大的意义。本书下一节将对这一问题进行更详细的论述。

一般来讲,如果仅考虑久期因素,这种 VaR 模型实际上就是所谓的 Delta - VaR

模型。而凸性则类似于期权定价中的 Gamma 参数,因此,可以把久期和凸性相结合用于 VaR 计算中的 Delta - Gamma 模型中去。一般情况下,只要估计出在给定持有期和置信水平上,收益率的最大增加值 $\max\Delta y$,运用久期—凸性方法,就可以容易地得到固定收入证券组合的 VaR 估计

$$VaR = 组合的实际市场价值 + Delta \cdot \max\Delta y + \frac{1}{2}Gamma \cdot (\max\Delta y)^2 \qquad (8.3.27)$$

式中,Delta 是组合的修正久期;Gamma 是组合的凸性。

第四节 VaR 方法

一、概述

(一) VaR 产生的背景

灵敏度分析,主要是针对不同金融工具测量其对市场因子的敏感性,它反映了不同金融工具的交易方式,主要适用于简单金融市场环境下(单一产品、单一风险)的风险测量,或复杂金融环境下的前台业务。随着金融市场的规模增大、交易方式的动态性和复杂性的增加,灵敏度分析存在的主要缺陷在于其测量风险的单一性——不同的风险因子对应不同的灵敏度。

这就导致以下几个问题:① 无法测量交易中极为普遍的、由类型不同的证券构成的证券组合的风险;② 由于不能汇总不同市场因子、不同金融工具的风险暴露,灵敏度方法无法满足在市场风险管理和控制中具有核心作用的中台、后台全面了解业务部门和机构面临的整体风险的需要,以致无法展开有效的风险控制和风险限额设定;③ 灵敏度分析在测量风险时,没有考虑证券组合的风险分散效应;④ 机构高层无法比较各种不同类型的交易头寸间的风险大小,并依此做出绩效评估和资本分配。

波动性方法,不能给出一定数量的损失发生的概率。在这种情况下,交易者或管理者只能根据自己的经验来进一步判断每天发生损失的可能性。

为了解决传统的风险测量方法所不能解决的各种问题,产生了一种能全面测量复杂证券组合的市场风险的方法——VaR 方法。

VaR 方法是由 JP Morgan 公司率先提出的。当时 JP Morgan 总裁 Weatherstone 要求其下属每天下午在当天交易结束后的 4 点 15 分,给他一份一页的报告(著名的4.15报告),说明公司在未来 24 小时总体上的潜在损失是多大。为了满足这一要求,JP Morgan 的风险管理人员开发了一种能够测量不同交易、不同业务部门市场风险,并将这些风险集成为一个数的风险测量方法——VaR。

VaR 是指一定的概率水平下（置信度），证券组合在未来特定一段时间内的最大可能损失。其最大优点在于测量的综合性，可以将不同市场因子、不同市场的风险集成为一个数，较准确地测量由不同风险来源及其相互作用而产生的潜在损失，较好地适应了金融市场发展的动态性、复杂性和全球整合性趋势。因此，VaR 方法在风险测量、监管等领域获得广泛应用，成为金融市场风险测量的主流方法。

（二）VaR 的含义

VaR（Value at Risk，在险价值）是指在正常的市场条件和给定的置信度（通常是 95％ 或 99％）下，在给定的持有期间内，某一金融资产或投资组合预期可能发生的最大损失，或者说，在正常的市场条件下和给定的时间段内，该金融资产或投资组合发生的 VaR 值损失的概率仅为给定的概率水平。可表示为

$$\text{Prob}(\Delta P > \text{VaR}) = 1 - \alpha$$

式中，ΔP 为金融资产或投资组合在持有期内的损失；VaR 为置信水平 α 下处于风险中的价值，通常 α 的取值为 0.95 或 0.99。

注意，本书中 VaR 及收益或损失均取正数形式（事实上取正负都无关紧要，只需做一个变换即可），这里取正数只是为了与日常习惯一致。

（三）VaR 的参数选择

在 VaR 定义中，有两个重要参数——持有期和置信水平。任何 VaR 只有在给定这两个参数的情况下才有意义。下面分析影响这两个参数确定的重要因素。

1. 持有期的选择

持有期是计算 VaR 的时间范围。由于波动性与时间长度成正相关，所以 VaR 随持有期的增加而增加。通常的持有期是一天或一个月，但某些金融机构也选取更长的持有期（如一个季度或一年）。在 1997 年年底生效的巴塞尔委员会的资本充足性条款中，持有期为两个星期（10 个交易日）。一般来讲，金融机构使用的最短持有期是一天，但理论上可以使用小于一天的持有期。

选择持有期时，往往需要考虑四种因素：流动性、正态分布的要求、头寸调整、数据约束。

（1）流动性。

影响持有期选择的第一个因素是金融机构所处的金融市场的流动性。在不考虑其他因素的情况下，理想的持有期选择是由市场流动性决定的。如果交易头寸可以快速流动，则可以选择较短的持有期；但如果流动性较差，由于交易时寻找交易对手的时间较长，则选择较长的持有期更加合适。实际中，金融机构大多在多个市场上持有头寸，而在不同市场上达成交易的时间差别很大，这样，金融机构很难选择一个能最好地反映交易时间的持有期。因此，金融机构通常根据其组合中比重最大的头寸的流动性选择持有期。

（2）正态分布的要求。

在计算 VaR 时，往往假定回报的正态分布性。金融经济学的实证研究表明，时间跨度越短，实际回报分布越接近正态分布。因此，选择较短的持有期更适用于正态分布的假设。典型的情况是包含期权的证券组合。通常期权的回报在实际中并不服从正态分布，但一般仍然在正态分布的假定下进行计算。当持有期较短时，期权回报的实际分布会更接近于正态分布的假设。因此，在较短的持有期下得到的估计结果更加合理。

（3）头寸调整。

在实际金融交易中，投资管理者会根据市场状况不断调整其头寸或组合。如果一种头寸不断地发生损失，则管理者会把这种头寸变为其他的头寸。持有期越长，投资管理者改变组合中头寸的可能性越大。而在 VaR 计算中，往往假定在持有期下组合的头寸是相同的。因此，持有期越短就越容易满足组合保持不变的假定。

（4）数据约束。

VaR 的计算往往需要大规模的历史样本数据，持有期越长，所需的历史时间跨度越长。例如，假定计算 VaR 所需数据为 1 000 个观测值，如果选择持有期为一天，则需要至少 4 年的样本数据（每年 250 个交易日）；而如果选择持有期为一周（或一个月），则历史样本采用的是周（或月）数据，需要 20 年（或 80 年）的数据才能满足基本要求。这样长时间的数据不仅在实际中无法得到，而且时间过早的数据也没有意义——金融市场的不断、大幅变化，十几年前的市场与现在的市场相比截然不同。因此，VaR 计算的数据样本量要求表明，持有期越短，得到大量样本数据的可能性越大。

可见，上述四个因素中，后三个因素都建议采用较短的持有期。

在实际应用中，当回报服从正态分布时，由于波动性与时间范围的平方根同比例增加，因此，不同持有期下的 VaR 可以通过平方根转换。在金融机构中，内部 VaR 的计算最常选用 1 天的时间期限。巴塞尔协议规定的计算银行监管资本的 VaR 的时间长度则为 10 天。在实际中，即使选择的时间长度不是 1 天，其 VaR 值的计算也通常以 1 天的 VaR 值为基础。具体公式如下

$$N \text{ 天 VaR 值} = 1 \text{ 天 VaR 值} \times \sqrt{N} \qquad (8.4.1)$$

在下文的 VaR 估计中，均从 1 天的 VaR 值估计开始，再运用式（8.4.1）计算得到 N 天的 VaR 值。

2. 置信水平的选择

置信水平的选择依赖于对 VaR 验证的需要、内部风险资本需求、监管要求以及在不同机构之间进行比较的需要。同时，正态分布或其他一些具有较好分布特征的分布形式（如 t 分布）也会影响置信水平的选择。

（1）有效性验证。

如果非常关心 VaR 实际计算结果的有效性，则置信度不应选得过高。置信度越

高,则实际中损失超过 VaR 的可能性越少。这种额外损失的数目越少,为了验证 VaR 预测结果所需的数据越多,因此,实际中无法获取大量数据的约束,限制了较高置信水平的选择。

(2) 风险资本需求。

当考虑内部资本需求时,置信水平选择依赖于金融机构对极值事件风险的厌恶程度。风险厌恶程度越高,则越需准备更加充足的风险资本来补偿额外损失。因此,用 VaR 模型确定内部风险资本时,安全性追求越高,置信水平选择也越高。置信水平反映了金融机构维持机构安全性的愿望和抵消设置风险资本对银行利润不利影响之间的均衡。

(3) 监管要求。

金融监管当局为保持金融系统的稳定性,会要求金融机构设置较高的置信水平。例如,巴塞尔委员会 1997 年年底生效的资本充足性条款中要求的置信度为 99%。

(4) 统计和比较的需要。

不同的机构使用不同的置信水平报告其 VaR 数值,如银行家信托公司在 99% 的置信水平下计算 VaR,JPMorgan 在 95% 的置信水平下计算 VaR。如果存在标准的变换方法,将不同置信度下的 VaR 转换成同一置信水平下的 VaR 进行比较,则置信水平的选择就无关紧要了。例如,在正态分布的假设条件下,一种置信水平下的 VaR 可以方便地转换为另一种置信水平下的 VaR。因此,在正态分布假定下可以选择任意水平的置信度,不会影响不同金融机构间的比较。如果不服从正态分布或一些具有类似性质的分布,则一种置信水平下的 VaR 数值将无法说明另一种置信水平下的情况。

综上所述,不同置信水平适用于不同目的:当考虑 VaR 的有效性时,需要选择较低的置信水平;而内部风险资本需求和外部监管要求则需要选择较高的置信水平;此外,对于统计和比较的目的需要选择中等或较高的置信水平。

二、VaR 计算的基本原理分析

(一) VaR 的一般计算方法

1. 一般分布下的 VaR 计算

考虑一个证券组合,假定 P_0 为证券组合的初始价值,R 是持有期内的投资回报率,则在持有期末,证券组合的价值可以表示为 $P = P_0(1+R)$。假定回报率 R 的期望回报和波动性分别为 μ 和 σ。如果在某一置信水平 c 下,证券组合的最低价值为 $P^* = P_0(1+R^*)$,则根据 VaR 的定义——在一定的置信水平下,证券组合在未来特定的一段时间内的最大可能损失,可以定义相对于证券组合价值均值(期望回报) 的 VaR,即相对 VaR 为

$$\text{VaR}_R = E(P) - P^* = -P_0(R^* - \mu) \tag{8.4.2}$$

如果不以组合价值的均值(期望回报)为基准,可以定义绝对 VaR 为

$$\mathrm{VaR}_A = P_0 - P^* = -P_0 R^* \tag{8.4.3}$$

根据以上定义,计算 VaR 就相当于计算最小值 P^* 或最低的回报率 R^*。考虑证券组合未来日回报行为的随机过程,假定其未来回报的概率密度函数为 $f(p)$,则对于某一置信水平 c 下的证券组合最低值 P^*,有

$$c = \int_{P^*}^{\infty} f(p) \mathrm{d}p \quad \text{或} \quad 1 - c = \int_{-\infty}^{P^*} f(p) \mathrm{d}p$$

无论分布是离散的还是连续的,是厚尾还是瘦尾,这种表示方式对于任何分布都是有效的。

2. 正态分布下的 VaR 计算

如果假定分布是正态分布形式,则可以简化 VaR 的计算。在正态分布条件下,可以根据置信水平选择一个对应的乘子,用组合的标准差与该乘子相乘,就可求得 VaR。这种方法是基于对参数标准差的估计,而不是从经验分布上确定百分位数,因此称这种方法为参数方法。

首先,把一般的分布 $f(p)$ 变换为正态分布,因为 $P = P_0(1+R)$,则 $R \sim N(\mu, \sigma^2)$。这是因为 P 服从正态分布,R 是由 P 经过线性变换得到的,故 R 仍然服从正态分布,因此 $\dfrac{R-\mu}{\sigma}$ 服从标准正态分布,其概率密度函数记为 $\varphi(\varepsilon)$,标准正态分布 $\Phi(\varepsilon)$,其中 ε 的均值为 0,标准差为 1。用最低回报 R^* 表示的组合价值的最小值为 $P^* = P_0(1+R^*)$,即 $R^* = \dfrac{P^*}{P_0} - 1$。一般而言,$R^*$ 通常是负的,可以表示为 $-|R^*|$。进一步,把 R^* 和标准正态分布的偏离 $\alpha > 0$ 联系起来,即

$$-\alpha = \frac{-|R^*| - \mu}{\sigma} \quad (\alpha > 0)$$

$$R^* = -\alpha\sigma + \mu \quad (\alpha > 0) \tag{8.4.4}$$

给定置信水平 c,可以由下式确定 P^*

$$1 - c = \int_{-\infty}^{P^*} f(p) \mathrm{d}p$$
$$= P(p \leqslant P^*)$$
$$= P[P_0(1+R) \leqslant P^*]$$
$$= P\left(R \leqslant \frac{P^*}{P_0} - 1\right)$$

$$= \int_{-\infty}^{R^*} g(r)\,\mathrm{d}r$$

$$= \int_{-\infty}^{-|R^*|} g(r)\,\mathrm{d}r \qquad (8.4.5)$$

$$= \int_{-\infty}^{-\alpha} \varphi(\varepsilon)\,\mathrm{d}\varepsilon$$

$$= \Phi(-\alpha)$$

式中，$g(r)$ 为 R 的概率密度函数。而且

$$\int_{-\infty}^{R^*} g(r)\,\mathrm{d}r = F(R^*) = \Phi\left(\frac{R^*-\mu}{\sigma}\right) = \Phi(-\alpha) = \int_{-\infty}^{-\alpha} \varphi(\varepsilon)\,\mathrm{d}\varepsilon$$

因此，VaR 的计算问题就等价于寻找一个偏离 α 使得上式成立，而 α 可用标准正态分布表查得。表（标准正态分布表）中的数值表示服从标准正态分布随机变量的概率密度函数与 x 轴及 $x=d$ 所围成的左边区域的面积。引入累积标准正态分布函数

$$N(d) = \int_{-\infty}^{d} \varphi(\varepsilon)\,\mathrm{d}\varepsilon$$

图 8.4.1 给出了累积密度函数 $N(d)$，它是从 0（$d=-\infty$）~ 1（$d=+\infty$）的单调增函数，当 d 为 0 时函数值为 0.5。

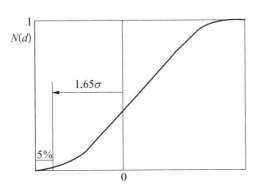

图 8.4.1 累积正态概率分布（d 为标准正态分布变量）

在标准正态分布下，当给定一个置信水平如 95% 时，则 $\alpha=1.65$，对应 1.65σ，于是就可以计算出相应的最小回报 R^* 和 VaR。由式（8.4.4），最小回报可以表示为

$$R^* = -\alpha\sigma + \mu \quad (\alpha > 0)$$

假定参数 μ 和 σ 是以一天的时间间隔计算出来的，则时间间隔为 Δt 的相对 VaR 为

$$\mathrm{VaR}_R = E(P) - P^* = -P_0(R^* - \mu) = P_0\alpha\sigma\sqrt{\Delta t} \qquad (8.4.6)$$

因此，VaR 是分布的标准差与由置信水平确定的乘子的乘积。

类似地，对于绝对 VaR 有如下形式

数/理/金/融

$$\text{VaR}_A = P_0 - P^* = -P_0 R^* = P_0(\alpha\sigma\sqrt{\Delta t} - \mu\Delta t) \tag{8.4.7}$$

这种方法适用于资产价值服从正态分布的情形,根据它和置信水平就可以确定 α。由中心极限定理可知,满足一定条件的随机变量序列之和服从正态分布。因此,正态分布代表了许多经验分布,而且最容易处理。这种方法尤其适用于样本容量大、多样化程度高的投资组合,但不适用于具有期权的投资组合。

例 8.4.1   VaR 参数的转化

当资产价值服从正态分布时,VaR 取决于两个参数:① 选定的时间间隔(确定 $\sigma\sqrt{\Delta t}$);② 置信水平(确定 α)。两者都可根据需要调整。例如,我们可将"风险度量制"(Riskmetrics)的风险度量转化为巴塞尔银行监管委员会内部模型的风险度量。前者选择了间隔 1 天和 95% 的置信水平(1.65σ),后者选择了间隔 10 天和 99% 的置信水平(2.33σ),它们采用的修正形式如下:

因为

$$\text{VaR}_{RM} = P_0\alpha\sigma\sqrt{\Delta t} = P_0 \times 1.65\sigma \times \sqrt{\frac{1}{T}}$$

$$\text{VaR}_{BC} = P_0\alpha\sigma\sqrt{\Delta t} = P_0 \times 2.33\sigma \times \sqrt{\frac{10}{T}}$$

所以

$$\text{VaR}_{BC} = \text{VaR}_{RM} \times \frac{2.33}{1.65}\sqrt{10} = 4.466\text{VaR}_{RM}$$

式中,VaR_{BC} 为巴塞尔银行监管委员会的 VaR 值;VaR_{RM} 为风险度量制的 VaR 值。由此可见,巴塞尔体系下的 VaR 值均为风险度量制下 VaR 值的 4 倍多。

例 8.4.2

一个投资组合的现值 P_0 是 5 亿美元。以一天为时间间隔的 μ 和 σ 分别为 0 和 0.032 1,置信水平为 95%,收益分布直方图如图 8.4.2 所示,计算该组合的绝对 VaR。

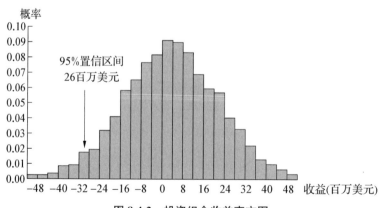

图 8.4.2   投资组合收益直方图

解：

$$P^* = P_0(1 + R^*) = P_0(1 - \alpha\sigma) = 5 \times (1 - 1.65 \times 0.032\ 1) = 4.74(\text{亿美元})$$

$$\text{VaR}_A = P_0 - P^* = 5 - 4.74 = 0.26(\text{亿美元})$$

(二) VaR 计算的基本原理及基本模块

1. VaR 计算的基本思想

上述分析表明，VaR 计算的核心在于估计证券组合未来损益的统计分布或概率密度函数。大多数情况下，直接估算证券组合的未来损益分布几乎是不可能的，因为金融机构的证券组合往往包含种类繁多的金融工具，且无法保留估计过程中所需要的所有相关金融工具的历史数据。因此，通常将证券组合用其市场因子来表示（证券组合价值是其所有市场因子的函数），所谓映射（Mapping），就是通过市场因子的变化来估计证券组合的未来损益分布（或概率密度函数）。计算 VaR 时，首先使用市场因子当前的价格水平，利用金融定价公式对证券组合进行估值（盯市（Mark-to-Market））；然后预测市场因子未来的一系列可能价格水平（是一个概率分布），并对证券组合进行重新估值；在此基础上计算证券组合的价值变化——证券组合损益，由此得到证券组合的损益分布。根据这一分布就可求出给定置信水平下证券组合的 VaR。

2. VaR 计算的基本模块

综上所述，计算 VaR 的关键在于确定证券组合未来损益的统计分布或概率密度函数。这一过程由三个基本模块构成：第一个模块是映射过程——把组合中每一种头寸的回报表示为其市场因子的函数；第二个模块是市场因子的波动性模型——预测市场因子的波动性；第三个模块是估值模型——根据市场因子的波动性估计组合的价值变化和分布。

(三) VaR 计算的主要方法概述

在 VaR 计算的三个模块中，波动性模型和估值模型是其核心和难点。不同的波动性模型和估值模型构成了 VaR 计算的不同方法。

1. 市场因子的波动性模型

市场因子波动性的预测方法有多种，这里简单给出几种在 VaR 计算中最有代表性的方法。

(1) 历史模拟法。

历史模拟法假定回报分布为独立同分布，市场因子的未来波动与历史波动完全一样。其核心在于用给定历史时期上所观测到的市场因子的波动性，来表示市场因子未来变化的波动性。它不需要假定资产回报服从的统计分布形式。

(2) Monte Carlo 模拟法。

Monte Carlo 模拟法（Monte Carlo Simulation，简称 MC）是一种随机模拟方法，

它用市场因子的历史波动参数产生市场因子未来波动的大量可能路径(而历史模拟法只能根据市场因子的特定历史变动路径产生有限的未来波动情景)。虽然正态分布是 MC 中最常用的分布假定,但 MC 无须假定市场因子服从正态分布。

(3) 情景分析。

情景分析采用市场因子波动的特定假定(如极端市场事件)定义和构造市场因子的未来变化情景。压力试验是最为常用的情景分析方法。

(4) Risk Metrics 方法。

Risk Metrics 采用移动平均方法中的指数移动平均模型预测波动性。它假定过去的回报分布可以合理地预测未来情况,可用历史数据的时间序列分析估计市场因子的波动性和相关性。Risk Metrics 假定市场因子变化服从正态分布。

(5) GARCH 模型。

GARCH(Generalized Autoregressive Conditional Heteroscedasticity)用于对市场因子波动的条件异方差性建模,它可以更好地预测市场因子的真实波动性,如波动性集聚效应。虽然 GARCH 最常用是正态分布,但也可以采用其他分布假定。

(6) 隐含波动性模型。

隐含波动性是指期权价格中隐含的波动性,它是对未来波动性的预测,而不是对当前波功性的估计。随含波动性模型认为当前的市场数据蕴含了市场对未来波动性的预期,而不采用前述各种方法所依据的历史信息。

(7) 随机波动性模型。

随机波动性模型是描述时变波动性的有效模型,近年来由于计量经济学的发展而得到广泛应用。

2. 证券组合的估值模型

根据市场因子的波动性估计证券组合价值变化和分布的方法主要有两类,即分析方法(局部估值模型)和模拟方法(全值模型)。

(1) 分析方法。

分析方法主要是依据金融工具的价值和其市场因子间的关系,即根据灵敏度确定组合价值的变化

$$\Delta V = f(s, \Delta r)$$

式中,ΔV 为证券组合的价值变化;s 为灵敏度;Δr 为市场因子的变化。

分析方法最简单的形式可以表示为

$$\Delta V = s \times \Delta r$$

利用灵敏度来近似地估计证券组合价值变化的分析方法,大大简化了计算。由于只有当市场变化范围较小时,灵敏度才能较好地近似实际变化,因此基于灵敏度的分析方法是一种局部模型。

（2）模拟方法。

模拟方法是在模拟市场因子未来变化的不同情景基础上，给出市场因子价格的不同情景，并在不同情景下分别对证券组合中的金融工具重新定价，在此基础上计算证券组合的价值变化。由于模拟方法采用的是金融定价公式而非灵敏度，可以处理市场因子的大范围变动（当然必须保证定价公式的适用性），反映了因市场因子变化而导致的证券组合价值的完全变化，因此模拟方法是一种全值模型。在模拟方法中，产生情景的方法有多种，如历史模拟法、Monte Carlo 模拟法、情景分析方法（如压力试验）。

综上所述，可以从市场因子的波动性模型和证券组合的估值模型两个角度对VaR 模型分类，如表 8.4.1 所示。

表 8.4.1　根据两种因素对 VaR 模型的分类

波动性模型 ＼ 估值模型	分析方法	模拟方法
历史模拟		在历史回报分布下，对组合价值进行重新定价
MC 模拟		根据统计参数来确定随机过程
情景分析	单一金融工具的敏感性分析	有限数量的情景
Risk Metrics	协方差矩阵，应用于标准的映射方法	协方差矩阵，应用于构造 MC 方法
GARCH 模型	协方差矩阵，应用于标准的映射方法	协方差矩阵，应用于构造 MC 方法
隐含波动性模型	协方差矩阵，应用于标准的映射方法	协方差矩阵，应用于构造 MC 方法
随机波动性模型	协方差矩阵，应用于标准的映射方法	协方差矩阵，应用于构造 MC 方法

目前 VaR 的计算方法都是基于对这两种模型的选择和组合，典型的三类方法是分析方法、历史模拟法和 Monte Carlo 模拟法。

（四）VaR 计算的假设条件分析

在 VaR 的实际计算中，选择上述方法时必须考虑两个关键因素：

（1）市场因子的变化与证券组合价值变化间的关系是否呈线性关系。线性类证券价值的变化可以通过灵敏度近似；而对于期权类显著非线性金融工具，一方面可以通过模拟方法描述其价值与市场因子间的非线性关系，另一方面在某些情形下也可以采用近似的方法处理，如在期权定价公式成立的条件下，取期权定价公式的一阶或二阶近似。

（2）市场因子的未来变化是否服从正态分布。如果市场因子的变化服从多元正态分布，则可以用方差和协方差描述市场因子的变化，同时证券组合的价值变化也服从正态分布，VaR 的估计可大为简化；如果不服从正态分布，则只能采用较为复杂的其他分布形式。

在上述两种因素的各种组合中,线性、正态情况是最简单也是最常用的 VaR 模型,如图 8.4.3 所示。

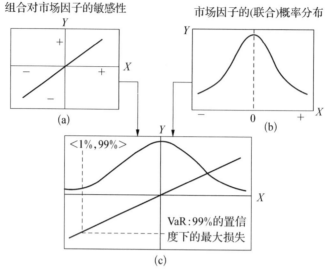

图 8.4.3(a)中,斜线代表随着市场因子的变化,组合的盯市价值的累积变化。其中 Y 轴表示组合价值的变化,X 轴表示市场因子的变化。图 8.4.3(b)中曲线代表市场因子变化的(边际)概率密度函数。其中 Y 轴表示概率,X 轴表示市场因子的变化。图 8.4.3(c)为组合的损益分布。

在这种正态、线性情况下,VaR 计算的解析公式为

$$VaR = z_\alpha \sqrt{\omega' \Sigma \omega} \sqrt{\Delta t}$$

式中,z_α 为与置信度对应的分位数,如对于标准正态分布,在 99% 的置信度下有 $z_{99\%} = 2.33$;ω 为组合头寸权重的 $N \times 1$ 向量;Σ 为头寸每年回报的 $N \times N$ 的协方差矩阵;Δt 为持有期。

在实际 VaR 的计算中,只有对上述两种因素做出合理假设,才能得到有效的 VaR 估计。

三、VaR 计算方法

(一) 分析法

分析方法,也可以称为方差—协方差方法,是 VaR 计算中最为常用的方法。它假设收益率服从一定分布,利用证券组合的价值函数与市场因子之间的近似关系、市场因子的统计分布(协方差矩阵)简化 VaR 的计算。根据证券组合价值函数形式和市场因子的模型的不同,分析方法可以分为两大类:Delta-类模型和 Gamma-类模型。

在 Delta-类模型中,证券组合的价值函数均取一阶近似,但不同模型中市场因子

的统计分布假定不同。例如,Delta-正态模型假定市场因子服从多元正态分布;Delta-加权正态模型使用加权正态模型(WTN)估计市场因子回报的协方差矩阵;Delta-GARCH 模型使用 GARCH 模型描述市场因子。

在 Gamma-类模型中,证券组合的价值函数均取二阶近似,其中 Gamma-正态模型假定市场因子的变化服从多元正态分布,Gamma-GARCH 模型使用多元 GARCH 模型描述市场因子。考虑到方法的难度,下面主要介绍 Delta-正态模型和 Gamma-正态模型。

1. Delta-正态模型

(1) 计算原理和假设条件。

Delta-正态模型假定所有资产服从正态分布,由于有价证券组合是正态分布变量的线性组合,因此,它也服从正态分布。当资产组合发生变动时,可采用泰勒展开式来估计其变动。

用 $P(X_{n\times1})$ 表示资产组合的线性价值函数,$X_{n\times1}$ 表示 $n\times1$ 维向量因子。

$P(X_{n\times1})$ 对每一个向量因子取一阶导数

$$\delta'_{n\times1} = \left[\frac{\partial P(X_{n\times1})}{\partial x_1}, \frac{\partial P(X_{n\times1})}{\partial x_2}, \cdots, \frac{\partial P(X_{n\times1})}{\partial x_n}\right]$$

设 $P(X'_{n\times1})$ 表示资产组合的变化,则泰勒展开式为

$$P(X'_{n\times1}) = P(X_{n\times1}) + \delta'(X'_{n\times1} - X_{n\times1}) + o(2)$$

式中,$o(2)$ 为包含二阶导数和高阶导数在内的误差项,因为 $P(X_{n\times1})$ 是线性的,所以该项为 0,泰勒展开式变为

$$\Delta P(X_{n\times1}) = \delta'\Delta X_{n\times1}$$

由于 $P(X_{n\times1})$、$X_{n\times1}$ 均服从正态分布,则 $\Delta P(X_{n\times1}) \sim N(0, \delta'\Sigma\delta)$

$$\mathrm{VaR} = z_\alpha\sigma_p\sqrt{\Delta t}, \sigma_p = \sqrt{\delta'\Sigma\delta} \tag{8.4.8}$$

(2) 计算步骤。

利用 Delta-正态模型计算 VaR 包括以下主要步骤(图 8.4.4 给出了 Delta-正态模型的核心计算步骤)。

① 风险映射。识别基础市场因子,将证券组合中的金融工具映射为一系列只受单一市场因子影响的标准头寸。

② 市场因子的方差—协方差矩阵估计。假设市场因子的变化服从正态分布,估计分布的参数(如方差和相关系数),得到方差—协方差矩阵。

③ 估计标准头寸的 Delta。

④ 估计标准头寸的方差—协方差矩阵。根据估计出的 Delta 和市场因子的方差—协方差矩阵,计算相应的标准头寸的方差—协方差矩阵。标准头寸的方差由市

场因子的方差和标准头寸对市场因子的 Delta 决定,相关系数与市场因子之间的相关系数数值相等,但有时符号不同。

⑤ 组合价值变化与 VaR 估计。使用标准的统计方法,根据标准头寸的方差、协方差求取组合价值的变化,得到 VaR 的估计结果。

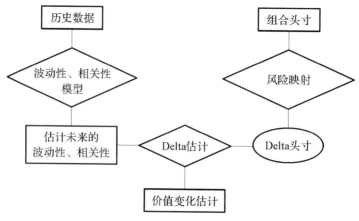

图 8.4.4 Delta-正态模型

（3）计算实例。

下面用一个例子说明计算步骤。

例 8.4.3

假定一个美国公司持有一个 3 个月的外汇远期合约,该合约在 91 天后交割,支出 1 500 万美元,收到 1 000 万英镑。其以美元计值的 VaR 计算可分为四步。

（1）风险映射。

识别风险工具中包含的基本市场因子,将远期合约映射为只包含一个市场因子的标准头寸。该合约包含的市场因子为英镑利息、美元利息和即期汇率。将远期合约分解为多头和空头,即面值为 1 000 万英镑的 3 个月英镑零息债券和面值为 1 500 万美元的 3 个月美元零息债券。

美元空头的盯市价值（X_1）:使用美元利率折现（负号表示空头）,有

$$X_1 = -\frac{15\ 000\ 000}{1 + r_{\text{USD}}\left(\dfrac{91}{360}\right)} = -\frac{15\ 000\ 000}{1 + 0.054\ 69 \times \dfrac{91}{360}} = -14\ 795\ 461（美元）$$

英镑多头的盯市价值（X_2）:其价值依赖于两个市场因子——3 个月英镑的利率和美元/英镑的即期汇率（S）。假设美元/英镑的即期汇率为 1.533 5 USD/GBP,则英镑多头的美元盯市价值为

$$X_2 = S \times \frac{10\ 000\ 000}{1 + r_{\text{GBP}}\left(\dfrac{91}{360}\right)} = (1.533\ 5\ \text{USD/GBP}) \times \frac{10\ 000\ 000}{1 + 0.060\ 63 \times \dfrac{91}{360}}$$

$$= 15\ 103\ 524（美元）$$

假定即期汇率 S 不变,则投资于 3 个月的英镑债券($X_2 = 15\,103\,524$ 美元)存在利率风险;假定英镑利率不变,则面值 1 000 万英镑的债权(现金头寸为 15 103 524 美元)存在汇率风险。现金英镑头寸的美元价值为 $X_3 = 15\,103\,524$ 美元,因为 X_2、X_3 都代表远期合约英镑的美元价值,所以它们是等值的。从美国公司的角度看,以英镑支付债券的头寸暴露于两个市场因子的变化,所以合约中英镑的美元价值在映射后的头寸中出现两次。

所以,远期合约被描述为三种标准头寸(X_1, X_2, X_3)的数量。

(2)市场因子的方差—协方差矩阵估计。

假定基本市场因子的变化服从均值为零的正态分布,表 8.4.2 给出了标准差和相关系数的估计。

表 8.4.2　市场因子变化的标准差和相关系数

市场因子	变化(%)的标准差	市场因子变化(%)的相关系数			
		市场因子	3 个月的美元利率	3 个月的英镑利率	美元/英镑汇率
3 个月的美元利率	0.61	3 个月的美元利率	1.00	0.11	0.19
3 个月的英镑利率	0.58	3 个月的英镑利率	0.11	1.00	0.10
美元/英镑汇率	0.35	美元/英镑汇率	0.19	0.10	1.00

(3)标准头寸的方差—协方差矩阵估计。

标准头寸价值变化的标准差由市场因子的标准差和标准头寸对市场因子变化的 Delta 决定。假定 Delta 为 x,市场因子变化 1% 时,标准头寸的价值变化 $x\%$。标准头寸变化的标准差是市场因子变化的标准差的 x 倍。用 X_1 代表第一个标准头寸的价值,则

$$\Delta X_1(\%) \approx \frac{\partial X_1}{\partial r_{\text{USD}}} \times \frac{1}{X_1} \times \Delta r_{\text{USD}}(\%) = \frac{\partial X_1}{\partial r_{\text{USD}}} \times \frac{r_{\text{USD}}}{X_1} \times \Delta r_{\text{USD}}(\%)$$

这表明 X_1 变化(%)的标准差 $\approx -\dfrac{\partial X_1}{\partial r_{\text{USD}}} \times \dfrac{r_{\text{USD}}}{X_1} \times [\Delta r_{\text{USD}}(\%)$ 的标准差$]$,由于 $\dfrac{\partial X_1}{\partial r_{\text{USD}}}$ 是负的,所以公式中出现了负号。用 σ_1 代表 X_1 变化(%)的标准差,用 σ_{USD} 代表美元利率变化(%)的标准差,则公式可表示为

$$\sigma_1 \approx -\frac{\partial X_1}{\partial r_{\text{USD}}} \times \frac{r_{\text{USD}}}{X_1} \times \sigma_{\text{USD}}$$

同理,对于其他两个标准头寸有

$$\sigma_2 \approx -\frac{\partial X_2}{\partial r_{\text{GBP}}} \times \frac{r_{\text{GBP}}}{X_2} \times \sigma_{\text{GBP}} \text{ 和 } \sigma_3 \approx \frac{\partial X_3}{\partial S} \times \frac{S}{X_3} \times \sigma_S$$

由于 $\dfrac{\partial X_2}{\partial r_{GBP}}$ 是负值，所以公式中出现了负号。

所以

$$\sigma_1 = \frac{15\ 000\ 000}{(1+91/360 r_{USD})^2} \times \frac{91}{360} \times \frac{r_{USD}}{X_1} \times \sigma_{USD} = 0.008\ 3\%$$

同理可得 $\sigma_2 = 0.009\%$，$\sigma_3 = 0.35\%$。

标准头寸价值变化之间的相关性等于市场因子之间的相关性，但如果标准头寸的价值变化与市场因子的变化相反时，则相关系数异号。第一个和第二个标准头寸与美元利率和英镑利率反向变化，所以这两个相关系数的符号要变号，即

$$\rho_{13} = -\rho_{USD,S}，\rho_{23} = -\rho_{GBP,S}$$

第一个和第二个标准头寸与利率同方向变化，相关系数不受影响，即

$$\rho_{12} = \rho_{USD,GBP}$$

标准头寸的方差—协方差矩阵为

$$
A = \begin{bmatrix} \sigma_1 & 0 & 0 \\ 0 & \sigma_2 & 0 \\ 0 & 0 & \sigma_3 \end{bmatrix} \begin{bmatrix} \rho_{11} & \rho_{12} & \rho_{13} \\ \rho_{21} & \rho_{22} & \rho_{23} \\ \rho_{31} & \rho_{32} & \rho_{33} \end{bmatrix} \begin{bmatrix} \sigma_1 & 0 & 0 \\ 0 & \sigma_2 & 0 \\ 0 & 0 & \sigma_3 \end{bmatrix}
$$

$$
= \begin{bmatrix} 0.008\ 3\% & 0 & 0 \\ 0 & 0.009\% & 0 \\ 0 & 0 & 0.35\% \end{bmatrix} \begin{bmatrix} 1 & 0.11 & -0.19 \\ 0.11 & 1 & -0.1 \\ -0.19 & -0.1 & 1 \end{bmatrix} \begin{bmatrix} 0.008\ 3\% & 0 & 0 \\ 0 & 0.009\% & 0 \\ 0 & 0 & 0.35\% \end{bmatrix}
$$

$$
= \begin{bmatrix} 6.9 \times 10^{-9} & 8.2 \times 10^{-10} & -5.5 \times 10^{-8} \\ 8.2 \times 10^{-10} & 8.1 \times 10^{-9} & -3.15 \times 10^{-8} \\ -5.5 \times 10^{-8} & -3.15 \times 10^{-8} & 1.2 \times 10^{-4} \end{bmatrix}
$$

（4）组合价值变化与 VaR 估计。

使用标准头寸的价值矩阵、标准头寸价值变化的方差—协方差矩阵估计组合价值变化的方差。

$$\sigma_P^2 = X'AX$$

$$
= (X_1 \quad X_2 \quad X_3) \begin{bmatrix} \sigma_1 & 0 & 0 \\ 0 & \sigma_2 & 0 \\ 0 & 0 & \sigma_3 \end{bmatrix} \begin{bmatrix} \rho_{11} & \rho_{12} & \rho_{13} \\ \rho_{21} & \rho_{22} & \rho_{23} \\ \rho_{31} & \rho_{32} & \rho_{33} \end{bmatrix} \begin{bmatrix} \sigma_1 & 0 & 0 \\ 0 & \sigma_2 & 0 \\ 0 & 0 & \sigma_3 \end{bmatrix} \begin{bmatrix} X_1 \\ X_2 \\ X_3 \end{bmatrix}
$$

$$= 2\ 807\ 711\ 711（美元）$$

则组合的标准差为 $\sigma_P = 52\ 987$ 美元，使用 95% 的置信区间计算风险价值，则

$$VaR = 1.65 \times \sigma_P = 87\ 430（美元）$$

2. Gamma-正态模型

Delta-类模型采用线性形式，简化了 VaR 的计算。但它的缺点在于无法识别非

线性风险。为此,引入能识别凸性或 Gamma 风险的 VaR 计算方法——Gamma-类模型。Gamma-类模型使用二阶泰勒展开式近似估计组合的非线性风险。

Gamma-类模型是在 Delta-类模型基础上发展而来的,通常称之为 Delta-Gamma 模型。本小节介绍最基本的 Gamma-正态模型。

(1) Gamma 近似。

Gamma-正态模型与 Delta-正态模型类似,都假定市场因子的变化服从正态分布。不同之处在于,Gamma 近似使用泰勒二阶展开形式描述组合的价值函数,可以更好地捕捉组合价格变化的非线性特征。其形式如下

$$\Delta P = \theta \Delta t + \delta' \Delta x + \Delta x' \gamma \Delta x / 2 + o(3)$$

式中,ΔP 为组合的价值变化量;Δx 为市场因子的价值变化量;$\theta = \dfrac{\partial P(x)}{\partial t}$ 为组合对时间的一阶导数(Theta);$\delta = \dfrac{\partial P(x)}{\partial x}$ 为组合对市场因素的一阶导数(灵敏度,Delta);$\gamma_{ij} = \dfrac{\partial^2 P(x)}{\partial x_i \cdot \partial x_j}$,$\gamma$ 为二阶海赛阵;$o(3)$ 为高阶无穷小。

在 VaR 中对 Gamma 因素的考虑是 Delta-Gamma 模型的核心。许多学者就此提出了不同的方法。下面介绍最基本的 Delta-Gamma 正态模型。

(2) Delta-Gamma 正态模型。

Delta-Gamma 正态模型假定因子的变化 Δx 服从联合正态分布,并假定$(\Delta x)^2$也服从正态分布,且 Δx 与$(\Delta x)^2$ 是独立的。这样,可以将组合价值的变化简化为两个市场因子的表达形式

$$\Delta P \approx \delta' \Delta x + (\gamma/2)(\Delta x)^2 = \delta' \Delta x + (\gamma/2)\Delta S$$

式中,$\Delta S = (\Delta x)^2$ 是一个与 Δx 独立的正态变量。

由于 Δx 与 ΔS 均服从正态分布,所以组合的价值变化 ΔP 也服从正态分布,则组合的 VaR 可由 Delta-正态模型给出

$$\text{VaR} = z_a \sigma_p P = z_a P \sqrt{\delta^2 \sigma^2 + (\gamma/2)^2 \sigma_S^2}$$

$$= z_a P \sqrt{\delta^2 \sigma^2 + (1/2)^2 \gamma^2 \sigma^4} = z_a \sigma P \sqrt{\delta^2 + (1/2)^2 \gamma^2 \sigma^2}$$

式中,z_a 为置信度 α 对应的分位数(以下同);σ 为因子 x 的波动性;σ_S 为因子 S 的波动性。

Delta-Gamma 正态模型本质上是将$(\Delta x)^2$ 视为一个独立的风险因子,利用 Delta-正态模型近似考虑期权风险,其主要优点在于简化了计算。但该模型存在严重缺陷:Δx 与$(\Delta x)^2$ 不可能同时服从正态分布,如果 Δx 服从正态分布,$(\Delta x)^2$ 就服从 χ^2 分布,于是 ΔP 服从 χ^2 分布。Delta-Gamma 正态模型存在的逻辑矛盾可能使 VaR 估计产生较大的误差。

（3）凸性与 VaR。

将凸性结合到久期方法中可以大大提高债券价格利率风险敏感性的估计精度，因而也提高了 VaR 估计的准确性。特别是在对一些非线性金融产品（如期货、期权等金融衍生产品）的 VaR 计算中，久期—凸性方法将具有更大的意义。

一般来讲，如果仅考虑久期因素，这种 VaR 模型实际上就是所谓的 Delta - VaR 模型。而凸性则类似于期权定价中的 Gamma 参数，因此，可以把久期和凸性相结合用于 VaR 计算中的 Delta - Gamma 模型中去。一般情况下，只要估计出在给定持有期和置信水平上收益率的最大增加值 $\max\Delta y$，运用久期—凸性方法，就可以容易地得到固定收入证券组合的 VaR 估计

$$VaR = 组合的实际市场价值 + Delta \cdot \max\Delta y + \frac{1}{2}Gamma \cdot (\max\Delta y)^2$$

式中，Delta 是组合的修正久期；Gamma 是组合的凸性。

（二）模拟法

对 VaR 值采用分析方法是通过假定金融资产收益率服从一定的分布特征，然而参数模型对实际分布所做的假设通常难以做到与真实数据相一致，因此，人们提出了另一种不依赖于收益率分布假定的方法，即模拟方法。历史模拟法和蒙特卡罗模拟方法由于其理论与方法的简单成为最常用的两种模拟方法。

1. 历史模拟法

历史模拟法是利用收益率的历史值作为其将来的可能取值，其基本思想是认为"历史在未来会重演"。该模型的好处在于不需要对收益率的分布做任何假定；不必讨论是否独立同分布以及是否有尖峰厚尾等现象；由于无须估计波动性、相关性等参数，因而没有参数估计的风险，不易导致模型风险。该模型的主要假定是整个样本取值区间和预测区间内投资组合收益率的分布不变。

历史模拟法的基本步骤如下：

（1）确定影响组合价值变动的 n 个风险因子以及组合与风险因子之间的关系。

（2）选定历史观察期，并记录在每个观察期内各风险因子的变动情况。

（3）根据风险因子当前值及第（2）步的结果来模拟各种历史情形下风险因子未来一期的值。

（4）根据每种历史情形下风险因子的模拟值计算出对应情形下组合的价值。

（5）根据第（4）步的结果，对组合价值变化的 N 个模拟结果按亏损由高到低进行排序，然后根据给定的置信水平找到对应的分位数就得到了组合的 VaR。

2. 历史模拟法的评价

历史模拟法的优点在于：

（1）历史模拟法概念直观，计算简单，实施方便，容易被风险管理者和监管当局

接受。

（2）它是一种非参数方法，无须假定市场因子变化的统计分布，可有效处理非对称和厚尾问题。

（3）它无须估计波动性、相关性等各种参数，没有参数估计的风险，且无须市场动态性模型，因此避免了模型风险。

（4）它是全值估计方法，可较好地处理非线性、市场大幅波动的情况，捕捉各种风险的信息。

其主要缺点在于：

（1）该方法假定市场因子的未来变化与历史变化完全一样，服从独立同分布，概率密度函数不随时间变化，这与实际金融市场变化不一致。该方法不能预测和反映未来的突然变化和极端事件。

（2）需要大量的历史数据。通常认为，该方法需要的样本数据不能少于 1 500 个，但太长的历史数据无法反映未来情况，因为包含了太多的旧信息，可能违反独立同分布的假设。

（3）计算出的 VaR 波动性较大。当样本含有异常数据时，滞后效应较明显。

（4）难以进行灵敏度分析。在实际应用中，通常需要考察不同市场条件下 VaR 的变动情况，而历史模拟法只能局限于给定的环境条件下，很难做出相应的调整。

（5）对计算能力要求较高。该法采用的是定价公式而不是灵敏度，特别当组合较为庞大且结构复杂时。在实际应用中，可采用简化的方法，减少计算时间，但过多的简化会削弱全值估计法的优点。

3. 蒙特卡罗（Monte Carlo）模拟方法

蒙特卡罗模拟方法综合了分析方法和历史模拟法的优点。首先假定资产回报服从一定的分布形式（既可以是正态分布，也可以是其他任何形式的分布），通过伪随机数发生器产生 N 个模拟市场因子值，然后采用与历史模拟法类似的方法求出资产或组合未来回报的分布，测得投资组合的 VaR 值。

蒙特卡罗模拟方法的具体计算过程可以分为以下四个步骤：

（1）同历史模拟法一样分辨出投资组合的基本市场风险因子，并确定由市场因子表示的投资组合盯市价值的表达式。

（2）选定市场风险因子所服从的特征分布，估计分布参数。这一步是蒙特卡罗模拟方法区别于前两种方法的主要特征。描述市场因子可能变化的统计分布既可以是正态分布、对数正态分布，也可以是 t 分布等，而方差、相关系数等参数的估计可以从历史数据或期权数据中获得。

（3）根据已选定的分布，利用伪随机数发生器产生 N 个模拟市场因子值，然后根据每一组市场风险值对组合进行估价，确定组合的相应价值。

（4）与历史模拟法相同,即对盯市组合价值进行排序、分组,得到投资组合回报的概率分布,测定组合的 VaR 值。

4. 蒙特卡罗模拟方法的评价

蒙特卡罗模拟方法的优点在于:

（1）可产生大量情景,比历史模拟方法更精确和可靠。

（2）它是一种全值估计方法,可以处理非线性、大幅波动及厚尾问题。

（3）可模拟回报的不同行为（如白噪声、自回归和双线性等）和不同分布。

其主要缺点在于:

（1）产生的数据序列是伪随机数,可能导致错误结果;随机数中存在群聚效应而浪费了大量的观测值,降低了模拟效率。

（2）依赖于特定的随机过程和所选择的历史数据。

（3）计算量大、计算时间长,比分析方法和历史模拟方法更复杂。

（4）具有模型风险,一些模型（如几何布朗假设）不需要限制市场因子的变化过程是无套利的。

由于蒙特卡罗模拟方法的全值估计、无分布假定等特点及处理非线性、非正态问题的强大能力和实际应用中的灵活性,其近年来广为应用。许多研究致力于改进传统的蒙特卡罗模拟方法,试图提高其计算速度和准确性。

到目前为止,介绍了 VaR 计算的三种主要方法,即历史模拟方法、分析方法（方差—协方差方法）和蒙特卡罗模拟方法。表 8.4.3 给出了这三种方法的比较。

表 8.4.3　VaR 计算三种方法比较

比较的维度	历史模拟法	分析法	蒙特卡罗模拟法
数据收集的状况	困难	容易	容易
方法实现的难易度	较容易	容易	困难
计算的速度	快速	快速	除非整卷组合包含的工具相当少,否则较慢
向高层管理者解释的难易度	容易	较容易	困难
市场不稳定	结果将产生偏差	除非使用其他的标准差和相关系数,否则结果将产生偏差	除非使用其他的分布参数,否则结果将产生偏差
检验其他假设的能力	无	可以检验其他的标准差和相关系数的假设,不能检验其他分布的假设	都可以检验

综上所述,在各种方法中进行选择时,实际上需要在计算效率、所需信息和准确

性等几个方面进行平衡。最为关键的是要准确理解每一种方法的缺点并进行控制，用最简单的方法得到最有价值的信息，而不是盲目追求精度。

四、固定收益证券的 VaR 计算

（一）现金流映射的概念

在 VaR 模型中，资产组合在每一天的变动率是无法提供的，风险矩阵提供固定时点的变动率，当计算单一资产或资产组合现金流时，应将其映射到这些固定时点上，以便计算其风险。

风险矩阵提供固定时点如下：1 月、3 月、6 月、1 年、2 年、3 年、4 年、5 年、7 年、9 年、10 年、15 年、20 年、30 年。

这些端点有两个重要特征：

（1）无论现在起算还是在未来某个时刻起算，无论是线性工具还是非线性工具，它们都是固定不变的。

（2）J.P.摩根的风险矩阵数据库提供了这些端点的波幅和相关系数。

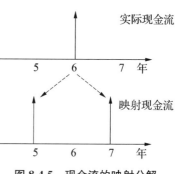

一个实际的现金流映射是将其分解到最近的两个端点上。例如，第 6 年的现金流可分解为第 5 年和第 7 年，如图 8.4.5 所示。

图 8.4.5　现金流的映射分解

现金流的映射分解应采取三原则：

（1）现值不变，两端点现金流市值之和与初始现金流的现价相等；

（2）风险不变，端点现金流组合的市场风险必须与初始现金流的市场风险相同；

（3）现金流符号不变，分解后现金流的符号必须与初始现金流的符号相同。

（二）分解的现金流的计算

1. 用插入法计算实际现金流的收益率

用风险矩阵提供的 5 年期和 7 年期的收益率，使用线性插值法可得到 6 年期收益率

$$r_6 = \alpha r_5 + (1-\alpha) r_7 \quad (0 \leqslant \alpha \leqslant 1) \tag{8.4.9}$$

式中，r_6 是插入法得到的 6 年期零息债券收益率；α 是线性权重系数；r_5 是 5 年期零息债券收益率；r_7 是 7 年期零息债券收益率。

2. 计算实际现金流的现值

已知 6 年期的零息收益率 r_6，可求得其现金流现值。

（三）计算实际现金流现值分布的标准差

已知 5 年期和 7 年期现金流的标准差，可以用线性插值法求得 6 年期零息债

券收益率的标准差,风险矩阵提供的 σ_5 和 σ_7 分别表示风险统计中的 $1.65\sigma_5$ 和 $1.65\sigma_7$。

$$\sigma_6 = \alpha\sigma_5 + (1-\alpha)\sigma_7 \quad (0 \leqslant \alpha \leqslant 1) \tag{8.4.10}$$

(四)计算相同波幅时的映射权重

用上面线性方法求出的分配权重会导致投资组合的风险与原来的不同,如果想得到有相同风险的分配权重,需采用下述公式

$$\sigma_6^2 = \overline{\alpha}^2\sigma_5^2 + 2\overline{\alpha}(1-\overline{\alpha})\rho_{5,7}\sigma_5\sigma_7 + (1-\overline{\alpha})^2\sigma_7^2 \tag{8.4.11}$$

式中,$\rho_{5,7}$ 是 5 年期和 7 年期收益率的相关系数,由风险矩阵提供;σ_6^2 由式(8.4.10)提供。式(8.4.11)可被写成如下形式

$$a\,\overline{\alpha}^2 + b\overline{\alpha} + c = 0 \tag{8.4.12}$$

式中,$a = \sigma_5^2 + \sigma_7^2 - 2\rho_{5,7}\sigma_5\sigma_7$;$b = 2\rho_{5,7}\sigma_5\sigma_7 - 2\sigma_7^2$;$c = \sigma_7^2 - \sigma_6^2$。则有

$$\overline{\alpha} = \frac{-b \pm \sqrt{b^2 - 4ac}}{2a} \tag{8.4.13}$$

求出的 $\overline{\alpha}$ 应满足现金流的映射分解三原则。

例 8.4.4

某一银行在第 4.6 年将收到 1 000 万美元,现在该银行希望计算这一资产的 VaR。由风险矩阵提供的数据如表 8.4.4 所示。

表 8.4.4　风险矩阵的相关数据

4 年期收益率	5 年期收益率	4 年期收益率的变动率($1.65\,\sigma_4$)	5 年期收益率的变动率($1.65\,\sigma_5$)	相关系数
9%	11%	0.533%	0.696%	0.963

(1)计算现金流的收益率。

$$\alpha = \frac{5 - 4.6}{5 - 4} = 0.4, r_{4.6} = \alpha r_4 + (1-\alpha)r_5 = 0.4 \times 9\% + 0.6 \times 11\% = 10.2\%$$

(2)计算实际现金流的现值。

$$PV = \frac{10\,000\,000}{(1 + 10.2\%)^{4.6}} = 6\,396\,828\,(\text{美元})$$

(3)计算实际现金流现值分布的标准差。

$$\sigma_{4.6} = \alpha\sigma_4 + (1-\alpha)\sigma_5 = 0.4 \times 0.533\% + 0.6 \times 0.696\% = 0.630\,8\%$$

(4)计算相同波幅时的映射权重。

$$a\,\overline{\alpha}^2 + b\overline{\alpha} + c = 0$$

$$a = \sigma_4^2 + \sigma_5^2 - 2\rho_{4,5}\sigma_4\sigma_5$$

$$b = 2\rho_{4,5}\sigma_4\sigma_5 - 2\sigma_5^2$$
$$c = \sigma_5^2 - \sigma_{4.6}^2$$
$$\bar{\alpha} = \frac{-b \pm \sqrt{b^2 - 4ac}}{2a} \Rightarrow \bar{\alpha}_1 = 0.369, \bar{\alpha}_2 = 4.34$$

因为当 $\bar{\alpha}_2 = 4.34$ 时，违反了三条原则中的现金符号不变原则 $1 - \bar{\alpha}_2 < 0$，故舍去。

（5）计算现金流现值的分配。

$$W_4 = \bar{\alpha}_1 PV = 0.369 \times 6\,396\,828 = 2\,360\,686（美元）$$
$$W_5 = PV - W_4 = 6\,396\,828 - 2\,360\,686 = 4\,036\,142（美元）$$

（6）计算 VaR。

$$VaR = P_0 z_a \sigma_P = 10\,000\,000 \times 0.630\,8\% = 63\,080（美元）$$

五、VaR 方法的优点和缺点

VaR 方法有许多优点：① VaR 可以测量不同市场因子、不同金融工具构成的复杂证券组合和不同业务部门的总体市场风险暴露。② 由于 VaR 提供了一个统一的方法来测量风险，因此为高层管理者比较不同业务部门的风险暴露大小、基于风险调整的绩效评估、资本配置、风险限额设置等提供了一个简单可行的方法。③ VaR 概念简单、理解容易。给出了一定置信水平下、特定时间内证券组合的最大损失，比较适宜与股东、外界沟通其风险状况。④ VaR 充分考虑了不同资产价格变化之间的相关性，这可以体现出投资组合分散化对降低风险的贡献。⑤ 特别适合监管部门的风险监管。

VaR 方法也有缺陷：① 它是一种向后看（Backward-looking）的方法——对未来的损失是基于历史数据，并假定变量间过去的关系在未来保持不变。显然，许多情况下，这并不符合实际。② VaR 是在特定的假设条件下进行的，如数据分布的正态性等，有时这些假定与现实可能不符。③ VaR 的计算有时非常复杂。④ VaR 只是市场处于正常变动下市场风险的有效测量，它不能处理金融市场处于极端价格变动的情形，如金融危机、股市崩盘等。理论上讲，这些缺陷的根源不在 VaR 自身，而在于其所依据的统计方法。

六、压力试验和极值分析

VaR 描述的是市场正常波动下的最大可能损失。而现实金融市场中，常常出现一些极端情形，如市场崩溃、金融危机、政治巨变或自然灾害等。在这些情况下，经济变量间、金融市场因子间的一些稳定关系就会遭到破坏，如原有市场因子之间的价格关系、相关性、波动性都会发生巨大改变；市场因子之间、市场风险和信用风险之间的因果关系也会出现较大变化，其他一些原本不该出现的意外联系在极端市场情况也会出现；市场因子和组合价值之间的关系也会发生根本改变。

在这些极端情况下，VaR 赖以成立的假定和计算的参数发生巨大变化，从而导致

VaR 方法估计的结果出现极大误差。为了测量极端市场状况下的金融市场风险,人们引入了压力试验和极值分析方法。

(一) 压力试验

压力试验是测量市场因子发生极端不利变化时,金融机构或组合证券的损失大小。包括识别那些会对金融机构产生致命损失的情景,并评估这些情景对金融机构的影响;同时产生、模拟一些违背 VaR 模型假设的极端市场情景,并评价这些极端情景对证券组合价值的不利影响。

情景分析是最常用的压力试验方法,目的在于评估金融市场中的某些特殊情景或事件对资产组合价值变化的影响。情景分析给出了某种特殊市场情景下资产组合的损失,但没有指明损失发生的概率,而 VaR 指出了不利事件发生的概率(损益分布的左尾部分),却没有说明不利事件发生时的实际损失到底有多大。因此,这二者互为补充。

(二) 极值分析

极值分析是测量极端市场情况下风险损失的另一种常用方法,与压力试验相比,极值分析更多地利用了统计理论和方法。通过描述价值变化的尾部统计特征,对收益的尾部分布进行统计分析,从另外一个角度估计极端市场条件下金融机构的损失。显然,压力试验与极值分析这两种方法是对正常市场情况下 VaR 的补充。

七、其他风险度量方法

(一) CVaR 方法

CVaR 最早由 Rockafeller 和 Uryasev(2000)正式提出,被认为是一种比 VaR 风险度量更为合理有效的现代风险管理方法。

CVaR 代表在投资期内,当资产或资产组合所承受的潜在跌幅(或者涨幅)高于给定置信水平下的 VaR 时的平均损失,用数学符号表示为

$$CVaR = E[f(w,r) \mid f(w,r) > VaR_\alpha]$$
$$= VaR_\alpha + E[f(w,r) - VaR_\alpha \mid f(w,r) > VaR_\alpha]$$

这里由 n 种金融资产的收益率组成的随机向量为 $\boldsymbol{r} = (r_1, r_2, \cdots, r_n)^T$,投资组合中各种资产的权重组成的向量为 $\boldsymbol{w} = (w_1, w_2, \cdots, w_n)^T$,资产组合的损失函数为 $f(w,r)$,在置信水平 α 和持有期 Δt 之下,金融资产或组合损失超过 VaR_α 时的期望损失为 $CVaR_\alpha$。

用实例来描述 CVaR 的含义。例如,某一金融资产投资组合 2018 年 12 月 20 日的 99% 的 VaR 和 CVaR 分别为 50 万元与 75 万元,这表明投资者至少有 99% 的概率保障,这天该组合在市场的正常波动下其损失不会高于 50 万元,同时,即使市场发生了小概率状况,该组合损失也不会高于 75 万元。

（二）ES 方法

在大多数文献中，CVaR 方法和 ES 方法是一样的，都是尾部极端风险的均值。ES 风险测度也是以 VaR 为基础描述损失超过 VaR 的风险值。Artzner 等（1999）证实了 ES 与 CVaR 等价。我国学者在实际应用中发现 ES 与 CVaR 并不完全等价，事实上，在连续状态下 ES 与 CVaR 是等价的；但是，在离散情形下，CVaR（此时不保持风险一致性测度性质）和 ES 有较大差别。

（三）CoVaR 方法

2007 年美国次贷危机爆发以后，风险和损失迅速在各金融机构与金融市场传导和扩散，从而形成系统性风险，严重影响了金融体系的稳定。传统的 VaR 方法和 ES 方法不能反映金融危机存在的风险溢出效应，这会严重低估风险和损失。为了有效分析金融危机所带来的风险和损失，Adrian 和 Brunnermeier（2008）在 VaR 方法的基础上提出了 CoVaR（Conditional Value at Risk）方法。假设 i 和 j 分别是两个不同的金融市场或者金融机构，则 j 关于 i 的条件风险价值可以用 $\text{CoVaR}^{j|i}$ 表示，它所表示的是当金融市场或者金融机构 i 面临大小为 VaR 的风险时，金融市场或者金融机构 j 面临的风险大小。用数学公式可以表示为

$$P(X^j \leqslant \text{CoVaR}_q^{j|i} \mid X^i = \text{VaR}_q^i) = q$$

式中，q 为显著性水平。

由上述定义可知，$\text{CoVaR}_q^{j|i}$ 本质上也是 VaR，只不过 $\text{CoVaR}_q^{j|i}$ 是条件 VaR，$\text{CoVaR}_q^{j|i}$ 表示的是 j 的总风险价值，可以看作无条件风险价值和溢出风险价值之和。为了更明确地描述 i 对 j 的风险溢出水平，在此用 $\Delta\text{CoVaR}_q^{j|i}$ 来表示，相应的表达式如下

$$\Delta\text{CoVaR}_q^{j|i} = \text{CoVaR}_q^{j|i} - \text{VaR}_q^j$$

式中，VaR_q^j 为无条件风险价值，表示 j 在不考虑风险溢出情况下的风险价值；$\Delta\text{CoVaR}_q^{j|i}$ 为 i 对 j 的风险溢出值。

但是，不同金融市场或者金融机构的无条件风险价值相差比较大，这样就使得 $\Delta\text{CoVaR}_q^{j|i}$ 不具有可比性，因此对 $\Delta\text{CoVaR}_q^{j|i}$ 进行如下的标准化处理

$$\%\text{CoVaR}_q^{j|i} = (\Delta\text{CoVaR}_q^{j|i} / \text{VaR}_q^j) \times 100\%$$

$\%\text{CoVaR}_q^{j|i}$ 剔除了量纲的影响，能够更为准确地反映出金融市场或者金融机构 i 发生极端情况时对另一金融市场或者金融机构 j 的风险溢出程度。

第五节 信用风险的度量

现代意义上的信用风险是指由于交易对手直接违约或交易对手信用水平、履约

能力的变化而使投资组合中资产价格下降进而造成损失的风险。

长期以来,信用风险都是银行业,乃至整个金融业最主要的风险形式。但直至今日,无论是从风险水平的衡量方法还是从风险转移和控制的手段来看,金融机构和监管部门对信用风险管理的手段和措施都还处于比较落后的阶段。

而近年来,贷款出售和贷款证券化的使用,以及各种信用衍生产品的出现,对信用风险的测量和控制都提出了更高的要求。因为只有在精确度量信用风险的基础上才能对是否运用这些新型金融工具做出正确的决策,同时由于这些新的金融工具又衍生出新的信用风险,度量信用风险的重要意义就成为双重的了。此外,随着金融自由化和金融全球化的发展,世界范围内破产的结构性增加、融资的非中介化、更具竞争性的价差,以及表外业务发展所导致的信用风险暴露头寸的增大等,都使得信用风险再度引起普遍的关注,成为银行内部的风险管理者和银行监管者共同面对的重要课题。

一、传统信用风险的度量

(一)专家评定方法

专家评定方法是一种古老的信用风险分析方法,其特点是银行信贷的决策权由那些经过长期训练、具有丰富经验的信贷人员所掌握,由他们做出是否贷款的决定。因此,在信贷决策过程中,信贷人员的专业知识、主观判断以及对某些关键因素的权衡成为决定因素。

1. 专家评定方法的主要内容

对于专家评定方法,西方商业银行在多年的实践中逐渐形成了一整套衡量标准,即通常所称的贷款审查"5C"原则。

(1)品德(Character):主要考查借款者是否有良好的偿还债务的意愿,是否能够严格履行合同。如果借款者是个人,则指此人的工作作风、个人交往、在企业和社会中的声望、生活方式和诚信等内容;如果是企业法人,则是指其负责人的品德、企业管理、经营方针和资金运用等方面健全与否,经营妥当与否,以及偿还愿望度如何等。

(2)能力(Capacity):主要考查借款者是否具有偿还贷款的能力,主要根据借款者的企业实力、经营状况、财务状况等方面来评定。

(3)资本(Capital):它是指借款者是否有足够的资金积累,通常用现值来衡量。作为借款者,拥有自有资本的多少在某种程度上是衡量其经济实力的一个重要方面。

(4)担保或抵押(Collateral):借款者应提供一定的、合适的担保品,以减少或避免银行贷款风险;或者由保证人担保,保证贷款的按时、全部归还,也要考查担保人的各方面条件和信誉。

(5)环境(Condition):它是指借款者自身经营状况和外部环境。

有些商业银行将这些因素归纳为"5W",即借款人(Who)、借款用途(Why)、还款期限（When）、担保物（What）及如何还款（How）；或者"5P"因素，即个人因素（Personal）、借款目的（Purpose）、偿还（Payment）、保障（Protection）和前景（Perspective）；或者"5C"因素，即品德与声望（Character）、资格与能力（Capacity）、资金实力（Capital orCash）、担保（Collateral）、经营条件或商业周期（Condition）。

2. 专家评定方法的缺陷

专家评定方法的缺陷就是主观性太强。目前，我国商业银行审贷制度还不是很健全，审贷员的专业素质参差不齐，有可能由于主观性的原因造成信用风险评定的误差较大，造成不必要的损失。另外，这种方法还加剧了商业银行在贷款组合方面过度集中的问题，使商业银行面临更大的风险。所以，专家评定方法只能作为一种辅助性信用分析工具。

（二）信用评级方法

与专家评定方法类似，信用评级方法也是一种定性的信用风险评估方法。信用评级（Credit Rating）就是评估受评对象信用风险的大小。从狭义上看，受评对象可以是债券，如长期公司债券、可转换公司债券等；也可以是债务人，如个人、公司，甚至是一个国家。从广义上看，随着金融创新和金融产品的不断增加，评级对象也包括固定收益评级（如资产证券化债券评级）、公司治理水平评级等。

通过评级机构进行信用评级被称为外部评级（External Rating）。正如学术界和实务界所强调的，评级也是商业银行等金融机构的使命之一。建立和完善内部评级系统（Internal Rating Systems）是巴塞尔协议的核心内容。

1. 评级概念

无论何时对信用风险进行度量，都需要考虑三个变量：违约风险敞口、违约概率和违约损失率。

违约是一个离散变量，即分为违约和不违约两种。违约定义为以下两种情况的一种或者两者同时出现：银行认定除非采取追索措施，如变现抵质押品（如果存在的话），借款人可能不能全额偿还对银行集团的债务；借款人对银行集团的主要信贷债务逾期90天以上。

违约依靠违约概率来测量。违约概率（Probability of Default，PD）即交易对手不履行交易合约的概率，数值范围在0和1之间。

违约风险敞口（Exposure at Default，EAD）是指当交易对手发生违约时，该资产的经济价值或市值。

违约损失率（Loss Given Default，LGD）是指因违约所造成的损失部分。其与回收率（Fractional Recovery Rate）相加为1。例如，如果违约造成的回收率仅有40%的话，则违约损失率为该违约风险敞口的60%。

根据以上三个变量，欧美银行已开发出多种信用管理系统及工具。

对于大型企业客户，目前欧美银行的信用风险管理主要采用5种不同的计算机系统,它们是 JP 摩根的 CreditMetrics,KMV 公司的 Credit Monitor/Portfolio Manager,麦肯锡公司的 Credit Portfolio View,穆迪公司的 Risk Calc 和 CSFP 公司的 CreditRisk+。以 CreditMetrics 和 KMV 的 Portfolio Manager 系统为例,它的输入是客户的信用评级、客户所处行业、客户主要财务指标等;输出的是一笔贷款或一类投资组合可能的"预期损失"和"非预期损失"等。对于预期损失,银行可将其作为成本加到贷款的价格上,或用呆账准备金予以核销;对于非预期损失,银行可以通过分配经济资本来抵御该风险。

对于中型企业客户,银行通常采用自行开发的信用管理工具进行风险的识别和管理。一些银行的内部分析工具,是由其风险管理部参照 CreditMetrics 的一些思路来进行开发的。

对于个人客户或小型企业客户,国外银行广泛采用由银行外机构——个人信用登记系统(Credit Bureau,如 Equifax 和 Trans Union)来了解和确定客户的信用风险情况,从而快速审批客户的信用申请,如信用卡、住房抵押贷款、消费信贷等。同时,银行通常会内部开发一种信用打分系统(Credit Scoring)来识别客户的风险。

2. 信用评级

标准普尔公司(简称"标准普尔")、穆迪投资者服务公司(简称"穆迪")和惠誉国际信用评级公司(简称"惠誉")并称为世界三大评级机构。三者评级均有长期和短期之分,但级别序列各有不同,如表 8.5.1、表 8.5.2 所示。

表 8.5.1　标准普尔各信用级别的定义

级别	含　义
AAA	AAA 级是标准普尔给予的最高级别。债务发行人履行其债务偿还承诺的能力极强
AA	被评级为 AA 级的债务同 AAA 级的债务只有很小的差别。债务发行人履行其债务偿还能力也很强
A	相对于较高评级的债务,A 级债务较易受外在环境及经济波动状况变动的不利影响,但是债务发行人偿还债务能力仍然较强
BBB	目前有足够的偿债能力,但是恶劣的经济条件或外在环境很可能使其偿债能力变得较为脆弱
BB	相对于其他投机级评级,违约的可能性最低。但是,持续的重大不确定性或恶劣的商业、金融、经济条件可能令其没有足够的偿债能力
B	违约可能性比 BB 级高,但是债务发行人目前仍有能力偿还债务。恶劣的商业、金融或经济条件可能削弱债务发行人的偿债能力和意愿
CCC	目前有可能违约,债务发行人需依靠良好的商业、金融或经济条件才有能力偿债。如果商业、金融或经济条件恶化,债务发行人没有能力偿还债务
CC	目前违约的可能性较高
C	已经提出破产申请或采取其他类似行动,但债务发行人仍在继续偿付债务

级别	含　义
D	与其他级别不同,D级不是对违约的预期。只有当违约缺失发生时,债务才会被评为D级。出现以下两种情况时,标准普尔把债务评级调为D级: • 当债务的本金或利息到期而债务发行人未能按期偿还债务时,债务将会被评为D级。只有当标准普尔相信债务可于宽限期内清偿时,原评级才会保留 • 如果正在申请破产或已做出类似行动,标准普尔亦会给予D级。除非标准普尔认为在一定条件下,债务在未来可以被清偿。在没有支付违约和申请破产的情况下,技术性违约(如违反契约)不会被评为D级
+或-	从AA到CCC级,各级都可以加标+或-予以微调,以反映信用级别内部的微小差异
B	金融工具面临明显的非信用风险时,会被授予这一评级。这一评级强调信用评级中未涉及的本金或预期回报波动的风险。常见的例子有:与权益、货币、商品相关或挂钩的债务、具有非常高的提前偿还风险的债务,如只获取利息的抵押债券或只获得本金的抵押证券,以及利率风险较平常为高的债务

资料来源:王勇,隋鹏达,关晶奇. 金融风险管理.北京:机械工业出版社,2014:165.

表8.5.2　穆迪各信用级别的定义

级别	含　义
Aaa	Aaa级债券是质量最好的债券。Aaa级债券投资风险最小,又称"金边"债券。利息支付有充足的或极稳定的利润做保证,本金是安全的。即使各种保证本息按时支付的因素可能发生变化,这些变化也不会削弱债券的稳健地位
Aa	无论以何种指标衡量,Aa级债券都应被认为是高质量的。一般地,Aa级债券与Aaa级债券共同构成高等级债券。由于利润保证不如Aaa级充足,给予保证因素的波动性可能大于Aaa级,或者还有其他因素使之面临的长期风险高于Aaa级,因而Aa级债券的级别比Aaa级低
A	A级债券具有许多优良的投资品质,被认为是中上等级的债券。它有足够的因素保证本金和利息的安全,但人们会怀疑其偿付本息的能力在将来某个时候有所削弱
Baa	Baa级是中等级别的债券(安全性既不高也不低)。利息支付和本金安全在当前是有保证的,但一段时间之后,保证因素可能消失或变得不可靠。事实上,这类债券缺乏优良的投资品质,而且带有投机性
Ba	Ba级债券具有投机性,其未来情况没有良好的保证。一般情况下,其本息偿付的保证是有限的,因此,无论未来情况较好或较差,这类债券的本息偿付能力都有可能被削弱。不确定性是这类债券的特征
B	B级一般缺乏值得投资的品质。本息偿付或长期内履行合同中其他条款的保证都是极小的
Caa	Caa级别信誉较差,有违约的可能性或当前就存在危及本息安全的因素
Ca	Ca级具有高度的投机性。这类债券经常发生违约或有其他明显的缺点
C	C级债券是最低级别的债券,这类债券的本息安全情况非常糟糕,根本不能达到真正的投资级别

资料来源:王勇,隋鹏达,关晶奇. 金融风险管理.北京:机械工业出版社,2014:166.

虽然几家主要的评级机构的债务工具评级方法都类似,但有时候它们对同一债务工具的评级会有所不同。对信用评级行业的学术研究发现,在大样本中仅有过半的被评为 AA 级(或 Aa 级)和 AAA 级(或 Aaa 级)的企业被两个顶级评级机构评为相同的评级。

(三)信用评分方法

1. Z 评分模型

美国纽约大学斯特商学院教授爱德华·阿尔特曼(Edward Altman)在 1968 年提出了著名的 Z 评分模型(Z - score Model)。阿尔特曼对当时美国破产和非破产生产企业进行观察,采用了 22 个最能反映借款人财务状况和还本付息能力变量,经过数理统计筛选并建立的著名的 5 个财务比率变量的 Z 评分模型。该模型根据各行业的实际情况,确定每一变量的权重,将每一变量乘以相应的权重,然后相加,得到一个 Z 值。该值就是判断某一公司的财务状况和风险水平的临界值。Z 值越大,资信就越好;Z 值越小,风险就越大。根据阿尔特曼的分析,当 $Z<1.81$ 时,借款人会违约;如果 $Z=2.99$,则借款人会履约;当 $1.81 \leqslant Z < 2.99$ 时,称为"未知区"或者"灰色区域",在此区域内判断失误较大,是因为原始样本存在错误类或两类的重叠而产生的。Z 评分模型用式(8.5.1)表达

$$Z = 1.2X_1 + 1.4X_2 + 3.3X_3 + 0.6X_4 + 0.999X_5 \tag{8.5.1}$$

X_1 为营运资本/总资产(WC/TA)。这是衡量公司在一定的总资本额下流动性资金数量及规模的指标,其中营运资本是公司流动资产与流动负债之差。一般来说,对于长期经营损失的公司,其流动性资产一定会处于萎缩状态。

X_2 为留存收益/总资产(RE/TA)。这是一个反映公司累积盈利能力的指标。留存收益是再投资的收益总量和公司在整个寿命期内的损失总量。这就意味着在考虑这一指标时还必须考虑公司的年龄因素。一家年轻的公司由于其累积利润少,该比值可能会较低,因而其倒闭的概率会大于老公司。公司累积盈利能力越强,实力就越强。

X_3 为息税前利润/总资产(EBIT/TA)。息税前利润/总资产比率可以衡量除去税或其他杠杆因素外公司资产的盈利能力。因为公司的最终生存依赖于资产的盈利能力,所以该指标常用来衡量公司是否能长期稳健地生存下去。如果一家公司即将倒闭,该指标将会持续走低。

X_4 为权益市值/总负债账面值(MVE/TL)。该指标反映公司负债超过资产额之前即破产前用股权市值加债务额所表示的公司资产价值下降的程度。在该指标中,股权市值包括所有优先股和普通股,总负债账面值则由短期负债面值和长期负债面值构成。

X_5 为销售收入/总资产(S/TA)。也就是资产周转率,是反映公司资产营运能力的财务比率。它用于衡量公司产生销售收入的能力以及该公司管理层应对市场、参

与竞争的能力。

若将 Z 评分模型中的 X_4 用账面价值代替市场价值,可以得到非上市公司的 Z' 评分模型,如下所示

$$Z' = 0.717X_1 + 0.847X_2 + 3.107X_3 + 0.420X_4 + 0.998X_5 \qquad (8.5.2)$$

2. ZETA 评分模型

1977 年,阿尔特曼、罗斯·G.霍尔德曼(Ross G.Haldeman)和保罗·纳拉亚南(Paul Narayanan)对原始的 Z 评分模型进行了扩展,推出了 ZETA 评分模型。新模型反映了财务报告标准和会计实践方面的变化,并对原模型构建中采用的统计判别技术进行了修正。ZETA 评分模型将原始模型中的变量由 5 个增加到 7 个,使辨认精度大大提高。这 7 个变量分别如下:

X_1 为资产报酬率,是公司息税前收益与总资产之比,这是衡量公司业绩的一个十分有效的指标。

X_2 为收入的稳定性,是公司 5~10 年资产收益率变化的标准差。公司收入上的变化会直接影响到公司风险,因而这一指标对衡量公司风险相当有效。

X_3 为债务偿还能力,用利息保障倍数即公司息税前收益与总利息偿付之比来度量。固定收益证券分析师和债券评级机构通常用这一变量来评估债务人的利息偿付能力。

X_4 为积累盈利,用公司的留存收益(资产减负债/总资产)来度量。这一指标对于度量公司的信用状况极为有用。该比率需要考虑以下几个因素:公司年龄、公司的分红政策及不同时期的获利记录。

X_5 为流动比率(流动资产/流动负债),是用来说明公司的变现能力的指标。

X_6 为资本比率,即普通股权益与总资本之比。普通股权益可以用公司 5 年的平均市场值而非账面值衡量,如果普通股在总资产中占的比重较大,则可认为该公司的资本实力较强。

X_7 为规模指标,用公司总资产的对数形式来表示,并根据企业财务报告的变化做出相应的调整。

由于商业秘密,ZETA 评分模型 7 个变量的系数无法公开,但从模型的改进来看,ZETA 评分模型的分类准确度比 Z 评分模型要高,尤其是在预测破产前较长时间的准确度方面更为明显。

3. Z 评分模型和 ZETA 评分模型的缺陷

Z 评分模型和 ZETA 评分模型具有较强的操作性、适应性及较强的经推出便在许多国家和地区得到推广和使用并取得了显著的效果,成业违约或破产的核心分析方法之一。

然而无论是 Z 评分模型还是 ZETA 评分模型都存在许多模型都依赖于财务报表的账面数据而忽视日益重要的各项

型预测结果的可靠性和及时性;其次,两个模型都缺乏对违约和违约风险的系统认识,理论基础比较薄弱;再次,两个模型都假设在解释变量中存在着线性关系,而现实的经济现象是非线性的,使得违约模型不能精确地描述经济现实;最后,两个模型都无法计量企业表外的信用风险。另外,对于某些特定行业的企业(如公用企业、财务公司、新公司以及资源企业),这两个模型也不适用,因而它们的应用范围受到较大限制。

4. Logit 模型和 Probit 模型。

Probit 模型和 Logit 模型用以预测某一时期开始时生存的某一公司在该时期(一个月、一年等)结束时生存的概率。两种模型旨在改进线性模型的预测值可能落在区间 [0,1] 外的缺陷,即研究者假设事件发生的概率服从某种累积概率分布,使模型预测值落在 [0,1] 内。若假设事件发生的概率服从累积标准正态分布,则称为 Probit 模型;若假设事件发生的概率服从累积 Logistic 分布,则称为 Logit 模型。

Probit 模型和 Logit 模型采用一系列财务比率指标预测公司破产或违约的概率,根据风险偏好程度设定风险警戒线并以此进行信用风险定位和决策。Probit 模型的基本形式与 Logit 模型相同,差异仅是用于转换的累积概率函数不同:前者为累积正态概率函数,后者则为 Logistic 概率函数。Probit 模型和 Logit 模型在信用风险度量中都得到了相当广泛的应用。

二、现代信用风险的度量

由于传统的信用风险度量方法主要依赖评估者的专业技能、主观判断和对某些决定违约概率的关键因素的简单加权计算,难以对信用风险做出精确的测量,因此,近年来有关信用风险量化模型的开发得到了理论界和实务界越来越高的重视。

根据对风险的不同定义,信用风险的量化模型主要分为集中于预测违约损失的模型(违约模型,即 DM 模型)和以贷款的市场价值变化为基础计算 VaR 的模型(盯住市场模型,即 MTM 模型)。

DM 模型只考虑违约和不违约这两种状态,将价差风险视为市场风险的一部分,其典型代表是瑞士信贷银行推出的信用风险附加法(CreditRisk+)以及 KMV 公司开发的 KMV 模型(Credit Monitor Model,信用监控模型)。前者以在财产险文献中发现的保险精算方法为基础来计算资本要求;后者主要运用期权定价理论对有风险的贷款和债券进行估值,从借款企业股权持有者的角度考虑贷款偿还的激励问题。

MTM 模型考虑了信用的升降及因而发生的价差变化,在计算贷款价值的损益中也考虑了违约。其典型代表是 J. P. 摩根于 1997 年推出的信用风险计量模型(CreditMetrics),主要通过计算个别贷款和贷款组合的 VaR 值来衡量其信用风险的大小。

下面我们对几种主要的信用风险量化模型进行介绍。

（一）KMV 模型

KMV 模型由美国 KMV 公司（现已经被世界著名的信用评级机构——穆迪投资服务公司收购）创立并商品化。该公司位于美国旧金山，成立于 1989 年，公司取其 3 位创办者史蒂芬·考尔霍夫（Stephen Kealhofer）、约翰·麦克奎恩（John McQuown）和欧德里希·瓦西塞克（Oldrich Vasicek）姓氏的首字母（KMV）为名。KMV 模型起源可溯及 1972 年布莱克、斯科尔斯和默顿有关期权定价模型的研究。1974 年，默顿论述了有关将期权定价理论运用于风险债务估值的思想，该研究提供了一种实用高效的分析方法，用以衡量公司违约风险。其后，默顿的思想沿着许多方向发展，许多学者尝试将期权定价理论应用于信用风险的度量领域，KMV 模型正是这样的一个成功的例子。该模型以期权定价理论为基础，通过计算预期违约频率（Expected Default Frequence，EDF），对所有其股权公开交易的公司和银行的违约可能性做出了预测。

1. 模型的假设

（1）满足期权定价模型的基本假设，即公司股票价格是个随机过程、交易是无摩擦的等，且企业价值变化过程服从正态分布过程。

（2）借款人资产价值大于其债务价值时，借款人不会违约；反之，借款人资产价值小于其债务价值时，借款人就会违约。

（3）借款人资本结构只有所有者权益、短期债务、长期债务和可转化的优先股。

（4）违约距离是对企业进行评级的一个合适指标。

2. 模型的构造和参数估计

KMV 模型的构造可以分 3 个模块来进行。

模块 1：估计公司资产的价值及其波动性。

根据默顿风险债务定价原理，KMV 模型将银行的贷款问题转换过来考虑，即从借款企业的股权所有者角度来看待企业借款偿还的激励问题。它是把股东对公司的股权看作一种期权。为了解决企业的资产市值（V_A）以及资产市值的变动程度（σ_A）这两个变量不可观测的困难，KMV 模型运用了以下两个关系：①企业股权市值与它的资产市值之间的结构性关系；②企业资产市值波动程度和企业股权市值的波动程度之间的关系。

图 8.5.1 给出了从借款人（企业的股权所有者）角度考虑的贷款偿还问题。假设企业借款 OB，期末企业资产的市场价值是 OA_2，这时企业会偿还贷款。在贷款期末，企业资产的市场价值越大，股权所有者所持有的企业资产的剩余价值越大。然而，如果企业的资产减少到 OB 以下，如 OA_1，那么企业的股权所有者就会无力偿还贷款。他们就会在经济上失去清偿能力，同时将企业的资产转交给银行。同时可以看出，无论资产的价值与借款数量相比有多低，企业股权所有者的损失有一最低限额。具体地说是"有限责任制"保护了企业股权所有者，使其损失不会超过 OL

（即企业股权所有者在企业的原始投入）。从信用分析的角度来看,可以将违约视为股权所有者不执行期权,股权所有者可以"有选择地"拥有公司,但是如果公司营运状况较差,他们就选择不执行这个期权,而宁愿将公司的所有权转让给债权人而不偿债。

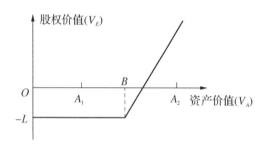

图 8.5.1　股权价值与资产价值的关系曲线

从图 8.5.1 可以看到,一家利用了财务杠杆的企业的股权所有者的报酬函数与购买了股票看涨期权的报酬函数之间是相互同构的。

同样,股权的价值可以表示为一个看涨期权的价值

股权的价值＝f（违约边界,资产的市场价值,资产的波动性,时间范围,无风险利率）

利用上述的期权定价公式代替函数 f,就可以得到如下表达式

$$V_E = V_A N(d_1) - \mathrm{e}^{-r(T-t)} X N(d_2) \tag{8.5.3}$$

式中,

$$d_1 = \frac{\ln(V_A/X) + (r + \sigma_A^2)(T-t)}{\sigma_A \sqrt{T-t}}$$

$$d_2 = d_1 - \sigma_A \sqrt{T-t}$$

$$N(d) = \int_{-\infty}^{1} \frac{1}{\sqrt{2\pi}} \mathrm{e}^{-\frac{x^2}{2}} \, \mathrm{d}x$$

V_A、V_E 为公司资产的市场价值和股权的市场价值;T 为到期日;σ_A 为公司资产市场价值的漂移率;X 为违约边界。

式(8.5.3)中有两个未知数:资产的价值 V_A 及资产价值的波动性 σ_A。

对式(8.5.3)两边求微分,即可得到下面等式

$$\Delta V_E = \left[N(d_1) + V_A \times \frac{1}{\sqrt{2\pi}} \mathrm{e}^{-\frac{d_1^2}{2}} \times \frac{1}{\sigma_A \sqrt{T-t}} \times \frac{X}{V_A} \times \frac{1}{X} \right] \Delta V_A -$$

$$\left[\mathrm{e}^{-r(T-t)} \times X \times \frac{1}{\sqrt{2\pi}} \mathrm{e}^{-\frac{d_2^2}{2}} \times \frac{1}{\sigma_A \sqrt{T-t}} \times \frac{X}{V_A} \times \frac{1}{X} \right] \Delta V_A$$

经简化,得

$$\Delta V_E = N(d_1) \times \Delta V_A$$

进一步变化得到

$$\frac{\Delta V_E}{V_E} = N(d_1) \times \frac{V_A}{V_E} \times \frac{\Delta V_A}{V_A}$$

即

$$\sigma_E = N(d_1) \times \frac{V_A}{V_E} \times \sigma_A \tag{8.5.4}$$

式中，σ_E 为股权价值的漂移率。

这样就得到了一个关于 V_A 和 σ_A 的函数关系式。式(8.5.3)和式(8.5.4)两个方程，两个未知数 V_A 和 σ_A，从而能求出它们的解。

模块 2：违约距离(Distance to Default，DD)的计算。

企业的资产价值及其波动性计算出来后，为了计算违约距离，还需要先确定企业的违约实施点(Default Point，DP)。在现实中，多数企业在其资产价值相当于所有债务的账面价值时并没有违约(当然也有许多企业此时发生违约)，这是因为一些长期债务为该企业提供了喘息机会。

注：在确定违约实施点时，应该考虑公司债务的结构，即要从债务求偿权等级和到期期限两个角度来分析。一般来说，公司的负债包括当期债务(如应付账款、应交税金、到期本息和应派红利等)、短期债务(一般指一年期以内的银行贷款、债券等)、长期债务等。对不同的债权人，首先需要弄清公司各种债务求偿权的等级以及其债权在所有求偿权中的等级。随着具有较低求偿权等级的新债的增加或具有较高求偿权等级的债务的到期，公司的信用状况将得到改善，但是随着求偿权等级较低的债务总量的减少和求偿权等级较高的债务总量的增加，信用状况将恶化。其次，还需要根据期限将债务分类。这是因为如果具有不同求偿权等级的债务在不同的时间到期，早到期的债务就有可能导致公司违约或破产，尽管它的求偿权等级是比较低的。

如果公司的债务结构采取一般的形式，求偿权等级和到期期限划分债务的类型将导致公司违约概率的度量变得非常复杂。因此，KMV 公司没有在债务结构方面就资历、抵押品或契约条件做出区别，可转换债券和优先股也被视为长期债务。KMV 公司通过大量违约企业的数据进行分析后得出结论，企业的违约触发点通常位于流动负债与总债务金额之间。在实证研究中，违约实施点一般等于流动负债加 50% 的长期负债。

确定了企业的资产价值、资产波动率(相对)以及违约实施点后，将这三者结合起来就可以形成违约风险的一个单一测度——违约距离。违约距离等于市场净值(企业资产的市值减去公司的违约点)除以资产价值波动的一个标准差，即

$$违约距离(DD) = \frac{资产市值-违约点}{资产市值 \times 资产市值的波动率} = \frac{V_A - X}{V_E \sigma_A}$$

模块 3：估计违约率(Expected Default Frequency，EDF)，即确定违约距离与违约率的映射关系。

根据 KMV 模型的假设,违约距离是评价企业违约风险的一个度量指标,可用其作为不同企业之间的比较,如表 8.5.3 所示。但该值是个序数指标,而非基数或者概率指标,也即人们无法直接从违约距离中得知企业违约概率到底是多少。违约距离和预期违约概率的关系曲线如图 8.5.2 所示。

表 8.5.3   将违约距离对应到预期违约概率

违约距离(DD)	$DD=1$	$DD=2$	$DD=3$	$DD=4$	$DD=5$	$DD=6$
企业总数	9 000	15 000	20 000	35 000	40 000	42 000
违约企业数	720	450	200	150	28	17
预期违约概率	8%	3%	1%	0.43%	0.07%	0.04%

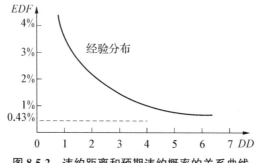

图 8.5.2   违约距离和预期违约概率的关系曲线

(资料来源:巴塞尔银行监管委员会. 外部信用评级与内部信用评级体系.北京:中国金融出版社,2004.)

如果已知资产的概率分布,那么就可以通过违约距离来直接计算违约概率。通常假设资产价值服从正态分布或对数正态分布,这样就能计算理论上的违约概率,但是做出该假设可能是不现实的。为了计算经验上的违约概率,KMV 公司运用了大量违约公司样本的历史数据库,通过比较违约距离和破产频率的历史,拟合出代表公司违约距离的预期违约率函数。

经过测试基于不同行业、规模、时间和其他因素的违约距离与违约概率之间的关系,KMV 公司发现这种函数关系相对稳定。

一般来说,经验 EDF 与 EDF 的理论值会有一定的差异。但是,只要样本很大,由大数定律可知,用频率代替概率是合理的。因此,KMV 模型建立在大规模的世界范围内的企业及企业违约数据库基础上的经验 EDF 是可信的。

3. 模型的评价

(1) 模型的优点。

① KMV 模型是一种动态模型,可以及时反映信用风险水平的变化。上市公司股价每天有交易数据,且定期公布财务报表,这使得该模型可以经常更新模型的输入数据,得出及时反映市场预期和企业信用状况变化的新的 EDF 值。

② KMV 模型是一种具有前瞻性(Forward-looking)的方法,在一定程度上克服

了依赖历史数据向后看(Back-looking)的数理统计模型的"历史可以在未来复制其自身"的缺陷。KMV 模型提供的 EDF 指标来自对股票市场价格实时行情的分析,而股票市场的实时行情不仅反映了该企业历史的和当前的发展状况,更重要的是反映了市场中的投资者对该企业信用状况未来发展趋势的判断。

③ KMV 模型所提供的 EDF 指标在本质上是一种对风险的基数衡量法。与序数衡量法不同,以基数法来衡量风险最大的特点在于不但可以反映不同企业风险水平的高低顺序,而且可以反映风险水平差异的程度,因而更加准确。这也更加有利于对贷款的定价。而序数衡量法只能反映企业间信用风险的高低顺序,如 BBB 级高于 BB 级,却不能明确说明高到什么程度。

(2) 模型的缺点。

① 该模型的使用范围受到了限制。KMV 模型一般适用于对上市公司的信用风险进行评估,而对非上市公司进行评估则困难较多。

② 该模型不能够对长期债务的不同类型进行分辨。实际上,可以根据长期债务的优先偿还顺序、是否担保、是否有契约、能否转换等来区别不同的长期债务,因而可能会造成在违约点的确定上不准确,使模型的产出变量不准。

③ 该模型基本上属于一种静态模型。因为作为 KMV 模型基础的期权定价模型有个基本假设——借款企业一旦将企业的债务结构确定下来,该企业的这一结构就不会发生变化,但实际情况并不是这样。

④ 对短期风险利差估计是不现实的。资产价值连续时间扩散中,企业资产价值降低到债务边界以下的概率会随着违约时限趋向于 0 而急剧下降,信用利差随风险债务到期日而趋向于零。但实际中由于流动性和交易成本的影响,可观察的短期债务价差并不为零,因此低估了短时限中的违约概率。

(二) Creditmetrics 模型

Creditmetrics 模型是近年来在国际金融领域信用风险管理方面的重要模型之一。就其框架而言,它实际上是一种度量组合价值和信用风险的方法,包括了一整套的分析方法和数据库。在这里,我们将介绍该模型的算法与基本思路,包括单笔贷款信用风险情况的计算、两种贷款信用风险状况的计算以及多种组合贷款信用风险状况的计算等。

该模型是 J.P.摩根在 1997 年 4 月推出的用于量化信用风险的一种方法,其主导思想是通过风险价值来衡量风险。VaR 方法的发展与完善的直接动力来自 1993 年国际清算银行对世界各国商业银行提出的市场风险资本金的要求。实际上,欧盟自 1997 年起,美国自 1998 年起,许多大型商业银行就已经开始使用其内部模型来计算其交易账簿下的 VaR 损失。最早的 VaR 分析的是银行的市场风险,但随着该方法使用的进一步深化,VaR 方法也被引入信用风险的度量中,其中的典型代表就是 Creditmetrics,又称"信用度量法"。我们通过 Creditmetrics 模型可以对商业银行进行信用风险衡量,提高信用风险管理的透明度和市场流动性,并对信用风险的资本充足率提供统一尺度。该模型除了可以应用于传统的商业贷款之外,还可以应用于信用证、承付书、固定收入证券以及掉期合同等衍生产品。下面将以单笔贷款的情况来介绍 Creditmetrics 模型的基本思路。

1. 信用转移矩阵

一笔贷款在发放的有效期内,其质量水平在不同年份内可能是有所差别的,即使贷款本息最终都能收回,我们也应该关注该期限内的不同质量变化情况。而标志贷款质量变化的最主要工具就是信用等级转移概率,也就是同一笔贷款在一年后的信用等级出现不同变化情况的概率。假设某笔贷款的信用等级为 AAA,表 8.5.4 展示了信用等级的转移概率。

表 8.5.4　信用等级转移概率表

最初的等级	一年后可能的等级							
	AAA	AA	A	BBB	BB	B	CCC	违约
AAA	90.81	8.33	0.68	0.06	0.12	0	0	0

资料来源:Morgan J.P.CreditMetrics™,Technical Document,April 2000.

如果考虑到初始贷款的不同信用等级,把所有初始信用等级情况下的信用等级转移概率放入一张表中,那就是信用转移矩阵,如表 8.5.5 所示。例如,初始信用级别为 A 的贷款在一年内维持信用等级不变的比例为 91.05%,升级为 AA 的比例为 2.27%,降级为 BBB 的比例为 5.52%,降级为 BB 的比例为 0.74%。

表 8.5.5　信用转移矩阵

最初的等级	一年后可能的等级							
	AAA	AA	A	BBB	BB	B	CCC	违约
AAA	90.81	8.33	0.68	0.06	0.12	0	0	0
AA	0.70	90.65	7.79	0.64	0.06	0.14	0.02	0
A	0.09	2.27	91.05	5.52	0.74	0.26	0.01	0.06
BBB	0.02	0.33	5.95	86.93	5.30	1.17	0.12	0.18
BB	0.03	0.14	0.67	7.73	80.53	8.84	1.00	1.06
B	0	0.11	0.24	0.43	6.48	83.64	4.07	5.20
CCC	0.22	0	0.22	1.30	2.38	11.24	64.86	19.79

资料来源:Morgan J.P.CreditMetrics™,Technical Document,April 2000.

信用转移矩阵的数据是由标准普尔、穆迪、J.P.摩根、KMV 等公司提供,并由这些公司的信用分析人员根据多年所积累的贷款(债券)信用等级变化的历史数据集分析得来。目前,国际上比较通行的信用等级一共是 8 级,即 AAA、AA、A、BBB、BB、B、CCC 和违约。也就是说,每一种贷款(债券)的信用转移情况是 8 种。

2. 贷款现值的估计

从风险管理本质来说,贷款的现值概念要比期值概念更有意义,其主要原因在于:信用风险管理的重要目标是对风险级别的分析与比较,包括上面讨论过的贷款信用等级的转移问题,而在比较过程中必须有一个标准,也就是我们要将不同期限的贷款(债券)风险放在同一个可比的层面上。因此,如果能将不同期限的贷款都转化成当期贷款就显得更有意义。

在 Creditmetrics 模型中,它使用一个简单易行的折现公式来实现这一点

$$P = \sum_{t=0}^{n} \frac{D}{(1+r_t+s_t)^t} + \frac{A}{(1+r_n+s_n)^n}$$

式中,A 为贷款的本金,在 t 年偿还;D 为贷款每年所支付的利息[①];r_t 为零息票利率[②];s_t 为信用风险价差[③]。

另外,需要指出的是,当出现违约的情况时,只需要估计贷款的残值或回收值的现值就可以了。

3. VaR 的计算

在信用转移矩阵中,我们可以知道一笔贷款信用等级转换的概率,而在贷款现值估计中,我们又可以得出该贷款不同信用等级转换后的现值。在假定该贷款信用状况服从正态分布的情况下,我们就可以求出该笔贷款在下一年度的期望、方差以及标准差。在不同的置信度情况下,我们可以根据下面的公式直接求出该贷款的 VaR[④]。

$$\text{VaR} = P_0(\alpha\sigma\sqrt{\Delta t} - \mu\Delta t)$$

式中,P_0 为贷款的初始价值;α 在给定一定的置信水平后通过正态分布表可查得;σ 为贷款价值的标准差;μ 为贷款价值的期望;Δt 为选定的所要考察的时间间隔。

4. 模型的评价

(1) 模型的优点。

① 对违约概念进行了拓展,认为违约也包括债务人信用等级的恶化。

② 该模型的应用非常广泛,包括传统的贷款、固定收益证券、贸易融资和应收账

---

① 为了方便起见,我们假设该笔贷款是固定利率贷款。如果是浮动利率贷款,该式同样适用,只不过每年所支付的利息不是固定的 D 而已。

② 也可以称为无风险利率,根据无风险套利模型计算得出。之所以采用零息票利率来折现未来现金流,是因为零息票利率中不含有再投资的因素。

③ 信用风险价差是指信用等级的变化在折现率上的反映。如果贷款信用等级下降,那么在将来收到利息和本金支付的不确定性就必然增加,因此在折现时必须使用更高的折现率,s_t 为正值。例如,对于一笔 AAA 等级的贷款,在一年后收到的 1.1 元的利息支付相当于当前确定的 1 元;在信用等级下降的情况下,这 1.1 元的不确定性增加,那么折现到当前就必然少于 1 元。如果贷款信用等级上升,则正好相反,s_t 为负值。

④ 我们在此采用绝对 VaR,主要是考虑贷款的绝对损失。

款等商业合同,而且其高级版还能够处理互换合同、期货合同以及其他衍生工具。

③ 在对债务价值的分布有正态分布假设下解析方法和蒙特卡罗模拟法,在一定程度上避免了资产收益率正态性的硬性假设,可以用资产价值分布和百分位求出资产损失。

（2）模型的缺点。

① 大量证据表明信用等级转移概率并不遵循马尔科夫过程,而是跨时期相关的。

② 模型中违约率直接取自历史数据平均值,但实证研究表明,违约率与宏观经济状况有直接关系,不是固定不变的,在经济高速增长阶段,违约率较低;在经济衰退阶段,违约率较高。

③ 没有考虑市场风险,债务未来市场价值和风险完全由其远期利率分布曲线决定,模型中唯一的不确定性是信用等级的改变,也就是说,信用风险是独立于市场风险进行分析的,然而市场和经济状况的改变,如利率、股指、汇率、失业率的变化等,可能会影响公司的整体盈利性,从而可能导致违约或者信用等级的变动。

④ 该模型通过股权回报关系来估计资产回报关系,而这可能导致不精确的估计。

现代风险度量模型比较如表 8.5.6 所示。

表 8.5.6　现代风险度量模型比较

比较的维度	KMV 模型	Creditmetries	CreditRisk＋模型	Wilson 模型
风险的定义	DM	MTM	DM	MTM
风险驱动因素	资产价值	资产价值	宏观因素	预期违约率
信用事变的波动性	可变	不变	可变	可变
信用事变的相关性	多变量正态资产收益	多变量正态资产收益	因素负载 faelor loadings	独立假定或与预期违约率的相关性
回收率	不变的或随机的	随机	随机	在频段内不变
数字方法	解析的	模拟的或解析的	模拟的	解析的

资料来源:［美］桑德斯(Saunders, A.).信用风险度量:风险估值的新方法与其他范式.刘宇飞,译.北京:机械工业出版社,2001.

三、信用风险计量模型的一些问题

信用风险属于非系统性风险,由于其概率分布的有偏性,以及观察数据少,不易获取，难以进行有效性检验等特征使得信用风险在量化和模型管理上显得更加困难。因此，总体而言，国外对于信用风险模型的研究尚处于早期阶段，现有模型还具有诸多的缺陷。比如相关参数的主观设定不尽合适；某些类型的风险被忽略；对相关模型缺乏系统和全面的经验验证等。

但通过对现有模型的深入比较分析，我们发现在其较大的表面差异之下，其基础性的数学结构却有着极大的相似性，只要在几个关键维度上加以协调就有可能导致相当相似的对于未预期到的损失的预测。正如在市场风险的模型化这一领域里已经发生的那样，在不久的将来推出一个为多数人所接受的更为完善的信用风险计量模型也不是不可能的。但要建立更为完善和成熟的信用风险量化模型，首先必须重点解决以下问题。

（一）信用风险损失计量方法的选择

目前，对信用风险损失的理解有两种观点：一种是传统的观点，认为只有在违约实际发生后贷款才发生损失，而在违约之前，借款者信用状况的变化并不影响贷款的价值；另一种较新的观点则认为，贷款的价值随时受到借款者信用状况变化的影响，在贷款的存续期内，即使借款者不违约，但只要其信用等级降低，贷款的价值也就相应降低。

与信用风险损失的这两种理解相对应，信用风险损失的计量也存在两种不同的方法：① 违约模型（Default Model，DM）；② 逐日盯市（Mark-to-Market，MTM）。

在违约模型下，信用风险损失只存在两种状况：①违约发生，损失为贷款账面价值与可能回收价值现值的差额；②没有发生违约，损失为零。因此，采用损失法的计量模型又称"两状态模型"，KMV 模型就是这种模型。而逐日盯市则是多状态的，违约只是其中的一种状态。在不同的状态下，其贷款的价值不同，因而损失也就不同。在这种方法下，我们对损失的计量是盯市的[①]，因而能够更准确地计量损失和反映信用风险的变化。Creditmetrics 模型采用的就是逐日盯市。

（二）信用资产估值方法的选择

目前大多数模型都采用下述两种估值方法中的一种：合同现金流贴现法（CreditMetrics 模型所采用）和风险中性估值法（KMV 模型所采用）。前者尽管简单明了，容易操作，但却无法体现同一信用等级下优先和次级贷款的信用风险差异，也无法体现同一信用等级上与市场关联度不同的信用资产的风险差异。后者则能较好地克服以上缺陷，贷款价值最终取决于损失率 LGD，等于基于借款人资产价值的或有要求权（即衍生产品）的现值。

（三）模型的参数估计问题

信用风险计量模型中的参数估计是最艰巨的一项任务。

---

① 更准确的说法是"按模型定价"（Mark to Model），因为大多数贷款缺乏二级交易市场。在通常情况下，借款者信用状况变化给贷款价值带来的变化由模型给出。

首先,这些计量模型所涉及的参数规模庞大、种类复杂。例如,在违约模型下,我们必须估计每笔贷款违约的概率以及在违约情况下贷款损失的概率分布。如果考虑到贷款组合的情况,那就更为复杂了,还要估计组合中每两笔贷款之间违约的相关系数。对于采用逐日盯市的模型,由于它要考虑不同信用等级变化的多种状态,模型所需的参数估计将更为复杂。

其次,由于商业银行的贷款一般具有周期较长的特点,因此要获得较为准确的估计值,就必须拥有历时多年的历史数据,而大多数商业银行都不具备这一条件。

正是由于这种数据上的局限性,许多模型在建立时都采用了不少用于简化问题的假设和主观判断,如假设一些随机变量呈正态分布。

(四) 模型有效性的检验问题

信用风险计量模型的参数估计问题直接导致了模型有效性的检验问题。既然模型在建立过程中不得不依赖许多主观性很强的假设,而且参数估计因数据的局限也很难保证其准确性,人们就很容易对模型的有效性产生怀疑。因此,信用风险计量模型的有效性检验是十分有必要的。然而,同样因为数据的局限,对模型有效性的检验十分困难,也使得对模型进行返回测试和压力测试更加困难。

 习 题

1. 假设某银行的资产负债表如下:

资产	市场现值 (万元)	利率 (%)	负债和股东权益 (万元)	市场现值 (万元)	利率(%)
现金	100		1年期定期存款	240	9
3年期商业贷款	700	14	4年期可转让定期存款 (每年付息)	400	10
9年期政府贷款	200	12	5年期定期村存款 (到期付息和本金)	280	10
			总负债	920	
			股东权益	80	
总　计	1 000			1 000	

(1) 计算每笔资产和负债的久期;

(2) 计算平均久期缺口;

(3) 计算每笔资产和负债的凸性;

(4) 假设利率立即上升1%,计算3年期商业贷款现值的变化。

2. 已知一个价值500万美元并由三种资产组成的投资组合,下表是该组合之间的关系，请计算该组合在 95% 置信度下的 VaR。

	权重（%）	标准差	相关系数		
			资产 1	资产 2	资产 3
资产 1	30	0.25	1.0	0.6	0.5
资产 2	25	0.27	0.6	1.0	0.3
资产 3	45	0.30	0.5	0.3	1.0

3. 某银行在第 6 年将收到 100 万美元，该银行希望计算这一资产的现金流映射在 95% 置信度下的 VaR。相关数据见下表：

y_5	5 年期收益率	6.605%
y_7	7 年期收益率	6.745%
$1.65\sigma_5$	5 年期收益率的变动率	0.577%
$1.65\sigma_7$	7 年期收益率的变动率	0.809 5%
$\rho_{5,7}$	5 年期与 7 年期收益率之间的相关系数	0.997 5

参考文献

［1］［美］Sheldon M.Ross.数理金融初步［M］.北京：机械工业出版社，2013.

［2］林苍祥，郑振龙，蔡蒔铨，邱文昌.金融工程理论与实务［M］.北京：北京大学出版社，2012.

［3］张元萍.数理金融［M］.北京：中国金融出版社，2004.

［4］张元萍.数理金融基础［M］.北京：北京大学出版社，2016.

［5］迪米特里奥斯·阿斯特里奥，史蒂芬·霍尔.应用计量经济学［M］.第2版.北京：北京大学出版社，2016.

［6］孙敬水.计量经济学［M］.第4版.北京：清华大学出版社，2018.

［7］郑正龙，陈蓉.金融工程［M］.第三版.北京：高等教育出版社，2012.

［8］朱淑珍.金融风险管理［M］.第4版.北京：北京大学出版社，2021.

［9］唐勇，朱鹏飞.金融计量学［M］.第2版.北京：清华大学出版社，2019.

［10］林清泉.金融工程［M］.第五版.北京：中国人民大学出版社，2018.

［11］王春峰.金融市场风险管理［M］.天津：天津大学出版社，2001.

［12］张波，商豪.应用随机过程［M］.第四版.北京：中国人民大学出版社，2016.

［13］陆静.金融风险管理［M］.第二版.北京：中国人民大学出版社，2019.

［14］王勇，隋鹏达，关晶奇.金融风险管理［M］.北京：机械工业出版社，2014.

［15］张永林.金融数学与金融工程［M］.北京：清华大学出版社，2014.

［16］佟孟华，郭多祚.数理金融［M］.第3版.北京：清华大学出版社，2018.

［17］潘省初.计量经济学中级教程［M］.第2版.北京：清华大学出版社，2013.

［18］林清泉.数理金融学［M］.北京：中国人民大学出版社，2007.

［19］郭凯，赵宁.金融数学［M］.北京：机械工业出版社，2018.

［20］张永林.数理金融学与金融工程基础［M］.第二版.北京：高等教育出版社，2011.